张彩华 著

美丽的美学

关于美、美感与艺术的理论新探

上海遠東出版社

图书在版编目(CIP)数据

美丽的美学：关于美、美感与艺术的理论新探 / 张彩华著. —上海：上海远东出版社，2013
ISBN 978-7-5476-0698-8

Ⅰ.①美… Ⅱ.①张… Ⅲ.①美学—研究 Ⅳ.①B83

中国版本图书馆 CIP 数据核字(2013)第 006572 号

责任编辑：鲍广丽
封面设计：王 峥

美丽的美学关于美、美感与艺术的理论新探

著者：张彩华

出版：上海世纪出版股份有限公司远东出版社
地址：中国上海市仙霞路 357 号
邮编：200336
网址：www.ydbook.com
发行：新华书店上海发行所 上海远东出版社
制版：南京前锦排版服务有限公司
印刷：上海市印刷二厂有限公司
装订：上海市印刷二厂有限公司
版次：2013 年 1 月第 1 版
印次：2013 年 1 月第 1 次印刷
开本：890×1240 1/32
字数：233 千字
印张：9 插页 1

ISBN 978-7-5476-0698-8/J·293 定价：28.00 元

开卷语

美学的三个“女儿”

美学有三个可爱的女儿：美、美感与艺术。千百年来，她们一直是人类的梦中情人，人类对她们一直是可望而不可及，可想而不可求。

首先是大女儿“美”。自从二千多年前，柏拉图告诉人们，美是一位绝世美女、值得人们追求之后，无数的人就为此而付出了毕生的心血，其中不乏人类最优秀的天才和英雄，如康德、黑格尔等。然而，当有人认为已经找到她、娶到她时，不久他就会发现，这原来不过又是一个海市蜃楼。因此，在美的众多的追求者中，更多的人是无奈、沮丧、悲伤和绝望。

其次是二女儿“美感”。美感要么不出现，一出现就会让人食不知味、夜不能寐。我们常常看到，一些美感附体的人几乎要达到发疯的程度，这时的他们，不知道天上地下，不知道东南西北，不知道皇帝与老子。而当美感消失之后，他们却又发现，尽管她还会回来，但这时的他却泪流满面地看着她正离他而去。

再次是三女儿“艺术”。艺术是美学的一个性格乖戾的女儿，一会儿，她会让你觉得，她是你的终生伴侣，今生今世你不能离开她；一会儿，她却又会让你觉得她丑陋无比，对她诅咒不已。然而，就是这样一个女儿，人类还是喜欢她，愿意为她付出，哪怕是付出幸福、生命与自由也在所不惜。

美、美感与艺术三位女神啊，请你们看在人类几千年来痴心不改的情份上，揭开你们的面纱、露出你们美丽的芳容吧，人类已经够受难的了，让他们得到一些安慰与满足吧！

目录

绪论——什么是美丽的美学？

在人类科学的天空中，有一片区域特别引人注目，这里星光灿烂，绚丽无比，有的星星明亮耀眼，有的星星晶莹如萤。但是，这里却远离其他科学的领域，这里没有中心、没有秩序，充满了像浓雾一般的星云。这样一片区域就是美学。

美学这门学科是由德国美学家鲍姆加通于 1750 年创立的，但实际上，美学学科的建立并没有使美学变得有秩序起来，情况似乎正好相反，美学变得更加混乱了。

我国著名的文学家朱自清先生，曾在我国著名的美学家朱光潜所著的《谈美》一书的序言中，对美学的混乱状况作过生动的描述："从这种凌乱的知识里，得不着清清楚楚的美感观念。徘徊于美感与快感之间，考据批评与欣赏之间，自然美与艺术美之间，时常自己冲突，自己烦恼，而不知道怎样去解那连环。又如写实主义与理想主义就像难分难解的一对冤家，公说公有理，婆说婆有理，各有一套天花乱坠的话。你有时乐意听这一造的，有时乐意听那一造的，好教你左右做人难！还有近年来习用的'主观的'、'客观的'两个名字，也不只一回'缠夹二先生'。因此许多青年腻味了，索性一切不管，只抱着一条道理，'有文艺的嗜好就可以谈文艺'。这是'以不了了之'，究竟

‘谈’不出什么来。”①

美国当代著名的美学家托马斯·门罗在《走向科学的美学》一书中，对美学的混乱则作了另一番描述：“一个具有科学气质的人在阅读美学书籍时，往往会因为其内容的模糊不清和缺乏系统性而感到失望。而那些只对艺术感兴趣的人，又希望能通过阅读美学著作解决某些令人迷惑的艺术价值问题，然而，结果总是与愿望相反，在读完美学著作之后，总感到这些著作还远远没有接触到自己想要解决的问题，这些著作对于‘美的含义’、‘创作冲动’和‘艺术在生活中的功能’等问题所进行的冗长而博学的讨论并没有使自己的思想变得更加清楚一些。”②

美国当代另一位著名的女性美学家苏珊·朗格在《情感与形式》一书中，对美学的混乱也曾有过一段精彩的描述：“一些美学家使用‘有意味的形式’谈问题，另一些人则用‘梦幻’谈问题。一些人说艺术的职能是记录当代实景，另一些人则坚持：‘以一定方式结合’的纯粹声音，在和谐的空间装饰中出现的色彩都给人以‘审美激情’，而‘审美激情’才是艺术的目的和判断标准。一些艺术家强调要表现他个人的情感，另一些人却要表现毕达哥拉斯的宇宙太空的真实。”③

美学的混乱不免让许多人为此感到沮丧与绝望。歌德在谈到人们对于美的研究时，曾经以嘲笑的口吻说道：“我对美学家们不免要笑，笑他们自讨苦吃，想通过一些抽象名词，把我们叫做美的那种不可言说的东西化成一种概念。美其实是一种本原现象（Urphänomen），它本身固然从来不出现，但它反映在创造精神的无数不同的表现中，都

① 朱光潜著：《谈美》序，安徽教育出版社，2006年8月第2版，第1-2页。

② 托马斯·门罗著：《走向科学的美学》，石天曙 滕守尧译，中国文联出版公司，1985年1月版，第2页。

③ 苏珊·朗格著：《情感与形式》，刘大基 傅志强 周发祥译，中国社会科学出版社，1986年8月版，第23页。

是可以目睹的，它和自然一样丰富多彩。”[①]在谈到人们对于艺术的研究时，他又说：“有什么必要下那么多的定义？对情境的生动情感加上把它表现出来的本领，这就形成诗人了。”[②]美国的乔治·桑塔耶纳尽管曾给出了他的美的定义，但他也说过这样的话：“美，就我们感觉它来说，是难以形容的东西；它是甚么，或表示甚么，是说不清的……美所以存在，就是因为美的事物存在，或者说那事物所在的世界存在，或者说就是因为我们观看事物与世界的人存在。它是一种经验：不过尔尔……美是一切事物中最无须解释的。”[③]另外，康德虽然对美和艺术进行过深入的研究，但他却根本不承认存在关于美的科学，他认为：“没有对于美的科学，而只有对于美的批判，也没有美的科学，而只有美的艺术。”[④]

然而，美学的本性就应该是混乱的吗？美学作为一门研究美的科学难道就应该以混乱作为其特征吗？人们没有找到关于美的科学就等于关于美的科学不存在吗？人类两千多年关于美的研究难道会是徒劳无益的吗？可以说，我们从来没有看到有人把混乱作为一门学科的特征与标准，也从没有人把混乱作为美的标准，人们没有找到关于科学的与美丽的美学也并不等于科学的与美丽的美学就不存在。那么问题到底出在哪里呢？我们承认不承认美学的混乱呢？我们有没有以科学的态度、科学的方法来对待美和美学研究呢？我们是否知道科学的与美丽的美学应该具备什么与哪些基本性质呢？

在一门科学中，经久不息的混乱与不和谐是不应该存在的，否则那就不叫科学，更不要说是美丽的科学了。那么从科学学的角度来看，一门学科或一个理论应该具有哪些特性才能算是一门科学或是

---

① 爱克曼辑录：《歌德谈话录》，朱光潜译，人民文学出版社，1978 年 9 月版，第 132 页。

② 同上，第 90 页。

③ 乔治·桑塔耶纳著：《美感——美学大纲》，缪灵珠译，中国社会科学出版社，1982 年 12 月版，第 184 页。

④ 康德著：《判断力批判》，邓晓芒译，人民出版社，2002 年 12 月第 2 版，第 148 页。

一种科学的理论呢？美学能够成为像数学、物理学那样具有严密性与和谐性的科学吗？美学可以是美的吗？什么样的美学才算是科学的与美丽的呢？下面让我们从与一些较成熟的科学的比较中，找出科学的与美丽的美学应该具有的基本性质，笔者将以此作为继续进行研究的指导思想。那么科学的与美丽的美学应该具有哪些基本性质呢？从与其他一些成熟科学的比较中，我们不难得出结论，这就是，具体说来，科学的与美丽的美学应该具有下列几个方面的基本性质：

一、解释性

科学首先是用来解释现象的，是用来揭示各种现象的原因与规律的。对于美学，法国当代美学家马克·西门尼斯在《当代美学》一书中曾经说过："美学研究的雄心壮志或者说它的使命和责任，无论在过去还是在现在，都是为了满足人们面对艺术作品，特别是当面对那些新颖而令人迷惑的艺术创作时，总会产生的解释和理解的需要。"①而现在在美学中，人们就已经发现了相当多的现象与问题有待人们解释与解决，如什么是美？美在哪里？为什么许多不同的人对同一事物会有相同的美感，为什么人与人之间又存在着巨大的美感差异性？再如，人们都知道艺术有很大、很多的功能，如审美功能、娱乐功能、教育功能、认识功能等，那么艺术为什么会有这些功能呢？等等。对于这些现象与问题，人们通常有两种态度，一种是描述，另一种就是解释。而对现象与问题的描述能被认为是真正的科学吗？对天文现象的描述能被认为是真正的天文学吗？对物理现象的描述能被认为是真正的物理学吗？对生物现象的描述能被认为是真正的生物学吗？不能。同理，对美学现象与问题的描述也不能被称为科学。只有对种种美学现象作出科学的解释，美学才能真正成为科学

---

① 马克·西门尼斯著：《当代美学》，王洪一译，文化艺术出版社，2005年3月版，第8页。

的美学，进而才有可能是美的。

二、完备性

我国现代生物学家舒德干在评价现代综合进化理论时说过这样的话："一般说来，任何一种完善的理论应该能够解释和回答该领域里全部或主要现象和难题。"[①]这句话的意思是说，一个完善的理论或科学应该具有完备性，也就是能够回答和解释相关领域里的全部或主要的现象和难题。现在在美学中已经积累了太多的现象与问题，要对这些现象与问题作出统一的与科学的解释，美学必须具备完备性就是顺理成章的事情了。我们不能满足于对一个问题或一个现象的解释或解决，如我们不能只研究美、美感、艺术等概念，不能只研究有关的心理现象与规律，在研究艺术时，我们也不能只研究作品的结构、只研究作品的意义等，因为事实证明，那样做会导致以偏概全的错误，我们应该对美学中的所有问题与现象进行全面而系统的考察与分析，把美学中的所有的基本问题与现象一起进行解释或解决，以便我们能从根本上彻底结束美学的混乱状况。

三、一般性

一般性就是普适性。一门科学或一个理论如果没有一般性或普适性，那么这门科学或这个理论首先是值得怀疑的，其次其价值也一定是很有限的。例如，牛顿的万有引力定律如果没有一般性，比如说它只适用于地球上的物体，而不适用于太阳、月亮等天体，那么这个定律也就不能称作万有引力定律了，其应用范围也就十分有限了，人类也就不能借此把人造卫星、宇航员送上太空了。美学如果要想成为一门科学，那么她所有的概念与原理等也都应该适用于所有的美学现象与问题，即应该具有一般性即普适性，这应该是不言自明的。

---

① 达尔文著：《物种起源》，舒德干等译，陕西人民出版社，2001 年 1 月版，第 548 页。

四、和谐性

学过美学与学过艺术理论的人都知道亚里士多德在美学上的贡献，但是学物理学的人却都知道他在物理学上的一个错误，这就是他认为重物比轻物落得快。初看起来这个结论没有什么问题，但仔细推敲一下，我们就会发现，这个结论里面包含着一个不可调和的矛盾：先假定这个结论是正确的，然后再假定把重物与轻物绑在一起让它们下落。由于重物比轻物落得快，而两个物体绑在一起，其总重量就比其中任何一个物体都要大，因此两个重物一起下落就应该比其中任何一个物体单独下落都要快；但是另一方面，由于重物比轻物落得快，轻物比重物落得慢，这样它们在一起下落时，轻物就必然对重物有一个拖曳作用，从而使得它们在一起下落时，它们要比其中较重的那个物体在单独下落时要慢。由于我们从同一个前提得出了两个互相矛盾的结果，因此，这只能说明“重物比轻物落得快”是一个错误的结论。近代物理学之父、意大利物理学家伽利略就是这样推理的。在发现了这个错误之后，他还在比萨斜塔上用实验证明了这一点。

科学史表明，任何一门科学其内部一开始都是有矛盾、对立或不和谐的，但随着科学的发展，矛盾对立的双方，要么是一方取得胜利而另一方趋于消亡，要么是双方的矛盾化解，以统一而告终。也就是说，科学或理论内部本身要有一种和谐性或自洽性，是不允许存在不和谐的现象与结果的。而现在在美学中，到处都充满了矛盾、对立与不和谐，而且这些矛盾、对立与不和谐要比“重物比轻物落得快”所包含的矛盾、对立与不和谐要明显得多。例如，在我国有人认为美是主观的，有人认为美是客观的，有人试图综合两方的观点但却并不能尽所有人之意，等等。对于这些矛盾对立与不和谐，难道我们真的就视而不见吗？或者就任其存在吗？实际上，任何科学或理论都是不允许存在矛盾、对立与不和谐的，而发现了科学或理论中的矛盾、对立与不和谐，正是科学或理论取得重大突破与进展的良机。科学的与美丽的美学应该和其他科学或科学理论一样，其内部是和谐的、自洽的，美学的混乱应该预示着和谐的美学的存在与诞生。

五、统一性

关于统一性的思想，朱亚宗在《伟大的探索者——爱因斯坦》一书中说："统一性思想无疑是人类思想领域里最早萌芽、最经久不衰并最富有魅力的思想之一。古希腊早期的原始唯物主义思想，在自己的萌芽时期就十分自然地把自然现象的无限多样性的统一看作是不言而喻的，并且在某种具有固定形体的东西中，在某种特殊的东西中去寻找这个统一。统一性思想不仅是哲学的基本思想，而且也是自然科学的基本思想。普朗克曾经指出，自然科学从一开始就把各种各样的物理现象概括成一个统一的体系作为自己最伟大的目标。泰勒斯的水，道尔顿的原子，奥斯特瓦尔德的能，海恩利希·赫茨的最小曲率，等等，都曾被当作物理世界的统一本原而令人激动。"[①]"正是这个统一性思想，数千年来激励着无数的自然科学家去探索那隐藏在纷繁复杂、千变万化的现象世界背后的壮丽的统一性，并取得了极其辉煌的成果。"[②]在实际的科学活动中，有许多科学家都曾因为完成某种统一而作出了巨大的贡献，如牛顿完成了对经典力学的统一，麦克斯韦完成了经典电磁学的统一，达尔文完成了人与动物的统一等，而爱因斯坦则更是雄心勃勃，曾要完成自然界四种基本相互作用(或力)的统一。

具有高中物理以上知识的人都知道，牛顿力学适用于宏观低速的情况，而相对论与量子力学则分别适用于高速与微观的情况，那么相对论与量子力学是不是就完全否定了牛顿力学了呢？不是。实际情况是，牛顿力学可纳入相对论与量子力学，或者说相对论与量子力

---

① 朱亚宗著：《伟大的探索者——爱因斯坦》，人民出版社，1985年11月版，第200－201页。
② 同上，第202页。

学综合进了牛顿力学。现在在美学中，由于从二千多年以前人们就对美等问题进行了不间断的探讨与研究，因此，迄今为止人类就积累了难以计数的理论与观点，这些理论与观点甚至都被称作美学，如古典美学、情感美学、形式美学、艺术美学、悲剧美学等，现代美学还有无意识美学、心理学美学、存在主义美学、现象学美学、阐释学美学、接受美学、符号美学、信息论美学、实践美学等，此外，还有以地域称呼的，如中国美学、西方美学、东方美学等，甚至还有以人名命名的美学，如康德美学、黑格尔美学等。这些“美学”的存在，一方面说明了美学并没有真正成为科学，另一方面，我们对此也应该理智地认识到，既然这些理论或观点已经形成，都在某一点或某些点上作出了深刻的揭示与发现，并且或大或小地都曾发生过影响，因此，简单地把它们加以否定绝不是一种科学的态度与方法。我们应该运用唯物辩证法的态度与方法来对待它们，我们应该用一种统一的思想和观点来对待它们。统一性的思想和观点对于混乱不堪的美学来说实在是太恰当不过了，对于建立科学的与美丽的美学也实在是太有必要了。科学的与美丽的美学应该与其他成熟科学中的许多观点一样是综合性的，是统一的。

六、简单性

牛顿，这个迄今为止的历史上最伟大的科学家曾经说过这样一句话：“自然决不作徒劳的事情，它每多做一件徒劳的事情，就意味着少供应一些东西。因此，自然满意简化，不喜欢奢侈和浮华。”[①]在上段提到的同样的一本书中，朱亚宗在介绍爱因斯坦的光辉思想时说：“简单性思想是爱因斯坦最心爱的科学思想之一。爱因斯坦一生对简单性的信仰与追求，对简单性思想的阐发和倡导，以及运用简

① 转引自鲁道夫·阿恩海姆著：《艺术与视知觉》，滕守尧 朱疆源译，四川人民出版社，1998年3月版，第68页。

单性思想的出色才能，对二十世纪自然科学家的科学思想和研究方法产生了极其深刻的影响。”[①]“爱因斯坦认为，客观世界具有简单性，反映客观世界的科学理论也就应该具有简单性，因而科学理论的逻辑简单性原则就不是一个纯粹的主观性要求。归根结底，它是客观简单性的反映。”[②]把这个原则应用到美学中去，我们应该能得出这样的结论：美学不应该复杂到如一团乱麻而应该是简单的。

七、美的性质

由于在整体上缺少一般的观点、缺少和谐的观点、缺少统一的观点等，因此，过去的美学无论如何都不能被称为美的美学。这就非常奇怪与滑稽了，一门专门研究美的科学，本身却不是美的，这无论如何都是说不过去的。与美学相反，一些不专门研究美的学科却以美为目标，甚至把美与不美作为判断理论正确与否的依据。法国物理学家彭加勒曾在一篇文章中写道：“科学家之所以研究自然，不是因为这样做很有用。他们研究自然是因为他们从中得到了乐趣，而他们得到乐趣是因为它美。如果自然不美，它就不值得去探求，生命也不值得存在……”[③]德国物理学家海森堡曾经记下他与爱因斯坦的一段对话，其中他写到：“当大自然把我们引向一个前所未见的和异常美丽的数学形式时，我们将不得不相信它们是真的，它们揭示了大自然的奥秘。”[④]美国天文学家S·钱德拉塞卡在评价爱因斯坦的广义相对论时说：“爱因斯坦的广义相对论，被魏尔称之为推理思维威力的最佳典范，而朗道（Landau）和栗弗西兹（Lifschitz）认为，广义相对论大概是现有物理理论中最美的理论。爱因斯坦本人则在他的第一

---

① 朱亚宗著：《伟大的探索者——爱因斯坦》，人民出版社，1985年11月版，第221页。

② 同上，第230页。

③ S·钱德拉塞卡著：《莎士比亚、牛顿和贝多芬——不同的创造模式》，杨建邺 王晓明等译，《第一推动丛书》第二辑，湖南科学技术出版社1996年9月第1版，第68页。

④ 同上，第74页。

篇论述场论的论文结尾处写道：'任何充分理解这个理论的人，都无法逃避它的魔力'。"[1]其他学科或理论都如此重视美的性质与作用，美学就更应该责无旁贷了。实际上，美学应该具有美的性质、应该是一种美丽的科学，这不应该只是从其他科学得来的经验或借鉴，而应该是美学科学内部和谐性或自洽性的本来要求，美学不美，这实在是一个大大的悖论与笑话。本书取名为"美丽的美学"，其目的就是想在科学学的思想基础上，把美学整理和改造成一门符合自身名称的学科，让美学也变成一种美丽的科学。

以上列举的七条性质仅仅是一门成熟的科学或理论所应具有的最基本的性质，把美学的情况与这些性质相比，我们不难发现，美学确实离科学还差得很远，而且显得很不美。难道美学真的就永远不能成为一门科学的与美丽的科学吗？不，人类至今没有能建立起科学的与美丽的美学，但这并不等于科学的与美丽的美学不存在，只是要建立起科学的与美丽的美学，这需要时间，需要智慧，需要找出美学始终不能成为科学的与美丽的美学的原因。由于经过二千多年的发展，美学已经凝聚了无数哲人的智慧，已经积累了充分的资料，如果我们再做一点后续工作，用以上性质指导我们的研究，那么科学的与美丽的美学应该是完全可以建立起来的。人类有能力提出"什么是美"等问题，也一定有能力解决这些问题。本书就是想站在无数前人与巨人的肩膀上，试图解决这些问题，从而把美学整理与改造成具有科学性与美的特性的科学，美丽的美学就是指具有解释性、完备性、一般性或普适性、和谐性、统一性、简单性与美的性质的美学。

---

① S·钱德拉塞卡著：《莎士比亚、牛顿和贝多芬——不同的创造模式》，杨建邺 王晓明等译，《第一推动丛书》第二辑，湖南科学技术出版社 1996 年 9 月第 1 版，第 73－74 页。

第一章
美丽的美学的基础

在前面也就是在绪论中,笔者曾提出一个宏伟的目标,这就是要把美学建成一种美丽的学科,然而,人类的实践与历史证明,要实现这一目标可不是一件容易的事。怎么办?让我们先来看美丽的美学得以建立的思想基础与理论基础——美丽的美学首先需要一个广博而坚实的基础,没有这样一个基础,美丽的美学同样是一句空话,同样是一座空中楼阁。

第一节　美丽的美学的哲学基础

既然美丽的美学需要一个基础,那么与其他美学相类似,科学的与美丽的美学也首先应该具有一个可靠的哲学基础。那么科学的与美丽的美学是以什么哲学原理作为其哲学基础的呢?这就是唯物主义与辩证法的基本原理,也就是说,科学的与美丽的美学不应该仅仅是指具有本书绪论所说的七条性质的美学,科学的与美丽的美学还应该是符合唯物主义与辩证法基本原理的美学。为什么?原因很简单,这就是,唯物主义与辩证法的基本原理是放之四海而皆准的,任何违背唯物主义与辩证法基本原理的结论都是值得怀疑的,是不科学的，美学要成为科学的与美丽的美学也不能违背唯物主义与辩证法，科学的与美丽的美学必须建立在唯物主义与辩证法的基础之上。笔者相信，自己是一个坚定的唯物主义者、是一个辩证法论者，本书就是在唯物主义和辩证法这个总原则的指导下，为建立科学的美学与美丽的美学所作的一种努力与探索。

不过，虽然科学的与美丽的美学是在唯物主义与辩证法原理指导下建立起来的一种美学，但笔者并不想从唯物主义和辩证法的基本原理直接进行推论，其理由如下：

在美学研究的历史上，人们曾采用两种基本的方法来研究美学问题，一种是所谓的“自上而下”的方法，另一种则是所谓的“自下而上”的方法。其中的第一种方法也就是从哲学观点进行推论的方法，这是许多美学家兼哲学家的那些研究者如柏拉图、康德、黑格尔等人所采用的方法，但是这种研究方法具有很大的弊端。章启群在《西方古典诗学与美学》一书中说：“美学作为研究人类认识世界中的一个领域的哲学的一个分支，它首先就受到自身哲学基本理论的局限。无论是感性认识，还是直觉、判断力，美学总是在莱布尼兹的理性论、克罗齐的精神哲学、康德的知识论和伦理学的基础上研究的结果。它也必将随着莱布尼兹、克罗齐、康德哲学本身的矛盾和局限而崩塌。就像随着黑格尔的绝对理念被现代实证哲学毁灭以后，他的‘美是理念的感性显现’的美学观念也不攻自破一样。”[①]为什么会这样？这是值得人们深思的。

下面让我再打一个比方来说明为什么“自上而下”的哲学推理方法对研究美学是行不通的。假设有一个人问你：“你住在哪里？”你回答说：“我住在宇宙里。”那么这个回答错了吗？这应该不能算错，因为我们每个人都是宇宙中的一分子，都和其他人一样住在宇宙中。但是这个回答解决问题了吗？很显然没有。为什么没有呢？是不具体。与此

① 章启群著：《西方古典诗学与美学》，安徽教育出版社，2004年3月版，第372-373页。

同理，因为从哲学原理所作的推论仍然是哲学结论，因此，如果我们一直在哲学的范围内绕圈子，那么我们就永远也不能解决像什么是美这样一些具体的问题，永远也得不到对于任何一个具体的美学问题的具体的答案，这正如童庆炳在《文学审美特征论》一书中所说的："多少年来，我们的文学理论所使用的方法论，仅仅是哲学方法论。用现成的哲学概念简单地去套文学理论问题，已成为我们文学理论的一种痼疾。当然，我不是说不要用哲学的原理去分析文学问题，哲学的前提是十分必要的，问题在于仅仅把文学问题局限在哲学的范畴里是不够的。"①

长期以来，美学一直是哲学的一个分支，美学似乎是哲学的一份介绍信或说明书，是哲学的一个永远嫁不出去的女儿，是哲学的侍女甚至是奴婢，终身在为哲学服务，这对美学来说是多么可悲啊。美学应该要为自身的独立与解放而努力。我们不能再在哲学的上空盘旋了，我们应该在美学的范围内来解决美学问题。

这里有一点是需要说明的，这就是，本书经常提到"科学的美学"这个概念，而这个概念并不是笔者的首创，许多人早就使用"科学的美学"这个概念了，如在上世纪 50 年代，美国美学家托马斯·门罗就曾经在《走向科学的美学》一书中系统地使用过这个概念。不过，在笔者的这本书中，"科学的美学"这个概念的含义与门罗的含义有所不同，门罗所谓的"科学的美学"是一种自然主义与经验主义的美学，他非常注重实验的方法，但他所谓的实验又不是通常意义上的实验，他说："从广义上理解，美学研究中的实验态度，应该是那种尽量利用从各种可能的研究途径和方式中所得到的有关审美经验的本质的全部线索的态度。这就是说，要把一切可能得到的线索合并在一起，在此基础之上，通过归纳和对假设的验证，提出一些初步的综合。"②

---

① 童庆炳著：《文学审美特征论》，华中师范大学出版社，2000 年 6 月版，第 34 页。

② 托马斯·门罗著：《走向科学的美学》，石天曙 滕守尧译，中国文联出版公司，1985 年 1 月版，第 18 页。

"至于观察，则意味着积极收集那些看上去有用的资料，当然要选择最有用的和最可靠的资料。"[①]在本书中，"科学的美学"是指符合唯物主义和辩证法基本原理，且具有本书绪论所说的七点基本性质的美学，即是指既符合唯物主义与辩证法基本原理，又具有解释性、完备性、一般性、和谐性、统一性、简单性与美的性质的美学，同时也就是指美丽的美学。

那么我们应该怎样做才能既符合唯物主义与辩证法，又能解决美学中的种种问题呢？笔者认为，如果我们能从客观事物、客观事实与现象出发，坚持唯物的观点，坚持联系与过程的观点，实事求是、正确对待历史上各种美学观点，吸收其他相关科学的研究成果，采用科学的研究方法等来研究美学现象与问题，那么科学的与美丽的美学是完全可以建立起来的。

第二节　美丽的美学的信息论基础

本节主要介绍两个信息论概念——结构与应构及两个信息论原理——信息的贮存原理与传输原理。其中的结构与应构是构成本书的三个美学原理的两个基本概念，而所谓信息的贮存与传输原理则是笔者关于信息的贮存与传输本质的观点或看法，这两个原理在解释事物的形式和内容对审美者或艺术欣赏者所起的作用时很有作用。

一、结构与信息的贮存

"结构"是一个应用得非常广泛的概念，在本书中，"结构"一词的

① 托马斯·门罗著：《走向科学的美学》，石天曙 滕守尧译，中国文联出版公司，1985年1月版，第18页。

含义是指一个系统内部各组成要素在空间或时间内的排列秩序或方式。注意：这里的结构不仅仅是指事物的轮廓，而是指系统全部的组成要素在空间或时间内的排列秩序或方式。

结构的差异首先取决于系统中其组成元素的差异。由不同的元素所组成的系统其结构一般是不同的，系统的性质与功能一般也就是不同的，例如，一个氢原子与另一个氢原子可组成一个氢分子，而一个氢原子与一个氯原子则会组成一个氯化氢分子，由于其内部的构成元素不同，因此氢分子与氯化氢分子的结构就不相同，它们的性质与功能也就不相同。

其次，结构的构成取决于系统中各组成元素在空间或时间内排列的秩序与方式，例如，石墨与金刚石，虽然它们的分子都由 16 个碳原子组成，但是，由于这些碳原子在空间内的排列方式不同，因此，它们的结构也就不相同，它们也就显示出各不相同的性质与功能，金刚石可以用来划玻璃，而石墨却只可以用来做铅笔等。

结构的组成元素在时间内的排列顺序不同，也会导致系统性质的不同，例如在音乐中，由 1、2、3、4、5、6、7 七个音符依次所组成的音序与由 7、6、5、4、3、2、1 这七个音符依次所组成的音序其效果就大不相同——它们给人的感觉不相同，对前者，我们有上行的感觉，而对后者我们则有下行的感觉。

再来看下一个例子。田忌赛马的故事为许多中国人所熟悉：在战国时代，齐王用上、中、下三种等级的马与田忌的三种等级的马进行比赛，但齐王三种等级的马都比田忌的三种等级的马优秀，那么田忌该如何赢得这场比赛呢？军事家孙膑给田忌献了一个计策，这就是，田忌用下、上、中三种等级的马分别与齐王的上、中、下三种等级的马进行比赛，结果不言而喻，田忌由于两胜一负而赢得了比赛，齐王由于两负一胜而输掉了比赛。在这里，我们可以把双方的比赛活动各看作是一个活的系统，组成元素就是比赛双方所使用的马，田忌由于改变了马的出场顺序，结果就使得他在与齐王的比赛中稳操胜券，并赢得了胜利。这是一个比较高明的、通过在时间上构成特定的结构而取得意想中的效果的典型例子。

结构的存在具有普遍性，例如原子是由原子核和核外电子所组成的，树是由树根、树干、树枝、树叶等组成的，人是由神经系统、循环系统、呼吸系统、消化系统、内分泌系统、运动系统、排泄系统等所组成的，一篇文章是由各个文字所组成的，一个乐曲是由各个乐音所组成的，一幅绘画是由色彩、线条所组成的，等等等等。世界上绝没有无结构的系统或事物，也没有一个系统或事物没有结构。

事物或系统的结构又具有层次性，例如微观系统是由分子、原子、原子核和电子、质子与中子、夸克等层次所组成的，生物系统按其组成可分为生物大分子、细胞器、细胞、组织、器官、系统、个体群落、生态群、生物圈等层次，而天体系统是由行星系统、恒星系统、星系、星系团、超星系、总星系等层次所组成的。

由于结构的存在是普遍的，因此，结构的层次性也是普遍的。一篇文章是由段落、句子、词组、词、词素等层次组成的，一首乐曲是由旋律、小节、乐音等层次所组成的。在一幅绘画作品中，例如在一幅人物画中，假如画面只由一个或几个人物所组成，那么这个人物或这几个人物与人物周围的空白部分就组成绘画结构的第一个层次，而描绘人物所用的色彩与线条等就是绘画结构的第二个层次，色彩中的各种颜色与线条中各种具体的直线、曲线等就是绘画结构的第三个层次等等。总之，任何一个事物（包括一件艺术品）都是有结构的，而且都是有层次的。

任何事物或系统都是有一定的性质的，对人来说就都是有一定的功能的，而事物或系统的性质和功能就取决于事物或系统的结构。但事物或系统的性质与功能又往往不仅仅取决于事物或系统在一个层次上的结构与元素，而往往与事物或系统的好几个层次上的结构或结构元素都有关，事物或系统中的任何一个结构层次与结构元素都有可能影响事物或系统的性质与功能，我们不能忽视事物或系统中任何一个结构层次与任何一个元素的存在与作用。

事物或系统的结构本身还具有一个重要而基本的功能，这就是贮存信息，控制论创立者维纳甚至说：“消息本身就是一种模式和组织的形式。”①

在生物界，要知道树木的年龄，数年轮是一个很好的办法。年轮是由于树木形成层细胞在春秋两季的生长情况不同所造成的，从春天到夏天，细胞分裂快、生长迅速，新生的细胞体积大、细胞壁薄、纤维少、导管数目多，而到了秋天则相反。这样年复一年，树木就在其横截面上形成一个又一个圆环，这就是年轮。在这里，年轮就是一种结构，其所贮存的信息就是树木的年龄。

在很久很久以前，人们就知道所有生命体都有代代相传的本领，然而生命遗传的物质基础是什么？什么因素决定了生命的遗传？现代分子生物学的研究证明，是 DNA 控制了生物的性状遗传（也有的是以 RNA 作为遗传物质）。DNA 以核苷酸为单位形成两股，两股之间由碱基配对而结合在一起，并以螺旋状旋转，这就是著名的 DNA 双螺旋结构。在 DNA 的这种双螺旋结构中，每三个碱基组成一个密码子，而一个密码子或几个密码子就代表一种氨基酸。在这里，碱基的排列顺序是一种结构，这种结构所贮存的信息就是生物的遗传信息，细胞就是借助于这个信息来完成相应的蛋白质制造工作、控制生物的性状遗传的。

在物理学史上，汤姆生在发现电子之后曾设想原子像一个西瓜，电子相当于瓜子，而带正电的物质就像西瓜瓤一样均匀分布在原子的内部。但是，在 1910 年，卢瑟福和他的助手们在用 α 粒子轰击原子时，通过 α 粒子在四周荧光屏上的分布情况，即一种特殊的现象结构（一种特殊的现象就是一种特殊的结构），他们认识到，原子是有一个核的，这就是原子核。在这里，α 粒子在四周荧光屏上的分布情况

① 诺伯特·维纳著：《维纳著作选》，钟韧译，上海译文出版社，1978 年 7 月版，第 7 页。

是一种结构，这种结构所贮存的信息就是原子的核式模型。

不仅自然结构贮存着信息，实际上人类也早就会主动地运用结构来贮存信息了，这种结构就是语言，包括语音与文字，其中语音又在文字之前。例如，在汉语中，语音 shuǐ 代表水，其中语音 shuǐ 就是一种声音结构，其所代表的水就是这种结构所贮存的信息。由于语音是一种动态结构，对信息不能实行静态贮存，因此人类后来就又发明了一种静态的、和语音相对应的结构即文字来贮存信息，文字的发明使得大量的信息能够长时间地贮存起来。

除了文字之外，现在在各门具体科学中所使用的各种符号与公式实际上也是人类发明或规定的、用来贮存信息的结构，如用阿拉伯数字 1、2、3……表示数量，用 $a^2+b^2=c^2$ 表示勾股定理，用 $I=U/R$ 表示欧姆定律，用 H、O 表示氢元素和氧元素等。

需要说明的是，自然界中的自然结构没有本底信息与意义信息之分，而人类所发明或规定的符号性结构都贮存着两种信息，一种是关于结构本身的信息，如结构的组成、来源及由结构所决定的系统的性质或功能等，这类信息就是结构的本底信息；另一种信息是人有意识、有目的地贮存于结构之中的信息，这种信息就是结构的意义信息，如在文字中，用“水”或“water”表示一种无色、无味、化学式为 H_2O 的液体。其中“水”或“water”是人造结构，它们所表示的那种液体就是它们所贮存的意义信息。

在上面我已经提到，任何一件艺术品都是有结构的，因此，任何一件艺术品应该都贮存着一定的信息，而我们知道，这些信息有创作者的思想、情感、创作风格、创作技法、所属流派、创作者所受种种社会文化背景的影响等等。这些信息可能是艺术家无意识贮存在里面的，但却是客观存在的。在艺术中，这些贮存在艺术品结构中的信息常被称为艺术品的内容。

也许你会认为有些信息是用信号而不是用结构来贮存的。是这样的吗？让我们以用烽火来传递军情为例来看这个问题。从表面上看，情况似乎是这样——烽火代表有军情，而没有烽火则代表没有军情，但我们要知道，不是随便一堆什么火都是能代表有军情的，只有火与烽火台一起才代表军情。由于火与烽火台所构成的结构跟没有火与烽火台所构成的结构是不同的，因此，实际上用信号来贮存信息也同样属于用结构来贮存信息的范畴。

总之，结构贮存着信息，信息也是只贮存在结构之中的，世界上不存在不贮存信息的结构，也不存在不依赖于结构而独立存在的信息。

二、应构与信息的传输

“应构”是“一个结构对另一个结构进行对应”的简称，这是一个事物或系统与另一个事物或系统发生相互作用时所产生的一种特殊现象。下面让我们先来看几个简单的例子。

中国人对印章并不陌生，在一块石头的横截面上反刻上自己的姓名，在涂上印泥后，把印章压在其他物体的表面上如纸面或布面上，这时，我们就会在纸面上或布面上得到一个正写的名字。任何一个文字都是结构，是由笔画或字母所组成的，在印章上，反刻的名字也是一种结构，在纸面或布面上所得到的文字的结构就是由印章上反刻的文字的结构应构出来的。

在日常生活中，应构实际上是非常普遍的，当我们看着一段文字并把这段文字读出声音时，我们实际上就在运用应构了，这是因为文字是一种结构，而声音也是一种结构。一个声音总有响度、音调、音长、音色等特征，其中有一个特征不同，就会使得这个声音与其他的声音有所不同。在语言中，不同的文字一般与不同的语音相对应，不同的语音一般也与不同的文字相对应，这是我们能够根据文字读出声音和根据语音写出文字的基本保证，没有文字与语音在结构上的对应，我们是无法实现文字与语音的转换的。当然，在一种语言中，一个文字有几种读音或者一个语音对应几个文字，这些现象也是存在的，但这些现象都是以文字或语音能够被理解为前提的。

应构不仅被人类广泛应用在文字与语音的结构的对应上，在现代通信技术中，人们也是在运用应构来实现声音、图像等信息的传递的。大家都知道，声音通过空气传播得并不远，那么，怎样才能让声音传播到想要传播到的地方呢？电话就是有效手段之一。在初中物理课程中，我们已经学过电话的组成与原理：最简单的电话是由话筒和听筒组成，一方的话筒与另一方的听筒及电源组成一个串联电路，当有人对着话筒讲话时，声音的变化就引起电路中的电流发生变化，而当变化的电流引起听者的听筒里的振动膜发生振动时，听筒这一端就能听到话筒那一端的声音了。在整个过程中，有两个应构过程是必不可少的，第一个应构过程是电路中的电流特征与声音的特征在结构上的对应；第二个应构过程是听筒振动膜振动的特征与电路中电流的特征在结构上的对应。在这里，我们提到的电话是有线电话，至于无线电话，其基本原理是相同的，只不过中间的应构物质不是电流而是电磁波而已。

在上面，我已经提到信息的传输问题。那么，信息在一般情况下是怎么实现传输的呢？从宏观看，一个完整的信息传输过程应该为“信源-信道-信宿”，而从微观来看，信息是怎样从信源传给信道，又是怎样从信道传给信宿的呢？

由于信源、信道、信宿在一般情况下是三个互相独立、完全不同的系统，都有各自特定的结构，我们不能指望信源、信道、信宿用完全相同的结构来贮存和传输信息，但是，如果信源在向外传输信息时，信道产生了与信源的结构相对应的结构，那么，信息就会从信源传给信道，同理，在信道向外传输信息时，如果信宿产生了一个与信道结构相对应的结构，那么，信息也就会从信道传给信宿。同样的信息可以用不同的结构来贮存，但只要在信息传输的过程中存在着结构与结构的对应过程，那么，信息就会从信源传给信道，再从信道传给信宿。信息就是通过结构与结构的对应即应构才实现了传输的。

结构与结构的对应通常有三种典型的模式：第一种是“一对一”模式，即一种结构只对应一种结构。这种模式能保证信息准确地从一种结构之中传输到另一种结构之中，上文所举的电话通信一例就近似属于这种模式，在一种语言中，文字与语音之间的对应也近似属于这种模式。结构与结构相对应的第二种模式是“一对多”，即一种结构是由几个结构一起进行作用而形成的。由于几个结构都贮存着一定的信息，因此，几个结构一起作用所形成的结构就是一种综合性的结构，新结构所贮存的信息也就是一种综合性的信息，如在语言交流中，重读某些语音可提示听众除了要注意正常语音的含义之外，还要注意重读音的含义等等。结构与结构相对应的第三种模式是“多对一”模式，即以多个结构对应一种结构，如用几个话筒对准同一个说话者，同一个声音就可以通过几个话筒传输出去。印刷术也是这种模式的典型例子。一般说来，“多对一”对应模式可以让信息得到大量的复制，使得信息能够广泛地得到传输与传播。

信息是贮存在结构之中的，而其传输是通过应构来实现的。运用这两个规律或原理，我们可以很好地解释有关信息的其他一些问题：由于结构是系统的结构，是物质的结构，因此，信息的贮存与传输是离不开物质的；由于结构的形成、变化与对应是需要能量的，因此，信息的贮存与传输也是需要能量的；由于结构是可以复制的，结构与结构的对应存在着“多对一”的模式，因此，信息在贮存与传输过程中是不遵守守恒定律的；最后，由于信息在传输过程中，即在结构与结构对应的过程中，总是存在着“一对多”的情况，因此，信宿得到的信息总是综合性的，其中有些信息可能是重要的，而有些信息则可能是无用的，这样，在信息传输过程中，歧义、噪音（广义的噪音）、甚至是错误等的产生就是不可避免的了。

需要说明的是，任何一个事物或系统在与另一个事物或系统发生作用时都会发生应构，而在发生应构时，其中任何一个事物或系统的结构都会或大或小地影响另一个事物或系统的结构，并使得信息得以向对方传递，例如，如果太阳上出现了黑子活动，那么，这至少会使地球的磁场发生变化，并使得有关的信息传到地球等等。甚至人们的理解、联想等活动也都是应构，例如，当我们看到汉字“树”时，我们知道我们会对这个字产生一定的理解，而把它理解为是这一种意思而不是另一种意思，这难道不是应构吗？假如我们由“树”这个汉字在大脑中想象出一种有根、有干、有茎、有叶的植物而不是其他一种什么物体，那么显然这也是应构；假如我们再由这棵树联想到某一件令人不快或令人愉快的事情而不是其他的事情，那么这种联想就也还是一种应构。当然，这里我们对“树”这个字所产生的理解、想象与联想等应构现象是发生在人脑内的，但当“树”这个汉字出现在某张纸上时，这个字的结构首先是通过光线被反射到人的眼睛上的，而这一个过程也是应构，没有这一个应构过程，我们就不会看到这个字或者会看错这个字。实际上，人们在阅读和理解文章与文学作品，在欣赏美术、音乐、舞蹈、电影等艺术品时的过程也都是一个应构过程，同时，艺术所贮存的信息，包括有意识贮存与无意识贮存在里面的信息就会向艺术的接受者与欣赏者实现传递。总之，客观外界事物对人的作用都首先是一种应构，没有这种应构，这样的作用是不能发生与完成的。当然，这样的应构也会导致建构，即在人脑内建立起一种新的信息与知识的贮存结构及新的理解、想象或联想的通道。不过这已经扯远了，这里就不谈了。

第三节　美丽的美学的心理学基础

众所周知，人们在审美与艺术欣赏时，一般都会产生一定的情绪与情感，但这是什么原因呢？人们由此而产生的情绪与情感对于审美与艺术欣赏有什么意义呢？这就需要有关情绪与情感的心理学知识了。这里让我们来看情-物联系概念、情绪与情感的区别这两个方面的内容。

一、“情-物联系”的概念

1. 定义

所谓“情-物联系”是指人的情绪或情感与特定的事物之间所存在着的一种相对固定的联系。这种联系表现为三种特殊的情况，第一种情况是，一个具体的事物出现在人的面前、被人看到或被人听到或被其他感觉器官感觉到，人会产生相应的情绪或情感。第二种情况是，人脑中出现一个想象物或幻觉时，人会产生一种情绪或情感。第三种情况是，人脑中出现一个抽象的事物或概念时，人会产生一种情绪或情感。这三种“情-物联系”都是以人的生理联系为基础的，也就是说它们都是以生理联系为基础固化在人体中的，它们早已形成，只要有某种事物出现在人的面前被人感觉到或出现在人的脑海中，人就会通过相应的情-物联系产生相应的或强或弱的情绪或情感。

“情-物联系”的存在有什么科学根据呢？实际上，对于“情-物联系”这个概念，我们可以从心理学中“情绪记忆”与“情结”这两个概念得到证明，或者说它就是对心理学中的“情绪记忆”与“情结”这两个概念的概括与总结，只要“情绪记忆”与“情结”的存在是客观的、是确凿的，那么“情-物联系”的存在也就用不着怀疑了。

赵中天在《中国大百科全书心理学卷》中，对“情绪记忆”是这样解释的：情绪记忆是一种“对曾经体验过的情绪和情感的记忆。引起情绪和情感的事件已经过去，但情绪和情感的体验可保存在记忆中。在一定条件下，这种情绪和情感又会重新被体验到。例如，当某人回想起以前一次战斗胜利的情景时，当时的情绪和情感也会再现，他好像再一次体验到了胜利的喜悦和欢快。比较强烈的、对人有重大意义的情绪和情感保持较久并容易再现。情绪记忆可能是积极愉快的体验、也可能是消极不愉快的体验。情绪记忆的性质和强度也会发生变化……情绪记忆对文学家和艺术家具有特别重要的意义，对于文艺欣赏和艺术趣味的培养也是必需的。”[1]这段文字全面地概括了情绪记忆的内涵、性质与作用，是完全符合客观事实的。同时，这段文字也清楚地说明了特定的情绪或情感与特定的事物是有联系的，情绪与情感是可以再现的，但必须以先有某种事物的出现为前提。

关于情结，这里只介绍两种，一种叫“伊谛普斯情结”，另一种叫“阉割情结”，均来自弗洛伊德的理论。弗洛伊德在《精神分析引论》一书中，是这样解释“伊谛普斯情结”的：

> 男孩子早就对他的母亲发生一种特殊的柔情，视母亲为自己的所有物，而把父亲看成是争夺此所有物的敌人；同理，小女孩也以为母亲干扰了自己对父亲的柔情，侵占了她自己应占的地位。根据观察的结果，可知这些情感起源较早，我们称之为“伊谛普斯情结”(Edipus complex)，因为在伊谛普斯的神话里，由儿子方面而起的两种极端的愿望——即弑父和娶母的愿望——只是稍微改变了呈现方式而已……这个情结有时发展，有时退隐，有时甚至颠倒了关系，但无论如何总是儿童心理的最重要的成分；而其影响和结果，我们却往往易于忽视而不加重视。而且，父母本身也常刺激子女，使产生伊谛普斯情结的反应。因为他们往往偏爱异性的孩子，所以父亲总是宠爱女儿，而母亲总是宠爱儿子；或者，假使结婚的爱已经冷淡，则孩子即可被视为失去了吸引力的爱人的替身了。[2]
>
> 精神分析的研究提出了伊谛普斯情结之后，不能说世人都表示同情；相反，成年人对于这个观念却表示最激烈的反对。有些人虽不否认这种大家忌讳的情感的存在，但其结果等于否认，

① 《中国大百科全书》心理学卷，中国大百科全书出版社 1991 年 9 月版，第 257－258 页。
② 西格蒙德·弗洛伊德著：《精神分析引论》，高觉敷译，商务印书馆，1984 年 11 月版，第 160 页。

因为他们提出的解释，显然违背事实，而剥夺了这个情结应有的价值。我始终相信，这用不着否认，也用不着文饰。希腊神话中已经在这些事实上看出大家不可避免的命运，我们对于这些事实只有甘心承认。①

在另外一篇文章中，弗洛伊德说：

有的人从来就没有超越父母的权威，他们或者没有把爱恋全部从父母那里收回来，或者根本就没有收回来。她们大部分是女孩，在度过了青春期之后很久，她们还保留着那种孩子气的爱，这让她们的父母很高兴。正是这些女孩在日后的婚姻中没有能力给予丈夫他们应得的爱，这一点是很有启发意义的；她们成了冷冰冰的妻子，在性欲方面表现出冷感。②

从上述弗洛伊德对“伊谛普斯情结”的说明中，我们是不难看出情-物联系的存在以及它们对人的生活的影响的。

什么是“阉割情结”呢？“所谓‘阉割情结’(castration complex)，即因父亲对于早年幼稚的性活动加以恫吓而引起的反应。”③“两性的存在起初并没有让儿童感觉难于理解或者心存疑虑。对于男童而言，他不假思索地认为他认识的每个人都有一个跟他一样的生殖器官，他很难想象别人会缺少这个东西。”④“男孩们固守着这一信念，当发现随后的观察与之相反时还顽强地抵抗，直到经过了激烈的内心

---

① 西格蒙德·弗洛伊德著：《精神分析引论》，高觉敷译，商务印书馆，1984年11月版，第160-161页。

② 西格蒙德·弗洛伊德著：《性欲三论》，赵蕾 宋景堂译，国际文化出版公司，2000年10月版，第86页。

③ 同①，第161页。

④ 同②，第56页。

斗争(阉割情结)才放弃这一信念。”[①]“我们有理由说女性也有阉割情结。男童和女童都形成了一种性理论,认为女性本来跟男人一样也是有阳具的,但是她们通过阉割失去了它。最终男童认识到女性本身就没有阳具,这常常使他们对异性有一种持久性的鄙视。”[②]由上述文字可知,在“阉割情结”中也隐藏着一些情-物联系。

下面让我们再来看一些其他的情-物联系,先来看情绪、情感与颜色之间的联系。在赵国志的《色彩构成》一书中,我们可以看到:

> 红色的纯度高,注目性高,刺激作用大,人们称之为“火与血”的色彩,能增高血压加速血液循环,对于人的心理产生巨大的鼓舞作用。[③]
>
> 黄色是最为光亮的色彩,在有彩色的纯色中明度最高,给人以光明、迅速、活泼、轻快的感觉。[④]
>
> 绿色为植物的色彩,绿色的明视度不高,刺激性不大,对生理作用和心理作用都极为温和,因此人对绿色的嗜好范围很大,给人以宁静、休息,使之精神不易疲劳。[⑤]
>
> 紫色因与夜空、阴影相联系,所以富有神秘感。紫色易引起心理上的忧郁和不安,但紫色又给人以高贵、庄严之感,所以妇女对紫色的嗜好性很高。[⑥]

再看人的情绪、情感与线条之间的联系,刘叔成、夏之放、楼昔勇

---

① 西格蒙德·弗洛伊德著:《性欲三论》,赵蕾 宋景堂译,国际文化出版公司,2000 年 10 月版,第 56 页。

② 同上,第 57 页注释①。

③ 赵国志编著:《色彩构成》,辽宁美术出版社,1989 年 12 月版,第 36 页。

④ 同上,第 37 页。

⑤ 同上。

⑥ 同③,第 38 页。

等在《美学基本原理》一书中说得非常清楚："线条可以分为直线、曲线和折线。它们的审美特性各不相同：直线表示力量、稳定、生气、刚强；曲线表示优美、柔和，给人以运动感；折线表示转折、突然、断续，折线形成的角度则给人以上升、下降、前进等方向感。"①"各种线的有规律的组合，可以带有明显的感情意味。如垂直线给人以稳定感和均衡感，表示严肃、庄重；水平线表示安宁、静穆；斜线与兴奋、迅速、骚乱、不稳定相联系，具有明显的运动感。"②

再来看情绪、情感与声音之间的联系。在上述同样的一本书中，刘叔成、夏之放、楼昔勇等人这样写道："近代实验美学家应用各种仪器测验证明，声音不仅影响人的神经，而且对于血液循环、脉搏跳动、呼吸活动等都有一定的影响作用。声音的强弱大小及其在时间中的延续变化，和人的生理心理机制之间有一定的对应关系，因而可以由声音引起上升——昂扬、下降——低沉以及悠婉、清雅、哀伤、呜咽等情绪反应。这就使得本无情感因素的外物的声音，带上了情感意味，例如，高音显得亢奋激昂，低音显得深沉凝重，强音显得振奋，轻音显得柔和等等。"③日本的上田敏教授也说得很清楚："感情柔和的人总欢喜调子，欢喜有高低的延长的音……身体壮健而活动的人，性急的人，即强烈的人，欢喜节奏的音乐。"④

情绪或情感能不能与文字建立情-物联系呢？也能，只是这种联系通常需要借助于文字所描绘的形象来建立，或者说情绪或情感与文字之间的情-物联系通常就是情绪或情感与文字所描绘的物体的形象之间的情-物联系，如对"太阳"这两个字，人的情绪或情感与这个名词之间的联系就是人的情绪或情感与太阳这个物体之间的联

① 刘叔成　夏之放　楼昔勇等著：《美学基本原理》，上海人民出版社，2001年7月第3版，第93-94页。

② 同上，第94-95页。

③ 同上，第97页。

④ 上田敏著：《现代艺术十二讲》，丰子恺译，湖南文艺出版社，2004年1月版，第130页。

系。在文学欣赏中，文字之所以能够激发人们的情绪或情感，通常就是因为文字所描绘的形象能够激发人们的情绪或情感，平时我们也常说某某文章的文字很感人，实际上，这通常是由于文字所描绘的形象很感人。

不仅仅是人的情绪或情感与真实的事物之间有情-物联系，就是那些想象性的以及幻觉之类的事物也会与人的情绪或情感建立某种情-物联系，有的人有时会沉湎于幻想而不能自拔等就是一种特例。不仅如此，就是那些抽象的概念与事物也会通过符号或想象与人的情绪或情感建立某种情-物联系，如真与假、善良与阴险、正义与邪恶、光明与黑暗等等就都可能与人的情绪或情感建立某种联系，有人热爱真理，热爱正义，热爱光明，而有的人却喜欢作假，甚至以恐怖为乐等就是一些具体的例子。

需要说明的是，在所有的情-物联系中，有一种是极为特殊的，这就是情-情联系，即情绪与情绪、情绪与情感、情感与情绪、情感与情感之间的联系，例如，在通常情况下，积极情绪如愉快与爱、兴趣等积极情感就相联系，而消极情绪则与人消极情感相联系等，反之亦然。当然，有时消极情绪也能激发人们的积极情感，如悲痛在很多情况下就能激发人们的爱、同情等积极情感。由于在人体中存在着这种特殊的情-物联系，因此，人们利用先前的一种情绪或情感来激发后续的另一种情绪或情感就有了可能性。让我们来看一个具体的例子，比如人们在刚看到罗丹的《欧米哀尔》时，人们会非常自然地产生强烈而消极的情绪与情感，但以后人们会产生其他一些情绪与情感，如对青春与美丽的羡慕、向往与追求等。如果有人还知道“欧米艾尔”曾经是个妓女，那么人们还会产生诸如对淫乱这种丑恶现象的厌恶和憎恨等情感。一般说来，在艺术创作过程中，艺术家们会一直注意其作品能否激发人们的情绪与情感，这时，前面的情绪与情感一方面是艺术目的的一部分（让艺术所激发的情绪与情感更丰富），另一方面则为人们对艺术继续欣赏下去即激发出更多、更强烈的情绪与情感提供了可能性。

实际上,人的情绪与情感可以与世界上的任何一种事物与现象建立起情-物联系。当然,只就某一个人而言,他不可能与世界上的一切事物与现象都能建立起情-物联系。

2. 情-物联系的生理学基础

前面提到,情-物联系的存在是以人的生理神经联系为其基础的,那么这个结论又有什么科学根据呢?让我们来看一些有关情绪与情感的生理基础方面的知识。

由郭德俊、田宝编著的《情绪——心灵的色彩》一书在一开始就告诉我们:

> 情绪从何而来?它不是从天上掉下来的,也不是从地上冒出来的,它来自人的大脑。①
>
> 人脑包括大脑、间脑和脑干三个部分。大脑像一个完整的核桃仁,它有两个半球。大脑由大脑皮层、边缘系统和基层神经节组成。大脑皮层覆盖于半球的表面,它是由140多亿个神经细胞组成的呈黄色或白色的多层结构。皮层表面的褶皱形成许多沟和回,沟把大脑皮层分为额叶、顶叶、颞叶、枕叶四个部分,它们主管着人脑的高级功能的活动,如注意、知觉、记忆、思维、言语、情绪和运动等。边缘系统是情绪产生的重要结构之一。
>
> 间脑在大脑半球的下部,由丘脑和下丘脑组成……下丘脑与情绪、动机有密切关系。动物实验证明,用微电极刺激动物(猫)的下丘脑腹内侧核,会引起动物强烈的情绪反应,如嚎叫、嘶叫、露爪、耳朵后侧竖毛等。所以,有人称下丘脑为情绪脑。②

---

① 郭德俊　田宝编著:《情绪——心灵的色彩》,北京师范大学出版社,2002年1月版,第2页。

② 同上,第3-4页。

对于某些具体的情绪，科学家们还发现了相应的情绪中枢，“20世纪60年代，美国心理学家奥尔兹和米尔纳采用‘自我刺激’的方法，证明下丘脑和边缘系统的有关部分有‘快乐中枢’。”[①]“最近的研究进一步证实，杏仁核是恐惧反应的中枢。”[②]

美国的劳伦斯·夏皮罗在其著名的家庭教育专著《EQ密码：迅速培养孩子出类拔萃的8个技巧》一书中，从培养情商的角度说得更清楚：“科学家们一般都认为，大脑负责思维的部分是大脑皮层（有时也称新大脑皮层），控制情感的部分是大脑边缘部分，这两部分毫不相干。但事实上，正是这两部分之间的联系决定了人情感智力的高低。”[③]“哈佛大学心理学家杰罗米·凯甘（Jerome Kagan）……总结出一种新的理论，他认为儿童的性格能反映出生时儿童大脑的特定情感通路，这种特定情感通路既是孩子当前和未来情感表达的基础，也是他们的行为基础。”[④]“神经系统科学家现在相信，人类的情感是由大脑的如闪电般迅速的传输系统传递和控制的。该系统由丘脑、扁桃核、大脑皮层的额叶支配，加上大脑其他结构和腺体的辅助，释放出生化物质，通过生化物质把信息传送到身体其他各个部位。”[⑤]

孟昭兰在《情绪心理学》一书中也为我们更为详细地介绍道：“杏仁核在确定感觉事件的感情意义上起着重要的作用，这一观点已为大多数有关研究者所认可。”[⑥]“情绪刺激从感官经感觉丘脑皮层携带信息首先到达杏仁核并立即触发先天性粗略的情绪。同时刺激从

---

① 郭德俊 田宝编著：《情绪——心灵的色彩》，北京师范大学出版社，2002年1月版，第4页。

② 同上，第7页。

③ 劳伦斯·夏皮罗著：《EQ密码：迅速培养孩子出类拔萃的8个技巧》，王华夏译，中国妇女出版社，2006年9月版，第10页。

④ 同上，第15页。

⑤ 同上，第234页。

⑥ 孟昭兰主编：《情绪心理学》，北京大学出版社，2005年3月版，第41页。

感官经感觉丘脑皮层到达前额叶等高级区域对信息进行加工，并向下传递到杏仁核产生精细的情绪以及对刺激事件意义的意识。”①

由上述有关的知识可知，人类的情绪与情感绝不是没有客观基础的，而是有坚实的客观基础的，且是依据一定的神经联系的。本书认为，正是这些广泛存在的神经联系，使得人们对特定的事物或刺激能够产生特定的情绪或情感，由此，众多的、以神经联系为基础的情-物联系也就这样产生与形成了。当然，客观存在的神经联系或情-物联系并不能保证某一事物一定会引起某种情绪或情感，原因是，有关的神经细胞还要被激活才行，只有有关的神经细胞与神经通路被激活了，相应的情绪与情感才会通过情-物联系而产生。

3. **情-物联系的性质**

情-物联系既然是客观存在的，那么它有哪些特性呢？具体说来有下列几个方面：

(1) 客观性

“情-物联系”虽是美丽的美学向前发展的需要与结果，但它绝不是笔者随意杜撰出来的一个名词，它实际上是对人在各种生活、生产、劳动、审美及艺术欣赏等实践活动中所产生的情绪与情感的体验的总结，它可以从心理学中诸如“情绪记忆”、“情结”等概念与理论得到证明，而且情-物联系的存在也有可靠的生理物质基础，因此，美丽的美学认为，情-物联系的存在是客观的。

(2) 隐蔽性

所谓情-物联系具有隐蔽性，意思就是说，在通常情况下，人的情绪与情感跟特定的事物之间的联系都处于隐蔽的状态或是无意识状态，通常人们根本不知道什么样的情绪与情感会跟什么样的事物相联系，或是什么样的事物会与什么样的情绪或情感相联系，有些情绪或情感甚至会与一些“原始意象”(瑞士心理学家C·荣格的概念)相

① 孟昭兰主编：《情绪心理学》，北京大学出版社，2005年3月版，第45页。

联系，而人却浑然不知。只有当某种事物出现在人的面前时，人们才会产生并体验到某种相应的情绪或情感，而有时这种情绪或情感还不太强烈。人不会无缘无故地产生某种情绪或情感，如人们在睡着时，所有的情-物联系都处于“休眠”状态，人对一切都一无所知，除非这时人在做梦，否则他就不会产生任何情绪或情感。

那么，为什么情-物联系会有隐蔽性呢？情-物联系之所以有隐蔽性，这是因为，情-物联系没有独立的物质基础，它是以人体内的神经联系为其基础的，而人体内的神经联系与活动，我们并不能意识到，是处于无意识状态的。不仅人体内静态的情-物联系具有隐蔽性，由某种事物产生某种情绪与情感的精细过程或神经过程，我们也是无法意识到的。关于神经联系的隐蔽性，笔者认为，冈布里奇在《艺术与幻觉——绘画再现的心理研究》一书中所说的一句话“我们永远不能看见自己的视网膜”①是很有代表性、很有说服力的。正是由于神经联系对其拥有者具有隐蔽性，因此，人体内的情-物联系才具有了隐蔽性。

在这里，运用情-物联系及其隐蔽性，我们可以很容易地解释一个有趣的现象，这就是一见钟情现象。我们知道，许多进入了恋爱季节的男女常常会有一见钟情的现象发生，这是为什么呢？实际上，由于一个人在他或她的体内早就有了一套完备的情-物联系，只是他或她还不知道而已，这也就是说他或她所钟情的对象实际上早就存在于他或她的神经联系即情-物联系中，只是他或她没有意识到而已，一旦一个对象激活了他或她的体内有关的情-物联系，那么，这时他或她就会发生一见钟情的现象，从而进入美妙而令人神往的恋爱状态。我们也常听人说爱一个人没道理，其实爱是有道理的，只是人浑然不知而已，其道理就是人体内的情-物联系及其隐蔽性。另一方面

---

① 冈布里奇著：《艺术与幻觉——绘画再现的心理研究》，周彦译，湖南人民出版社，1987年8月版，第237页。

我们还知道，有的人一直都没有一见钟情的现象发生，一直都没有“触电”的感觉。其实这是有办法克服的，这就是增加与人交往的范围。我相信，只要这个范围大到足够的程度，任何正常的人都会“触电”、都会发生一见钟情现象。

(3) 社会实践性

让我从情-物联系的形成说起。情-物联系是如何形成的呢？笔者认为，总体说来，情-物联系的形成主要有以下两个原因：

a）一些情-物联系是先天形成的，如伊谛普斯情结等，再如，人进入青春期之后，男女之间的相互欣赏与爱慕等，又比如“同情”等都是如此。亚当·斯密在《道德情感论》一书中曾经说过：“不论你可以认为人是多么的自私，然而在他的天性里都明显地有着某些天性，使他关心他人的命运，使他需要他人的幸福，尽管他从他人的幸福中得不到任何东西，除了看了感觉愉快以外。属于这一类的天性就是怜悯或同情。它是当我们极其生动地看到或生动地想象到他人的痛苦时，我们所感受到的一种感情。我们时常由于看到他人的悲伤而悲伤，这是一个无需任何例证的十分明显的事实。因为，这种情感像人类天性中所有的其他原始感情一样，它决不局限于有道德的和仁慈的人。尽管他们也可能感受得最深刻和最细腻。即使是最大的恶棍、最冷酷的罪犯也并不是全然没有一点同情心。”①他还说：“人不仅天生地就希望被人爱，而且也希望成为一个可爱的人，或者成为一个爱的自然而又恰当的对象。他不仅天生地畏惧被人憎恨，而且也怕成为一个令人憎恨的人，或者成为一个憎恨的自然而又恰当的对象。他不但渴望表扬，而且渴望值得表扬，或者即使他没有得到任何人的表扬，然而却是表扬的自然和恰当的对象。他不仅畏惧责备，而且畏惧是该受责备的。”②

① 亚当·斯密著：《道德情感论》，谢祖钧译，陕西人民出版社，2004年7月版，第3页。
② 同上，第135页。

让我们稍微具体一点地来看一个实例。我们知道，对称通常是令人愉快的，那么人的愉快情绪为什么会与对称联系在一起呢？对此，桑塔耶纳为我们提供了一个很好的说明："为了某种原因，眼睛在习惯上是要朝向一个焦点的，例如朝向门口或窗洞，朝向一座神坛，或一个宝座，一个舞台或一面壁炉，如果对象不是安排得使眼睛的张力彼此平衡，而视觉的重心落在我们不得不注视的焦点上，那么眼睛时而要向旁边看，时而必须回转过来向前看，这种趋势就使我们感到压迫和分心。所以，对所有这些对象，我们要求两边对称。我们却不感到需要垂直的对称，因为眼睛和头脑观察事物，从顶到底就不像从左到右这么方便。一个对象摆在面前，上下不等也不会引起像左右不等所引起的这种运动趋势和心情烦躁。所以，由于眼部肌肉平衡而感到的舒适和省力，在某种情况下是对称的价值的根源。"①

从生理上来看，由于人从一出生就有一套完备的组织系统与神经系统，因此，人天生就有一些情-物联系是很正常的。没有这些情-物联系，例如新生儿要与他人如与他的母亲进行与生存有关的交流简直就是不可思议的。"从某种意义上说，人类婴儿的感情性反应是在生物遗传的基础上，从降生到人类社会环境中的那一刹那间开始的。婴儿一落地，便大声啼哭，哭成为他吸引成人注意的生存方式之一。情绪是婴儿在掌握语言之前适应生存的重要心理工具，婴儿正是通过情绪与成人交往、表达各种需要和要求，他们饿了、渴了就哭，吃饱了、舒服了就笑。"②

b）更多的情-物联系是人在特定的社会环境中，在人们的日常

---

① 乔治·桑塔耶纳著：《美感——美学大纲》，缪灵珠译，中国社会科学出版社，1982年12月版，第61页。

② 郭德俊 田宝编著：《情绪——心灵的色彩》，北京师范大学出版社，2002年1月版，第30页。

生活与生产、劳动、实践、经历、经验中形成的，即使是那些先天形成的一些情-物联系，也会因为后天的生活、生产、劳动等实践活动而有所改变，有的会得到加强，有的会得到减弱。如果说人由于遗传会自然获得情绪与情感的生理机制及一些基本的情绪与情感，那么人在后天所获得的情绪及对众多事物的情感就是在后天的生活、生产、劳动等实践活动中所产生与形成的。在平常的生活、生产、劳动等实践活动中，情绪与情感是跟人的需要紧密联系的，“凡是与这些需要发生这样或那样关系的事物，便会引起人的这样或那样的情绪、情感；反之，凡是与人的需要不发生关系的事物，因为对人毫无意义，所以人对它也就无所谓情绪、情感。”[①]平常的生活、生产、劳动等实践活动不仅能满足我们的实际需要，而且也是我们众多情绪与情感的重要来源，同时也是众多情-物联系的来源。例如，工人与产品、农民与庄稼、学生与考试分数等之间的情-物联系就很特殊，其他人对这些事物的情绪与情感可能远没有这些人对这些事物的情绪与情感那么强烈与敏感。

从生理上来说，人的社会实践活动为什么会影响人的情-物联系呢？这可以从人脑的形成与发展得到说明。由董奇与陶沙等人所著的《脑与行为——21世纪的科学前沿》一书告诉我们：“并不是所有的动物都有脑，脑是在物种进化过程中逐渐出现并发展起来的。”[②]“人类是从猿演变而来的。猿在演变成原始人之后，又经历了曲折漫长的进化过程，才进化成现代人。在猿进化为原始人的过程中，脑也在不断地发展进化，脑的容量、脑的结构等方面都发生了很大的变化。”[③]“在漫长的进化过程中，是什么原因促成‘人脑’这个复杂的特

① 张焕庭主编：《心理学》，河海大学出版社，1988年5月版，第158页。

② 董奇　陶沙等著：《脑与行为——21世纪的科学前沿》，北京师范大学出版社，2000年1月版，第7页。

③ 同上，第9页。

化器官产生的呢？劳动与语言，这是两个最主要的推动力。正是在劳动和语言的影响下，猿脑才逐渐地进化成人脑。”[①]那么在猿脑进化成人脑之后，人脑就是相同与不变的吗？不，情况绝不是这样，“现代儿童心理学的研究也表明，在婴儿阶段给婴儿提供丰富的视听刺激，会促进婴儿脑的发育。”[②]“《科学》杂志近期又报道了一项新的研究成果：小提琴家开始训练的时间早晚不同，他们脑的结构也不同。与13岁以后才开始训练的小提琴手相比，12岁前开始训练的小提琴手的神经网络较为复杂。”[③]《野兽之美：生命本质的重新审视》一书的作者纳塔莉·安吉尔也曾以动物的玩耍为例来说明脑结构的成长与变化：“尽管玩耍会带来极度的感觉和生理上的刺激，可是，在脑部突触之间形成的连接会得到进一步的加强，而这些连接反过来也会加速生长发展。大脑其他的部分也可能会从玩耍刺激当中受益，这可能也就是为什么像灵长类和海豚这样一些脑量很大的物种特别喜欢玩的一个原因：在这些物种当中，大脑在出生之后持续成熟，因而需要尽可能多地从外部世界得到玩耍。”[④]动物是如此，人又何尝不是如此呢？

笔者认为，正是由于人在社会实践活动中，人体内的神经联系发生了生长、连接、改变等现象，才使得人体内的情-物联系发生了生长与改变等。这也就是说，人体内的情-物联系虽然是以神经联系作为自然的物质基础的，但它却是具有社会实践性的。

（4）个体差异性与超越性

由情-物联系的社会实践性我们还可以推知，有一些情-物联系在宏观上具有个体差异性、具有时代性、民族性、阶级性等性质，而有

---

① 董奇 陶沙等著：《脑与行为——21世纪的科学前沿》，北京师范大学出版社，2000年1月版，第11页。

② 同上，第12页。

③ 同上，第27页。

④ 纳塔莉·安吉尔著：《野兽之美：生命本质的重新审视》，李斯 胡冬霞译，时事出版社，1997年12月版，第159页。

一些情-物联系则具有超时代性、超民族性、超阶级性等性质。前者是由于特定的经历、特定的时代、特定的民族、特定的阶级地位等会使人形成某些特定的情-物联系，因此，这些情-物联系也就相应地具有了个体差异性、时代性、民族性、阶级性等，例如，在我国封建社会很长一段时间里，人们会认为女人以小脚为美，这就是情-物联系具有时代性与阶级性的最好的证明。而后者则由于两个原因，一是不同的人有相似的神经系统，二是由于不同的人可能会有相似甚至是相同的实践经历，如教育、劳动等，因此，也就有许多情-物联系具有了超时代性、超民族性、超阶级性等性质，如不同时代、不同民族、不同阶级的人对真理、对公平、对正义等都具有强烈的热爱之情等等。正是由于许多情-物联系具有超时代性、超民族性、超阶级性等性质，因此，这使得具有不同时代性、民族性、阶级性的人们可以由同一事物产生相似甚至相同的情绪与情感有了极大的可能性。

（5）无限多样性

由董奇与陶沙等人所著的《脑与行为——21世纪的科学前沿》一书还告诉我们：

> 在只有大约1.3立方分米空间的人脑里，居住着比地球人口多几十倍的“公民”——神经细胞和神经胶质细胞。神经胶质细胞，主要负责脑的营养供给工作。而站在工作第一线的则是上百亿个的神经细胞，它们是神经系统的结构与功能的基本单位，负责接受刺激与传导冲动。神经细胞的直径大的有一百多微米（跟头发差不多粗），小的则只有几微米。①
>
> 让我们看看与我们的智力关系最为密切的大脑。它的外貌平淡无奇，其表层，及大脑皮层，大约有2毫米厚，布满了向下凹

① 董奇 陶沙等著：《脑与行为——21世纪的科学前沿》，北京师范大学出版社，2000年1月版，第18页。

的沟和向上凸的回，如果全部展开，其面积大约为 2 600 平方厘米，相当于一张普通报纸。然而就在这张“报纸”上，密密麻麻“写”满了 140 亿个以上的神经细胞，而每个细胞都像章鱼一样，由一个中心向外伸出数万个细小的触须（树突和轴突），同时每条小触须上又都附着数千颗细小的结节（突触），就像触须上的吸盘。不同的细胞通过结节联系在一起。在这些神经细胞周围还有 1 000 亿个以上的神经胶质细胞，为他们提供养分和能量。每个神经细胞就其本身来讲也称得上是一台电脑，在其胞体及其间的突触上，每时每刻都在不断地存贮信息，并通过“电缆”，即轴突以每秒 100 米的速度不断与其他细胞进行着交换。这样，我们的脑就形成了一个极为庞大的“电脑”网络。如果我们能够在所有神经细胞的结节之间建立联系的话，即便按最保守的估计，我们脑中这个“电脑”网络的通道数量也将会是一个令人难以置信的数字：10000000000……总共会有 1 500 万公里长的“0”！

正因为如此，人脑所具有的能力简直令人难以置信……[①]

也许人的情绪与情感只与人体内的部分神经细胞有直接的关系，然而由于人体内所有的神经细胞是互相联系在一起的，因此，我们可以说，人的情绪与情感与所有的神经细胞都有联系。接下来，既然情-物联系是以神经联系为基础的，而人体内的神经联系又是如此的复杂而丰富，因此人体内的情-物联系具有无限多样性也就是自然而然的了。实际上，我们每个人的心灵深处（准确地说是在我们的神经系统中）都隐藏着无穷的情-物联系，只是我们通常对它们都一无所知，但艺术家们（含文学家与诗人）却能通过他们的作品为我们把

① 董奇 陶沙等著：《脑与行为——21 世纪的科学前沿》，北京师范大学出版社，2000 年 1 月版，第 187－188 页。

它们揭示出来，能让我们产生并体验到种种令人匪夷所思的情绪与情感。

这里关于情-物联系的一些观点，我们几乎还可以从美国当代著名的心理学家保罗·艾克曼所著的《情绪的解析》一书中找到有力的证明："每一种情绪的背后必然有这样一些在头脑中已经根深蒂固的诱因。它们可能是一种框架，一个抽象的轮廓，或者是一些简单的情景，例如，受到被伤害的威胁就会产生恐惧，而失去某个重要的东西则会令人悲伤。与此同时，我们头脑中储存的也可能不是这些抽象的概念，而是具体的事件。比如，失去某种支持或者面对着飞速撞向自己的东西时，我们就会产生恐惧。而失去所爱的人，和最亲密的人分离，无论在何时何地都会令人悲伤。"①"有时情绪的出现需要进行思考性评估"②，"另外一种引发情绪反应的途径是想象。"③"谈论过去的情绪经历同样能使人产生情绪。"④"令人惊叹的是，文字在人类历史上出现很晚，竟然也能触动人的情绪。"⑤"情绪诱因的确会形成特定的细胞联结"⑥，"导致我们产生各种情绪的原因，既有在人类祖先的生活中积累下来的经验，也有我们在自己的生活中经历过的事情"⑦等。

二、情绪与情感的一个重要区别

美丽的美学非常重视情绪与情感这两个心理学概念，但它们是有区别的。乔建中在由张焕庭所主编的《心理学》教材中，对情绪与

① 保罗·艾克曼著：《情绪的解析》，杨旭译，南海出版公司，2008年1月版，第31页。
② 同上，第37页。
③ 同上，第39页。
④ 同上。
⑤ 同①，第40页。
⑥ 同上，第48页。
⑦ 同上，第209页。

情感所下的定义是这样的："情绪与情感是人对客观事物的态度的体验。"①但情绪与情感是有区别的，乔建中说："情绪始终与不断变化发展着的需要情境相关联，因而具有较大的情境性。"②而"情感则是建立在对需要情境的概括认知基础之上的，因而除了情境性外，它更多地表现出稳定性和深刻性"③等。

不过在美学中，我们将会看到情绪与情感的上述区别不足以说明美学的全部问题，如美的功能与价值问题等，由此，笔者注意到了情绪与情感的又一个新的与重要的区别。这是一个什么区别呢？厦门大学中文系教授易中天在其著作《破门而入——美学的问题与历史》中，对此作了一个很好的说明：

> ……情绪，我们知道，是动物也有的。比如一只狗，得到一根骨头，会很兴奋。一只鸡，下了一个蛋，也很兴奋。又比如天气不好，我们会烦躁；得了奖，会兴奋。这些都是情绪，它们也都只有"原因"，没有"对象"。我们只能说"我烦躁"、"狗兴奋"，不能说"我烦躁天"、"狗兴奋骨头"、"鸡兴奋蛋"，因为情绪是无对象的。情感就不一样了。我们不仅会说"爱"和"恨"，还会说爱谁、恨谁，而且一定要说爱谁、恨谁……
>
> 显然，情感是有对象的，情绪是没有对象的。情感总是指向某个对象，而且一定要指向某个对象。所以，情绪不能对象化，也不必对象化；情感则能够对象化，也必须对象化……④

实际上，早在二百多年以前，亚当·斯密就在《道德情感论》这本

---

① 张焕庭主编：《心理学》，河海大学出版社，1988 年 5 月版，第 156 页。
② 同上，第 157 页。
③ 同上。
④ 易中天著：《破门而入——美学的问题与历史》，复旦大学出版社，2005 年 1 月版，第 185 - 186 页。

书中注意到“情感对象”这一概念了，如他说过：“人不仅天生地就希望被人爱，而且也希望成为一个可爱的人，或者成为一个爱的自然而又恰当的对象。他不仅天生地畏惧被人憎恨，而且也怕成为一个令人憎恨的人，或者成为一个憎恨的自然而恰当的对象。他不但渴望表扬，而且渴望值得表扬，或者即使他没有得到任何人的表扬，然而却是表扬的自然和恰当的对象。他不仅畏惧责备，而且畏惧是该受责备的。”①再如他还说过：“钦佩和几乎崇拜富人和有权势的人，鄙视或至少是忽视穷苦和卑贱条件中的小人物的倾向，尽管是建立和维护等级差别和社会秩序所必需的，但同时也是我们道德情感堕落的最普遍的原因。财富和显贵经常受到本只应属于智慧和美德的尊敬和钦佩。不道德行为和愚蠢本应是蔑视的最恰当的对象，但蔑视却常常是极不公平地加在贫穷和软弱的头上，所以，历来也就一直受到道德学家的抱怨。”②亚当·斯密的说法真是太精彩、太精辟了。

在后面我们将看到，“情感对象”这一概念对于评价美和艺术的价值有多么的重要。

在上面，我分别介绍了美丽的美学的哲学基础、信息论基础与心理学基础，但这些内容还不是本书观点的全部的思想基础与理论基础，如果有人问美丽的美学的全部的思想基础与理论基础是什么，那么下列清单就是一个明确的答案：

1. 唯物主义和辩证法基本原理。

2. 科学学，包含(1)科学研究的方法论——本书所采用的研究方法有分析、综合、归纳、演绎、预言等，其中主要运用归纳和演绎。(2)本书绪论所提到的美丽的美学应该具备的七点性质。

3. 所有以往的美学理论与观点(含艺术理论与观点)。笔者非常赞同门罗的美学研究态度：“对过去的一切美学理论持怀疑态度

① 亚当·斯密著：《道德情感论》，谢祖钧译，陕西人民出版社，2004年7月版，第135页。
② 同上，第64页。

诚然是明智的，但是，如果利用它们给我们作出种种提示，同样也是明智的。”①

4. 其他有关的科学，包括信息论、心理学（不仅仅是前面介绍的一些心理学知识）、生理学、语言学、物理学、生物学、人类学等。

5. 一切美的事物、所有的艺术品。

美丽的美学就是在上述基础之上建立起来的。如果我们把美丽的美学比喻成一棵树的话，那么上述几个方面的内容就是这棵树的树根，而美丽的美学的基本原理就是这棵树的树干，由美丽的美学的几个基本原理所作出的诸多推论就是这棵树的树枝与树冠。

① 托马斯·门罗著：《走向科学的美学》，石天曙 滕守尧译，中国文联出版公司，1985年1月版，第20页。

第二章
一分为二的“美”及其定义

在阐述过本书所依赖的一些基本知识之后，下面我们就来进行美丽的美学的建构之旅。先研究什么问题呢？让我们遵循直觉，先来看什么是美这样一个让许多人魂牵梦萦的问题。

第一节　两种不可互相替代的“美”

既然美丽的美学要研究美，那么我们又应该选择什么地方作为我们的出发点呢？让我们从“美”的用法与基本种类或含义开始吧，即让我们从最简单的现象与问题入手吧，这就像运动学从最简单、最基本的静止与匀速直线运动开始研究一样。

一、历史上的“美”的用法与分类

说到“美”的用法与种类或含义，翻开美学的历史，我们还真的能发现许多有关“美”的种类或含义的看法，只是这些看法虽然被记录在史册中，但并未引起人们足够的注意与深思。

关于“美”的分类，人们有许多种角度，有的人从日常使用与科学使用的区别来分类，把美分为日常含义上的美与科学含义上的美两种；有的人则从形态上来分类，把美分为优美、崇高、喜剧、悲剧等范畴，等等。但这些分类方法都没有涉及美的本质。在这一章，我们直接从美的本质入手来考察美的种类。所得结论适用于本书的全部内容。

早在18世纪，英国美学家哈奇生就对“美”进行了分类，他说过这样的话：“美有本原的和比较的两种，或者有人认为‘绝对的’和‘相对的’这两个称呼更恰当。”①

法国启蒙主义思想家狄德罗则把“美”分为实在美和相对美两种，他说：

> ……同一对象，不管它是什么，都可以孤立地、就它本身来考虑，或者就它与其他对象的关系来考虑。当我声称一朵花美，或一条鱼美，我意味着什么呢？假如我孤立地考虑这朵花或这条鱼的话，我所意味的没有别的东西，不过是我在组成它们的各部分之间，看到了秩序、安排、对称、关系，因为所有这些字眼只是以不同方式来观察关系本身而已。在这种意义之下，凡花皆美，凡鱼皆美。然而是什么美呢？那就是我所谓的实在的美。
>
> 假如我考虑花、鱼，就它们与其他花、其他鱼的关系来考虑的话，我说它们美，意思就是：在同类的存在物之中，花中这一朵，鱼中那一条，在我心中唤醒最多的关系观念和最多的某些关系；因为我马上要让大家看见，由于各种关系性质不同，它们对美的贡献，也就彼此有多有少。我可以断言，在这种新方式之下考虑对象，就有了美和丑；但是什么美，什么丑呢？那就是所谓相对的了。②

① 北京大学哲学系美学教研室编：《西方美学家论美和美感》，商务印书馆，1980年5月版，第97页。

② 同上，第134－135页。

康德也把“美”分成了两类，他说：“有两种不同的美：自由美(pulchritudo vaga)，或只是依附的美(pulchritudo adhaerens)。前者不以任何有关对象应当是什么的概念为前提；后者则以这样一个概念及按照这个概念的对象完善性为前提。前一种美的类型称之为这物那物的(独立存在的)美；后一种则作为依附于一个概念的(有条件的美)而被赋予那些从属于一个特殊目的的概念之下的客体。”[①]他还说：“通过这种区别我们可以调解鉴赏者们关于美的好些纷争，我们对他们指出，一方坚持的是自由美，另一方坚持的是依附美，前者作出了一个纯粹的鉴赏判断，后者作出了一个应用的鉴赏判断。”[②]

诗集《恶之花》的作者波德莱尔则把“美”分为这样两种：绝对美与特殊美，他说：“如同任何可能的现象一样，任何美都包含某种永恒的东西和某种过渡的东西，即绝对的东西和特殊的东西。绝对的、永恒的美不存在，或者说它是各种美的普遍的、外表上经过抽象的精华。每一种美的特殊成分来自激情，而由于我们有我们特殊的激情，所以我们有我们的美。”[③]“构成美的一种成分是永恒的、不变的，其多少极难加以确定，另一种成分是相对的、暂时的，可以说它是时代、风尚、道德、情欲，或是其中的一种，或是兼容并蓄。它像是神糕有趣的、引人的、开胃的表皮，没有它，第一种成分将是不能消化和品评的，将不能为人性所接受和吸收。我不相信人们能发现什么美的标本是不包含这两种成分的。”[④]

在我国，有一种争论比较激烈而且持久，这就是“美”的主客观性争论。第一种观点是主观说，这一说以吕莹与高尔太为代表，他们坚持认为“美”是主观的。吕莹在《美学问题》一文中曾说：“美，是人人

---

① 康德著：《判断力批判》，邓晓芒译，人民出版社，2002年12月第2版，第65页。

② 同上，第67页。

③ 转引自张玉能主编：《西方文论》，华中师范大学出版社，2002年9月版，第245－246页。

④ 同上，第246页。

都知道的，但是对于美的看法，并不是所有的人都相同的。同是一个东西，有的人会认为美，有的人却认为不美；甚至于同一个人，他对美的看法在生活过程中也会发生变化。”①“美是物在人的主观中的反映，是一种观念。”②高尔太则在《论美》一书中说：“美是人的观念，不是物的属性”③，“客观的美并不存在”④，“美，只要人感到它，它就存在，不被人感到，它就不存在。”⑤

第二种观点是客观说，这一说以蔡仪为代表。蔡仪认为：“美是客观的，不是主观的，美的事物之所以美，是在于这事物本身，不在于我们的意识作用。”⑥“物的形象是不依赖于鉴赏的人而存在的，物的形象的美也是不依赖于鉴赏的人而存在的”⑦，“客观事物的美是美的观念的根源。”⑧

第三种观点是主客观综合说，这一说以朱光潜为代表，他在《文艺心理学》一书中说：“美不仅在物，亦不仅在心，它在心与物的关系上面。但这种关系并不如康德和一般人所想象的，在物为刺激，在心为感受；它是心借物象来表现情趣，世间并没有天生自在俯拾即是的美，凡美都是经过心灵的创造。”⑨朱光潜在《谈美书简》一书中还说道：“首先，美确实要有一个客观对象，要有‘巧笑倩兮，美目盼兮’这样美人的客观存在……其次，审美也确要有一个主体，美是价值，就离不开评价者和欣赏者。如果这种美人处在空无一人的大沙漠里，或一片漆黑的黑夜里，她的‘巧笑倩兮，美目盼兮’能产生什么美感

---

① 转引自王旭晓著：《美学原理》，上海人民出版社，2000年9月版，第47页。
② 同上，第47页。
③ 同上，第48页。
④ 同上。
⑤ 同上。
⑥ 同上。
⑦ 同上。
⑧ 同上。
⑨ 同①，第49页。

呢？凭什么能说她美呢？就是在闹市大白天里，千千万万人都看到她，都感到她同样美么？老话不是说：‘情人眼里出西施’吗？不同的人见到不同的西施，具有不同的美感吗？”①

从我国美学家们对“美”的“本质”的争论来看，“美”似乎可以分成主观美和客观美两种。

我国当代著名美学家李泽厚对“美”的种类或含义则有另外一种具体而明确的看法，他认为“美”的种类或含义有三种，他在《美学四讲》一书中说：“我认为，在美学范围内，‘美’这个词也有好几种或几层含义。第一层(种)含义是审美对象，第二层(种)含义是审美性质(素质)，第三层(种)含义则是美的本质、美的根源。所以，要注意‘美’这个词是在哪层(种)含义上使用的。你所谓的‘美’到底是指对象的审美性质？还是指一个具体的审美对象？还是指美的本质和根源？从而，‘美是什么’如果是问什么是美的事物、美的对象，那么，这基本是审美对象的问题。如果是问哪些客观性质、因素、条件构成了对象、事物的美，这是审美性质问题。但如果要问这些审美性质是为何来的，美从根源上是如何产生的，亦即美从根本上是如何可能的，这就是美的本质问题了。”②

二、“美”的两种词性与指称对象

以上有关“美”的种类或含义的观点或看法对我们有什么启发呢？我们是否隐隐约约地感觉到，“美”的种类或含义有两种且这两种是不可互相替代的呢？接下来，让我们从另外一个角度来考察这个问题，这个新的角度就是“美”这个词的词性。从这个角度，我们可以把“美”的基本种类或含义看得更清楚一点。

在汉语中，“美”这个词的用法是很有规律的。一方面，“美”作为形容词用在一个名词的前面，另一方面，“美”作为一个名词用在另一

---

① 朱光潜著：《谈美书简》，人民文学出版社，2001年2月版，第55页。

② 李泽厚著：《美学四讲》，生活·读书·新知三联书店，2004年3月版，第51－52页。

个名词的后面，前者如美人、美女、美味、美酒、美食、美声、美言、美行、美德、美文、美色、美景、美男子等，后者如人体美、自然美、社会美、语言美、行为美、艺术美、音乐美、绘画美、雕塑美、建筑美等。需要特别说明的是，当把“美”字用在一个名词前面的时候，“美”的词性是形容词，而当把“美”这个词用在另一个名词的后面时，“美”这个词已经不再是形容词了，而是一个名词了，这时的“美”已经与它前面的那个名词一起组成一个新的名词、表示一个新的特定的事物了（到底是什么事物，见下一节）。

以上我们所列举的含有“美”字的词语，不仅仅出现于日常的口语中，而且也出现于各种专业的美学书籍与文章中。所有这些词语表明，“美”一方面是作为名词来使用的，另一方面则是作为形容词来使用的。当然，“美”这个词是可以与其他一些词语组合起来使用的，如在汉语中就有“美化”、“赞美”、“美轮美奂”、“美中不足”等词语，但很显然，在这些词语中，美也仍然没有被用作其他词性，或者说在这些词语中，美的用法仍可以归结为名词和形容词两种。在汉语中，有一组词语似乎是一个例外，这类词语不算多，诸如“美容”、“美发”之类。在这些词语中，其中的美字似乎是动词用法，不过这种用法可以视为是词性的活用。

既然“美”这个词一方面被用作名词，另一方面被用作形容词，那么，我们就可以得出一个初步的结论，这就是：“美”这个词一方面是指一种事物，另一方面则是指事物的一种性质，因为从语法上来看，名词是“表示人或事物名称的词”①，而形容词则是“表示人或事物的性质或状态的词”②。

---

① 中国社会科学院语言研究所词典编辑室编：《现代汉语词典》（修订本），商务印书馆，1996年7月第3版，第886页。

② 同上，第1410页。

三、两种“美”的不可替代性

把“美”的种类或含义分为上述两种——一种指事物，一种指性质，这有什么意义与价值呢？让我们来考察物理学和数学中的有关的几个例子，这几个例子只要我们具备初中物理和数学的知识都能理解。

在物理学中，质量是指物体所含物质的多少，而密度是指单位体积内某种物质的质量。凡是物质都有一定的密度。在国际单位制中，单位体积是指 1 米^3，质量的单位是千克。由于在一般情况下，不同的物质有不同的密度，如水的密度为 1×10^3 千克/米^3，而酒精的密度为 0.8×10^3 千克/米^3，因此，物理学就认为，密度是物质的一种性质，我们可以根据密度来鉴别物质。但另一方面，物理学还告诉我们，只根据密度我们又不能完全鉴别物质，这是因为，有一些物质其密度是相同的，如酒精与煤油等。另外，一种物质又都不仅仅只有一种性质，如还具有比热容、电阻率等，如水的比热容为 4.2×10^3 焦耳/(千克·℃)等。

由上述简单的事实我们可以得出结论说，物质与它的性质是不能划等号的(这可以称为物性不等同原理)，并且，既然如此，在词面上事物与事物的性质我们就不能用同一个词语来表示，否则的话，如果我们把事物与事物的性质用同一个词语来表示，那么，我们就有把事物与事物的性质等同起来的嫌疑。

让我们再来看关于颜色的事例。

颜色的本质在历史上也曾有过争论，亚里士多德认为，太阳光在与物体发生作用时总是要变得暗淡，或是强度有所减弱，由此便产生颜色，即他把颜色看成是黑与白的某种类型的混合物。胡克则认为，颜色是由光脉冲的强弱程度的不同而产生的，而巴罗(牛顿的老师)则认为，颜色是由物体放出光的稀疏程度的不同而形成的。歌德与黑格尔则认为，颜色是亮和暗这两种对立的因素相互作用的结果[①]。

1666年,牛顿作了一系列的光学实验,其中之一就是他让光通过三棱镜,结果他发现,太阳光被分解成七种颜色的光。如果把其中的一种色光再通过三棱镜,则这种色光不会再分解,而如果让这七种色光再同时通过另一面三棱镜,则这七种颜色的光又会合成为白光。从此,颜色之谜得到了初步的解决。

在此之后,随着物理学的发展,人们又发现光是一种电磁波,颜色是由特定波长的电磁波对人眼的刺激而产生的,由此,人们就把波长700 nm—630 nm的光称为红光,把波长450 nm—400 nm的光称为紫光等[②]。

但是,颜色就等于电磁波吗?不,随着光学和生理学的发展,人们发现,颜色是非常复杂的,如红色物体在白光或红光照射下是红的,但在其他色光的照射下就不再是红色的了,而是黑色的了。另外,我们知道,色盲者是没有正常人的颜色观念的。再比如,一种叫做生理补色的现象也说明了颜色的复杂性。赵国志在《色彩构成》一书中在向我们介绍这一现象时说:"当我们注视红色的物体,然后突然把红色的物体拿开,开始很短时间内还能感觉到有红色痕迹,随即便会出现一个淡蓝绿色的残像。"[③]在这里,蓝绿色就是红色的生理补色。

总之,颜色虽然是由电磁波的刺激而产生的,但颜色绝不等于电磁波,"红"不等于红光,"紫"也不等于紫光,表示颜色的各种形容词如"红"与"紫"等绝不能与产生这种颜色感觉的物质——电磁波——相等同,反之亦然。

实际上,不仅仅在科学中,就是在日常口语中,名词与形容词也

---

① 参见顾江鸿著:《颜色理论溯源》,载《物理教师》2004年第25卷第8期,第12页。

② 赵国志编著:《色彩构成》,辽宁美术出版社,1989年12月版,第7页。

③ 同上,第14页。

都是很少合用一词的(除非在没有任何歧义的情况下才有合用),即不把事物与事物的性质相等同,例如,在通常情况下,“高”是一个形容词,我们可以说珠穆朗玛峰很高,也可以说艾菲耳铁塔很高,但是我们却不能把“高”就等同于珠穆朗玛峰或等同于艾菲耳铁塔等。反之亦然。

在数学中,有一个词倒是一个例外,这个词就是“圆”。在汉语中,“圆”既是一个名词又是一个形容词,即“圆”这个词既表示一种图形又表示一种形状,这该作何种解释呢?其实,其中的原因很简单。因为圆形这种形状只有一种,这就是“圆的”,而“圆的”这种形状也只为圆形这一种形状所独有,所以,在这种情况下,把名词与形容词合用一词就不会有什么麻烦。作为对比,我们再来看一看“方”这个词。由于长方形与正方形都是方形的,因此,“方”这个词无论是在数学中还是在口语中都一般只用作形容词而没有被用作名词。当然,这里也有一个例外,在数学中,长、宽、高这三个词语通常都是形容词,但有时它们也被用作名词,不过我们要看到,这有时是会引起混乱的,例如,一块长方体砖头平放时,左右方向的边长叫长,上下方向的边长叫高,但是,当这块砖头被竖放时,如果这时我们还把左右方向的边长叫作长就显得有些别扭,因为这时左右方向上的边长并不是最长的。

在物理学中,事物的性质通常都用名词来表示,如密度、比热、电阻率等,这些概念都是名词,都表示物质的一种性质,但这些名词却都从来没有被用作形容词,这就是说,在物理学中,名词词性与形容词词性是被严格分开的。当然,物理学中也是允许用形容词的,如用重的、热的等形容词来描述事物,但就笔者所知,“重”这个形容词并没有被用作名词,即人们并没有定义什么是重,至于“热”这个词,它虽有名词词性与形容词词性,但其含义却根本不同,名词“热”是指“热量”或“热能”,而形容词“热”却是指“温度高”。有趣的是,在物理教学中,老师们经常要学生对“热”字的含义进行区分和识别。

现在让我们回到“美”的问题上来。我们已经知道,“美”一方面是名词，表示一种事物，另一方面“美”又是一个形容词，表示事物的一种性质。由于在一般情况下，事物与事物的性质是不能互相等同的（物性不等同原理），一个事物除了会具有美这一个性质之外，还会具有其他的性质，且美这一个性质也不会只为一个事物所具有，因此，把“美”既用作名词又用作形容词是不妥当的，美是不应该既当作名词来使用又当作形容词来使用的，即美不应该既被当作事物来看又被当作事物的性质来看。

在英语中，作为名词的“美”与作为形容词的“美”是被严格分开的，其拼写分别是“beauty”与“beautiful”，这说明“美”的两种词性也是应该被分开的，或者说事物与事物的性质应该是被分开的。

在美学中，柏拉图认为美是一种理式，在《会饮篇》这篇对话体著作中，他曾经借苏格拉底与第俄提玛关于爱神与爱情的对话者之一——第俄提玛之口说道：“一个人如果随着向导，学习爱情的深密教义，顺着正确次序，逐一观照个别的美的事物，直到对爱情学问登峰造极了，他就会突然看见一种奇妙无比的美……这种美是永恒的，无始无终，不生不灭，不增不减的。它不是在此点美，在另一点丑；在此时美，在另一时不美；在此方面美，在另一方面丑；它也不是随人而异，对某些人美，对另一些人就丑。还不仅此，这种美并不是表现于某一个面孔，某一双手，或是身体的某一其他部分；它也不是存在于某一篇文章，某一种学问，或是任何某一个别物体，例如动物、大地或天空之类；它只是永恒地自存自在，以形式的整一永与它自身同一；一切美的事物都以它为泉源，有了它那一切美的事物才成其为美，但是，那些美的事物时而生，时而灭，而它却毫不因之有所增，有所减……”①我们知道，柏拉图所说的永恒之美指的是美的理式，也就是说柏拉图是把美当作一种事物来看待的。另外，新柏拉图主义者普洛丁、辩证法大师黑格尔等都是把美看作理式或理念的，也就是都是把美当作一

---

① 柏拉图著：《文艺对话集》，朱光潜译，人民文学出版社，1963年9月版，第272－273页。

种事物来看待的。而车尔尼雪夫斯基把美当作一种生活，这说明他也是把美当作一种事物来看待的。

当然，把美当作事物的一种性质，在西方这样的人也是很多的，如有人认为美是一种快乐就是如此，在英语中，在存在“beauty”这样一个名词的同时，也存在“beautiful”这样一个形容词，这种很简单的现象也已经充分说明了这一点。

总之，众多的事例与分析证明，“美”应该具有两个基本的种类——名词美与形容词美或事物美与性质美，前者指一种事物，而后者则是指事物的一种性质，并且这两种美是互相不可替代的。

那么，从此以后，我们是不是就必须把作为名词的“美”与作为形容词的“美”分开来使用，即分别用另外两个无关的与不同的词语来替换呢？这当然没有必要，只要我们认识到，“美”有两种词性，一种是名词，表示一种事物，另一种是形容词，表示一种性质，且知道事物与事物的性质不能互相等同，即名词“美”与形容词“美”不能互相等同，这就够了。

需要说明的是，虽然笔者在上面指出，作为名词的美与作为形容词的美是不能等同的，但这并不意味着这其中存在着美可能是不美的这样一个悖论。笔者的意思是指，名词美与形容词美其含义是不同的，其所指称的对象是不同的，名词美是指一种事物，而形容词美是指一种性质。在两种美不用不同的词语来替代的情况下，如果一个事物被我们称为美，那么这个事物就一定是美的；反之，如果一个事物被我们判定为美的，那么这个事物也就可以被我们称为美。因此，美一定是美的，美的事物也一定可以被称为美。

第二节 美丽的美学之美的定义

上文提到，美有两个基本的种类，且这两种美不可互相替代，这两种美分别就是名词美与形容词美，前者指一种事物，而后者则是指事物的一种性质，那么这两种美分别是指什么事物与什么性质呢？这就涉及美的定义了，在本节我们就来探讨美的定义。

一、美丽的美学对美的定义的探究方法

美的定义绝不是一个容易解决的问题，还是让我们先来看这个定义的获得方法吧。

在前面我曾经说过，“自上而下”的即从哲学观点进行推理的研究方法对美学是无效的，另外，由于我们还不知道什么是美、什么是美感等，因此采用实验的方法(一种“自下而上”的方法)对美学来说也还是无效的。那么我们应该采取什么方法呢？这就是归纳的方法。

科学研究的方法有很多种，美丽的美学为什么为了获得美的定义要采取归纳法呢？其理由是，人们已经发现了无数的美的事物，如日出、星空、朝霞、青山、绿水、大海、蓝天、溪流、瀑布、树木、人体等等；人们也创造了无数的美的艺术品，如绘画、音乐、舞蹈、雕塑、建筑、服装、文学、电影等等。另外，人类经过二千多年的探索与讨论，已经积累了无数的观点和资料可供我们取舍、归纳与总结。

对于在美学中运用归纳法，克罗齐曾经有过尖刻的批评，他在《美学原理》一书中写道：

> ……归纳的美学，由下而上的美学(这谦虚中有多少骄傲！)就开始它的工作了。它很慎重地开始搜集一些“美的事物”，例如许多形状不同、大小不同的信封，于是问哪些产生美的印象，哪些产生丑的印象。可以想象到，归纳的美学家马上就感到一种困难，因为同一事物从某一方面看是丑，从另一方面看却美。一个公文信封用来装情书未免太丑，用来装印刷传单却恰合适；这印刷传单若是装在英国纸制的方信封里，也就不好看，至少有点滑稽。这个根据简单常识的考虑应该可以提醒归纳的

美学家：美不是物理的实在；这样就可使他们不再作那无益而可笑的探讨了。可是不然，他们想出了一个方便法门——这是否属于自然科学的谨严的方法却很难说——把那些信封传给许多人看，要来一个全民公决，用大多数的票来决定美的东西美在哪里，丑的东西丑在哪里。

我们不再在这题目上浪费时间了，恐怕我们不是在阐明美学和它的问题，而是在说滑稽故事。事实上归纳的美学家们连一个规律都还没有发见。①

在上述一段文字中，克罗齐一方面否定了归纳法，另一方面还否定了美的客观存在性。但是，他的推理是有问题的，首先，他得出归纳法是无效的这个结论是不是通过归纳法得出来的？其次，他只看到同一事物对不同的人的反应，而没有看到不同的事物对同一个人的反应。各种不同的事物对同一个人来说有美有丑，并且还有美或丑的程度的不同，这不就说明美与事物有关吗？事物美与不美怎么能说完全取决于人呢？由此可知，归纳法对美学研究来说不会是完全无效的，同时也说明克罗齐关于“美不是物理的实在”这个观点是值得怀疑的。实际上，对于归纳法，问题的关键不在于它是否有效，而在于我们如何运用它。

彭加勒在总结物理科学的研究方法时曾经指出，物理科学的方法是建立在归纳的基础之上的。当一种现象初次发生的境况复现时，归纳法使人们预期这种现象会重复。一旦所有这些境况能够复现，那就可以毫无顾忌地应用这个原理②。他还认为，数学推理的本

---

① 克罗齐著：《美学原理》，朱光潜译；《美学纲要》，韩邦凯　罗芃译。外国文学出版社，1983年11月版，第119－120页。

② 参见卢大振　韩孝成主编：《世界科学名著导读手册》，中国城市出版社，2003年2月版，第380－381页。

质是什么？它像通常想象的那样果真是演绎的吗？不，更进一步的分析表明，情况并非如此。它在某种程度上带有归纳推理的性质，并正因为这样，它才富有成效①。

在像数学、物理学等这些以严密著称的学科中，人们都很注重归纳法，在美学中，我们有什么理由要忽视归纳法的作用呢？当然，归纳法有它自身的缺陷，这就是它需要进一步的证实或证伪。然而，通过演绎推理等其他方法所得出的结论就不需要证实或证伪吗？也同样需要。这正如德国哲学家卡尔纳普所认为的，如果归纳的结论不能说必定是真的，但至少可以说可能是真的，其结论可以被事实确认到一定的程度。枚举的数量越少，越容易犯“以偏概全”的错误；但是，如果枚举的数量越多，可靠性越大，结论为真的概率也就越大②。

诚然，如果我们根据十只天鹅是白色的而得出所有的天鹅都是白色的这一个结论是有所牵强的，因为，人们只要发现一只天鹅是其他颜色的，那么这个结论就会土崩瓦解，但这还是需要以找到反例为前提的，如果我们找不到反例，我们还是应该相信归纳法的，当我们找到反例，然后再来推翻原有的结论也不为滞后。

实际上，人们在运用归纳法归纳结论时，很可能并不能考虑到所有的事实，而实际上要考虑所有的事实往往又是不可能的，例如对于两点之间线段最短这条公理，谁会把宇宙中所有两点之间的距离都测量一次呢？另外，对于用归纳法归纳出来的结论，除了我们可以继续寻找事实进行证实或证伪之外，我们还可以对结论的推论进行证实或证伪，在数学与物理学中，这样的例子是很多的，如牛顿第一定律就是不可证实的，但它的一个推论——任何事物都有惯性——却又是能被无数事实所证明了的。一个结论，如果它的推论不正确，那

---

① 参见卢大振　韩孝成主编：《世界科学名著导读手册》，中国城市出版社，2003年2月版，第379页。

② 同上，第437页。

么纵使推理没有问题，这个结论也还是令人怀疑的；反之，如果它的推论得到了证实，那么这个结论就会被人们认为是得到了证实、被认为是正确的。

方法是打开一切奥秘之门的钥匙，但任何方法都不是万能的，世上只有合适的方法而没有万能的方法。在美学中，鉴于我们已经拥有无数美的事物，拥有无数人的观点与资料，我们不从这些事物与观点中去归纳美的定义，我们是聪明的但却是不是聪明过了头呢？我们为什么要绕道而行、到别的什么地方去寻找美的定义呢？数学中有一条公理，内容为两点之间线段最短。归纳法应该是我们到达美的定义的最短路径。

基于以上的信念，美丽的美学对美的定义的概括就坚持采用归纳的方法。当然，归纳法并不是美丽的美学所采用的惟一的研究方法。

二、美的事物的共性

既然我们要采用归纳法来探究美的定义，那么，我们就要事先选择一些被我们认为是美的事物。当然，我们所选择的事物随时都可以增加，一直到无限。另外，可能同一个事物对不同的人有不同的判断，但这并不妨碍我们选择那些我们自认为是美的事物。每个人都可以选择自认为是美的事物。在选择了一些美的事物之后，我们就可以概括美的事物的共性、从而来确定美的定义了。那么美的事物都有哪些共性呢？根据笔者的观察，所有美的事物都有如下一些共性：

1. 美的事物都有结构

首先，自然美景是有结构的。王旭晓在《美学原理》一书中说得非常明白：“自然景象是由地球的气候和天气、地质和地貌、水文和水域、植物和动物、岩石和土壤等等因素构成的。这些因素在地球上各个区域分布、组合各各不同，就出现了千差万别的自然景象、自然风光。日月星辰、风雪雨露、花草树木、鸟兽鱼虫、江河湖海、山石峰谷，展示出大自然的无穷魅力。”[①]这段文字很清楚地说明了自然美景的结构性。当然，自然美景并不限于在地球上。

其次，所有的艺术品都有结构。

绘画，无论是中国画还是西洋画，都是由特定的块面、空白、色彩、线条等构成的结构品。举一个具体的例子。大家都知道，安格尔的代表作品《泉》画的是一位少女。然而，当我们面对这幅画的时候，真的就是有一位温软柔美的少女站在我们面前吗？不，我们面前并不没有站着什么人，画面上仅有一些色彩、线条而已，数学中的“相似形”概念用在这里根本就是不合适的，因为实际中的人物是立体的，而画中的“人物”却是平面的。我们之所以在画面中看到一个少女，是因为画中的各种结构元素组合起来在人的视网膜上形成了一个人物的视像。由于这个视像与一个真人在观察者视网膜上所形成的视像近似甚至是完全相同，因此，我们就在画面中看到了一个“人”——一个亭亭玉立的少女。

文学是以语音或文字为物质媒介的艺术。语音或文字本身都是结构。当两个或两个以上的语音或文字进行组合时就得到一个词组，这个词组显然也是有结构的。再往上就是词组组成句子，句子组成段落，段落组成整篇文章，文学作品就是这样，由最基本的结构元素——语音或文字逐级构成越来越复杂的结构，从而构成整篇或整部作品的。当然，语音或文字怎样进行组合是大有讲究的。

在雕塑中，雕塑家所雕塑的人或物也都不是真人真物。雕塑是用石头或其他硬性物质在空间进行或雕或塑而形成的，尽管雕塑中的人或物与真实的人或物可以形成数学上的相似关系甚至是全等关系，但我们还是不能把雕塑中的人或物看成是真人或真物，它们的相似或全等只是在外表上相似或全等而已。

对于舞蹈，我国的舞蹈理论家隆荫培、徐尔充、吴晓邦等人认为，

---

① 王旭晓著：《美学原理》，上海人民出版社，2000 年 9 月版，第 109 页。

舞蹈在本质上是一种人体动作的艺术[1]，它是人通过人体的各个组成部分如头、上肢、腰、腿等做出各种造型与动作而形成的艺术，只是这些造型或动作不仅会表现在空间中，而且也会表现在时间中。由于头、上肢、腰、腿等在空间位置的不同，就形成人的各种静态造型的不同，而头、上肢、腰、腿等又都是处在运动之中的，头、上肢、腰、腿等后来的位置与组合跟前面的位置与组合不会相同，因此，这就使得舞蹈不仅在空间上显示出它的结构性，而且在时间上也显示出它的结构性。

音乐纯粹是时间的艺术，是人"通过对于声音的高低（振荡频率）、长短（振荡时值）、强弱（振幅大小）的有效控制，通过对声音的有目的的选择（乐音、噪音及各种音色）和组织（音列、音阶、调式、调性等）以及节奏、速度、力度等因素的控制"[2]，来构成一首或一部音乐作品的，其结构性也是显而易见的。

电影是一种综合性的艺术，具有戏剧、绘画、文学等艺术的效果。仅就电影的画面来说，我们都知道，画面上的人和物都不是真正的人和物，这些画面是由通过电影胶片的光投射到银幕上而形成的，光的色彩与分布的不同，就形成了电影画面的不同，光的色彩与分布的变化，就形成了电影画面的变化，即电影无论是在空间上还是在时间中都是有结构的。

在戏剧艺术中，虽然舞台上是真人在演出，但我们知道，此时的人和物都是角色，是剧情中的人和物，舞台上的人和物只是起了组织与结构的作用。

用不着再看其他的艺术形式了，所有的艺术都要借助一定的物质媒介来形成结构从而来构成一部艺术作品，如果说艺术就是一种

---

① 参见吕艺生著：《舞蹈学导论》，上海音乐出版社，2003 年 9 月版，第 23、42 页。

② 刘叔成　夏之放　楼昔勇等著：《美学基本原理》，上海人民出版社，2001 年 7 月第 3 版，第 182 页。

结构，这是一点也不为过分的。

艺术是一种结构这个结论也能得到他人的直接的证明，如法国的心理学教授德拉库瓦就认为：“富有创造性的艺术家，其全部劳动的目的，就在于建立一个协调一致的结构整体；在于建立一种物质的东西，通过这样，把人类生活的某个方面或某个片段容纳在某种形式的结构里面。这种物质的东西，就是艺术作品。它把我们带入那样的一个世界，在那里，我们的精神生活，我们的各种能力和心理机能，都突然而又奇妙地达到了和谐。”①

再次，人们所谓的社会美如语言美、行为美、思想美、品德美等也都有结构，都表现为特定物质的特殊的存在方式。以思想美为例，按照唯物主义的观点，人有思想，而人能够思想却是由于人有大脑，人的思想与意识都是以大脑为物质基础的，思想和意识都是大脑的机能，因此人的思想美不美也取决于大脑的活动。另外，人的思想还会表现为可以观察到的语言、行为或态度等。对待同一个人或事或物，不同的人，其思想是不同的，纵有相似之处也有程度上的不同，表现为人的语言、行为、态度等就会有所不同，这些语言、行为、态度等的不同也说明了人的思想的结构性，美的思想有美的语言或美的行为或美的态度或兼而有之，丑的思想有丑的语言或丑的行为或丑的态度或兼而有之。总之，思想是有结构的，思想美也是有结构的。

2. 美的事物都能够激发人的愉快情绪

一切事物，无论是自然事物还是社会事物，无论是人造事物还是非人造事物都有结构，因此，美的事物都具有结构，这还不足以概括出美的事物的全部的共性，美的事物一定还有其他的共性。这下一个共性就是，美的事物都能够激发人的愉快情绪或快乐情绪。关于

① 李斯托威尔著：《近代美学史评述》，蒋孔阳译，安徽教育出版社，2007 年 4 月第 2 版，第 79 页。

这一点，我们可以从古今中外各种美学家关于美的体验和美的论述中得到证明。由于这一个共性非常明显，因此，这里就只作了一个直接的引用。不过有一点还是值得注意的，这就是，这里所引用的观点来自于古今中外、来自于美学中的各门各派。

古希腊哲学家德谟克利特曾经说过：“大的快乐来自对美的作品的瞻仰。”①

柏拉图在《大希庇阿斯篇》中曾经否认过这样一个美的定义：美是视觉和听觉所生的快感②，但他在否定这个定义之前，却借苏格拉底之口说过这样的话：“凡是美的人，颜色，图画和雕刻都经过视觉产生快感，而美的声音，各种音乐，诗文和故事也产生类似的快感，这是无可辩驳的。”③

欧洲中世纪初期基督教神学的主要代表圣·奥古斯丁曾经在他的《忏悔录》一书中写道：“我对朋友们说：‘除了美，我们能爱什么？什么东西是美？美究竟是什么？什么会吸引我们使我们对爱好的东西依依不舍？这些东西如果没有美丽动人之处，便绝不会吸引我们’。”④欧洲中世纪末期另一位基督教神学家圣·托马斯·阿奎那在《神学大全》一书中说得更直接：“凡是一眼见到就使人愉快的东西才叫做美的。”⑤

荷兰哲学家斯宾诺莎在《伦理学》一书中给美所下的定义是这样的：“如果神经从呈现于眼前的对象所接受的运动使我们舒适，我们就说引起这种运动的对象是美的；而那些引起相反的运动的对象，我

① 北京大学哲学系美学教研室编：《西方美学家论美和美感》，商务印书馆，1980年5月版，第18页。

② 柏拉图著：《文艺对话集》，朱光潜译，人民文学出版社，1963年9月版，第208页。

③ 同上，第199页。

④ 北京大学哲学系美学教研室编：《西方美学家论美和美感》，商务印书馆，1980年5月版，第64－65页。

⑤ 同上，第66页。

们便说是丑的。”[①]德国对理性主义美学有重大影响的沃尔夫对美与丑所下的定义也分别直接与快感和不快感有关：“产生快感的叫做美，产生不快感的叫做丑。”[②]

意大利历史学家和新古典主义美学家缪越陀里则说过这样的话：“我们一般把美了解为凡是一经看到、听到或懂得了就使我们愉快、高兴和狂喜，就在我们心中引起快感和喜爱的东西。”[③]哈奇生在论述美感的起源时说：“我们的审美的感官好像是经过设计造出来，使我们享受到断然是愉快的感觉，而不是断然是苦痛或嫌厌的感觉，这种苦痛或嫌厌的感觉不过是起于失望。”[④]唯心主义哲学家与不可知论者休谟则认为：“美与价值都只是相对的，都是一个特别的对象按照一个特别的人的心理构造和性情，在那个人心上所造成的一种愉快的情感。”[⑤]他还说：“快感和痛感不只是美与丑的必有的随从，而且也是形成美与丑的真正的本质。”[⑥]

伏尔泰在和另一位哲学家讨论什么是美时，也把美与快乐联系在一起：“有一天我坐在一位哲学家身旁看演一部悲剧。他说：‘这真美呀！’我问他，‘美在哪里？’他回答说，‘美在作者达到了他的目的’。第二天他吃了一剂药，药对他有效验。我就向他说：‘药达到了它的目的，是一剂美药呀！’他这才懂得我们不能说药是美的，要用‘美’这个词称呼一件东西，这件东西就须引起你的惊赞和快乐。”[⑦]康德在他的几个美的定义中，都把美与愉快联系在一起，只是他还加上了许多条件，如无利害观念、无概念性、无目的的合目的性等。

---

① 北京大学哲学系美学教研室编：《西方美学家论美和美感》，商务印书馆，1980 年 5 月版，第 87 页。

② 同上，第 88 页。

③ 同上，第 89－90 页。

④ 同上，第 100 页。

⑤ 同上，第 109 页。

⑥ 同上。

⑦ 同①，第 124 页。

车尔尼雪夫斯基曾为我们这样精彩地描述过：“美的事物在人心中所唤起的感觉，是类似我们当着亲爱的人面前时洋溢于我们心中的那种愉悦。”[①]“对于人，什么是最可爱呢？生活；因为我们的一切欢乐、我们的一切幸福、我们的一切希望，只与生活关连；……所以，凡是我们发现具有生的意味的一切，特别是我们看见具有生的现象的一切，总使我们欢欣鼓舞，导我们于欣然充满无私快感的心境，这就是所谓美的享受。”[②]

桑塔耶纳则认为：“美是一种积极的、固有的、客观化的价值。或者，用不大专门的话来说，美是被当作事物之属性的快感。”[③]“它是一种感情，是我们的意志力和欣赏力的一种感动。如果一件事物不能给任何人以快感，它决不可能是美的；一种人人永远对之无动于衷的美，是一种自相矛盾的说法。”[④]

以上列举的是西方一些美学家的观点。在我国，人们也是把美与愉快联系在一起的，在李莉所主编的《艺术美学导读》一书中，我们可以看到这样一段文字：“美具有一种怡情悦性的感染性，美诉诸人的情感，能引起人们的喜爱、激动和崇敬，使人在精神上得到愉悦和满足。”[⑤]不仅如此，李泽厚还把人在审美时所产生的愉悦分为三个等级：第一个是“悦耳悦目”，第二个是“悦心悦意”，第三个是“悦志悦神”[⑥]。我们可以看到，这三个等级都含有一个“悦”字！

用不着再举更多的例子了，如果我们想要找，那么我们就一定还能够找到很多的例子。可以这么讲，古今中外没有一个人不认为，美

---

① 北京大学哲学系美学教研室编：《西方美学家论美和美感》，商务印书馆，1980年5月版，第242页。

② 同上，第243页。

③ 乔治·桑塔耶纳著：《美感—美学大纲》，缪灵珠译，中国社会科学出版社，1982年12月版，第33页。

④ 同上。

⑤ 李莉主编：《艺术美学导读》，中国人民大学出版社，2004年4月版，第34－35页。

⑥ 李泽厚著：《美学四讲》，生活·读书·新知三联书店，2004年3月版，第131页。

的事物都能够激发人的积极的、愉快的情绪，同时也没有一个人把不能激发人的愉快感的事物称为是美的。

3. **美的事物都能够激发人对某种事物的积极的情感**

美的事物都能够激发人的愉快情绪，那么我们能否把美就认为是愉快呢？常识告诉我们，这显然不能。下面让我们再来看一些美学家对美的事物的共性的分析。

布洛曾经说过："'快乐说美学'的公理是：美就是快感。不幸在快乐说这个公式中不是可逆的：并非一切快感皆为美。所以，需要一些限制性的标准以便在'快感范围'之内区别美和单纯的适意……"① 鲍桑葵在《美学史》中也表明了类似的观点："美是一个有待下定义的名词，而愉悦性这种品质同有待下定义的美这个名词并不是自然而然地具有共同的外延。"②

总之，一方面人们都认为美能够激发人的愉快情绪，另一方面美又不只是等于愉悦。

既然美能使人愉快但又并不等于愉快，那么这到底是为什么呢？这只能说明美的事物还有第三个共性。那么这第三个共性到底是什么呢？如果我们再仔细地对各种美的事物体验一下，那么我们就不难发现这个问题的答案，这个答案就是：美的事物都能够激发人对某种事物的积极的情感。

下面让我们再来看几个具体的例子，先来看几个简单的例子：

例如，当我们吃到一碗可口的红烧肉时，当我们吃得很愉快并表示赞赏时，我们是可以说这碗肉的味道是很美的——这里的赞赏就是一种有对象的情感，没有这样一个情感或其他类似的情感，我们是不会有美的感觉的。这里还有一个非常有说服力的例子能说明美与

---

① 北京大学哲学系美学教研室编：《西方美学家论美和美感》，商务印书馆，1980年5月版，第278页

② 鲍桑葵著：《美学史》，张今译，商务印书馆，1985年1月版，第11页。

积极情感之间的关系，这就是当我们被一个姑娘的容貌、肤色、姿态、语言、行为、气质或修养等打动、从而喜欢甚至爱上她时，我们常常会情不自禁地称赞她很美、称她是美人儿，尽管她在别人看来也许并不怎么样——这虽然只是一个方面的例子，但却是能得到无数人证明的。

让我们再来看几个自然美与艺术美的例子。世界上那些被我们称为具有永恒之美的事物，有哪一个不是能激发人们对于像生命、爱情、正义、和平、自由、和谐等事物的积极情感，如浓厚的兴趣、热爱、信心或追求呢？星空不是能激发人们对其奥秘的探究兴趣吗？青山绿水不是能使人向往自然的神奇或人与自然的和谐吗？安格尔的《泉》不是能激发我们对温柔、纯洁、健康的少女的喜爱、向往与追求之情吗？《蒙娜丽莎》不是能让人对画中人物的神秘微笑一直充满浓厚的兴趣和探求欲望吗？贝多芬的《命运交响曲》不是能激发人们对命运进行抗争的勇气与必胜的信心吗？罗丹的《思想者》不是能激发我们对思想家的敬佩甚至是崇敬之情吗？高尔基的《海燕》不是始终能让我们对革命前途充满希望与必胜的信念吗？……由于这些自然美景与艺术品所激发的情感与对象是积极的、是高洁的、是崇高的，因此，这些艺术品也就显出其伟大的价值。

让我们再从教育——主要是美育——的角度来看美与情感之间的关系。20世纪初，我国许多著名学者如王国维、蔡元培等人都积极推崇美育。王国维在《论教育之宗旨》一文中曾经指出：“完全之人物不可不备真美善之三德，欲达此理想，于是教育之事起。教育之事亦分为三部：智育、德育（即意志）、美育（即情育）是也。”[①]从中我们可以看出，王国维把美与情绪、情感直接联系在一起。蔡元培更为美育的实施不遗余力，并也把美育与情绪、情感直接联系了起来，他

---

① 刘叔成 夏之放 楼昔勇等著：《美学基本原理》，上海人民出版社，2001年7月第3版，第460页。

提出过“以美育代宗教”的主张[①]，并曾经说过：“人人都有感情，而并非都有伟大而高尚的行为，这是由于感情推动力的薄弱。要转弱而为强，转薄而为厚，有待于陶养。陶养的工具，为美的对象；陶养的作用，叫做美育。”[②]“美育者，应用美学之理论于教育，以陶养感情为目的者也。”[③]而朱光潜则说得更直接，他认为美育就是情感教育[④]，刘叔成、夏之放、楼昔勇等人也说得很明白：“美育以美育人，实为以情感人，是使人在情感上得到陶冶的过程。”[⑤]很显然，这些人都把美与情感联系在了一起。

总之，如果一个事物不能激发人对某种事物的积极的情感，我们是不会认为这个事物是美的，我们是不会把“美”这个高贵而圣洁的字眼用在这个事物身上去的，我们也不会认为美有什么功能与价值。实际上，美的事物之所以有其积极而伟大的功能与价值，美之所以能和真与善并列为人类的三大主要价值观之一，就是因为美能够激发人们对某种事物的积极情感。如果事物不能激发人们的愉快情绪，我们不会认为这个事物是美的，但如果事物不能激发人们对某种事物特别是其他某种事物的积极情感，我们也不会认为这个事物是美的，就不会把“美”这个高贵而圣洁的字眼用在这个事物身上去，我们也就不会认为美有什么特别的功能与价值，而如果事物既能激发人们的愉快情绪，又能激发人们对某种事物的积极情感，那么，我们就没有任何理由认为这个事物是不美的。总之并简言之，愉快不等于是美的，但愉快加上对某种事物的积极情感就等于美，也只有愉快加上对某种事物的积极情感才等于美。

---

① 刘叔成 夏之放 楼昔勇等著：《美学基本原理》，上海人民出版社，2001 年 7 月第 3 版，第 460 页。

② 转引自程钧著：《美学原理》，成都科技大学出版社，1997 年 6 月版，第 390 页。

③ 同上，第 390 页。

④ 同①，第 466 页。

⑤ 同①，第 466 页。

实际上,关于美的事物都能激发人的积极情感,这并不能算是笔者的发现,前人早就发现这一点了,只要我们把美的事物的第二个共性再回顾一遍,那么我们是不难发现这一点的。

三、美丽的美学的两个中介概念

在前面我已经概括出了美的事物的共性,那我们是不是现在就可以给美下定义了呢?不能,事情绝没有这么简单,什么是美这个问题很高傲,也很顽固,在我们有了美的事物的共性之后,我们还不能立即为美下定义。为什么?让我们来考察一下美的事物的三个共性本身。

仔细地考察美的事物的这三个共性,我们可以发现,其中的第一个共性是属于审美对象或审美客体的,而在第二、三两个共性中,审美对象或审美客体所激发的情绪与情感则是属于审美的人或审美主体的。而我们知道,在审美客体与审美主体之间是存在着距离的,它们是独立的、是互相分离的,那么审美客体是怎样激发出审美主体的情绪与情感的呢?这说明在审美客体与审美主体之间一定还存在一个过程、一个中介——"'中介'使客观世界联成一个统一的整体。"①如果我们忽视这样一个过程与中介,那么我们是无法把审美客体与审美主体统一起来,即把美的事物的诸共性统一起来从而给美下定义的。

从审美客体到审美主体的情绪与情感,这中间有没有过程和中介呢?这个过程是超距(不需要媒介、过程与时间)的吗?我是一个唯物主义者,是一个不承认超距现象的人,对眼睛一闭世界会立即全部消失、眼睛一睁世界又会立即全部产生这种现象是感到匪夷所思的。这也就是说,物质之间的相互作用是需要一定的媒介的,也是需要一定的时间的,例如,如果太阳上发生了某种异常现象,那么太阳

---

① 劳承万著:《审美中介论》,上海文艺出版社,1986年8月版,第16页。

对地球的影响就会通过电磁场与引力场而传递过来，而且需要8分多钟的时间才能产生效应。因此，我认为，在审美客体与审美主体之间一定存在着一个过程与中介。

那么，对于审美客体与审美主体的统一，“移情”这个最易让人想到的概念能不能实现这一点呢？答案是不能，尽管这是一个很有影响的概念。笔者承认，当我们处于审美状态时，欣赏者的确会进入一种水乳交融、物我两忘的境界，审美者产生了情绪与情感，竟认为审美对象也有了情绪与情感，然而，我们知道，这只是一种主观的心理现象，从审美客体与审美主体之外的第三个物体的角度来看，这却是根本不可能的，因为从这个角度来看，欣赏者与欣赏对象永远都是两个互相独立的个体，他们永远都会彼此分离着而不会“熔化”成一体。再者，人的情绪与情感也是根本不可能转移到审美对象、尤其是那些自然的、无生命的审美对象上去的，因为从科学的角度来看，这些自然的、无生命的事物是从来没有被认为具有情绪与有情感的，因此，用“移情”这个概念来完成审美客体与审美主体的统一是不可能的，是不现实的。实际上，朱光潜虽然承认与接受移情说，但他也说过：“从理智观点看，移情作用是一种错觉，是一种迷信。”①

既然在审美客体与审美主体之间一定存在着过程与中介，那么这样一个过程与中介是什么呢？这就涉及应构和情-物联系两个概念了。

什么是应构呢？所谓“应构”就是“结构对应”的简称，是指一个事物对另一个事物发生某种作用时，后一个事物的结构会发生与前一个事物的结构相对应的变化，例如印章在纸面上的印迹与印章上的结构就是一种简单的对应。实际上，应构不仅对信息的传输起着不可或缺的作用，它对我们人的理解、联想、想象等心理

① 朱光潜著：《谈美》，安徽教育出版社，2006年8月第2版，第29页。

现象也是不可缺少的，甚至我们人的理解、联想、想象等都可以认为是应构。

有了应构的概念，是不是我们就能解释美的事物为什么能激发人的情绪与情感这一现象呢？还是不能，为什么？理由很简单，即并不是任何应构过程都能导致人的情绪与情感的产生。因此我们还需要另外一个概念，这就是情-物联系。

什么是情-物联系呢？所谓情-物联系就是指人的情绪、情感与某种事物之间所存在的一种相对固定和稳定的联系，这种联系是以人体内的神经联系为物质基础的，具有客观性、隐蔽性、实践性、无限性等。凭借这个概念，我们就可以解释"情以物兴"[①]这样的现象了。这个概念还决定了人由审美对象与审美客体所产生的情绪与情感的性质与强度等。在下面一章，我将详细论述"情以物兴"的过程，下面就让我们来看美的定义吧。

四、美丽的美学之美的定义

美国著名美学家桑塔耶纳曾经就给美下定义提出过一个要求，这就是："要寻找一个关于美的定义，以寥寥数语给这名词作出有力的释义，那是容易的。我们根据美学权威知道，美是真，美是理想之表现，是神的完善性之象征，是善之感性显现。这些光荣的称号不难编成一卷祷文，反复颂赞我们的神祇。这些词句可能激发思想，给我们一时的快慰，但是很难给人多少永久的启发。一个真正能规定美的定义，必须完全以美作为人生经验的一个对象，而阐明它的根源、地位和因素。我们必须从这个定义出发尽可能弄清楚：美为甚么出现、在何时出现、又怎么样出现；一件东西必须具备甚么条件才是美的；我们天性中有甚么因素使我们能感觉美；审美对象的构造和我们的感情兴奋之间有什么关系。舍此之外，就不能真正阐明美，或者使

① 刘勰著：《文心雕龙》，李平　桑农注评，凤凰出版社，2011年1月版，第31页。

我们了解审美的欣赏究竟是什么。”[1]下面就让我按照这个要求给出美丽的美学之美的定义。当然，笔者在这里并不想一下子解决其中所有的问题。

在某些场合中，我曾经把美比作女儿、情人、女神与天使等，实际上，我们还可以把美比作一种矿藏，古今中外，许许多多的人从各自所在的位置、沿着各自的路线向着这个矿藏的埋藏地进发，以寻找美的真谛。在这一过程中，许多人成就了他们的思想与理论、成就了他们在人类思想史、哲学史与美学史中的荣誉与地位。

美丽的美学是从什么地方出发来进行美的探究工作的呢？这就是美的种类。这个出发点虽然重要但却不那么引人注目，就像长江与黄河的源头虽然重要但却不那么引人注目一样。

仔细考察一下在现代汉语中人们对美这个词的用法，我们不难发现，美这个词在现代汉语中主要有两种用法，即 1. 美被用作名词；2. 美被用作形容词。由于名词通常表示一种事物，而形容词则通常表示一种性质或状态，因此，美丽的美学认为，人们一直在努力寻找的美其实有两个基本的种类，其中一种是指一种事物，而另一种则是指事物的一种性质。又由于事物与事物的性质是不能互相等同的，一个事物可以有多方面的性质，一种性质也可以为多种或多个事物所共有，因此这两种美应是不可互相替代的，要为美下定义，我们就要分别为这两种美下定义。当然，如有可能的话，我们是可以同时给出这两种美的定义的。

在确定了美的种类之后，美丽的美学准备采用归纳法——归纳美的事物的共性的方法——来归纳美的定义，其理由是，人类已经发现了无数的美的事物，人类也积累了无数的关于美的研究资料。

通过对美的事物的共性的探寻，美丽的美学发现所有美的事物

---

① 乔治·桑塔耶纳著：《美感—美学大纲》，缪灵珠译，中国社会科学出版社，1982 年 12 月版，第 10 页。

都有三个方面的共性，这就是1.美的事物都有结构，2.美的事物都能使人愉快，3.美的事物都能激发人对某种事物的积极的情感。值得注意的是，情绪与情感是有区别的，其中之一就是，情感是有对象的，而情绪则没有，前者如爱、喜欢、兴趣、向往、敬佩、恨等，后者如快乐、悲伤等。

然而，有了美的事物的共性，我们是不是立即可以为美下定义呢？还不可以，因为我们可以发现，美的事物的第一个共性是属于审美对象或审美客体的，而在第二、三两个共性中，事物所激发的情绪与情感则是属于审美主体或审美的人的，而我们知道，审美主体与审美客体永远都是互相独立、互相分离的，那么审美客体是怎样通过其结构激发出审美主体的情绪与情感的呢？这就涉及“应构”与“情-物联系”两个中介概念了。

所谓应构就是结构对应之意，当一个事物对另一个事物发生某种作用时，事物之间就会发生应构，不仅自然事物之间的作用是一个应构过程，任何一个事物对人发生的作用实际上也都首先是一个应构过程，如人由一个事物产生理解、想象或联想等实际上也都是应构。由于事物的结构总是贮存着各种信息的，因此，应构的过程也就是信息的传输过程。在人对外界事物进行应构的过程中，人也就从外界事物获得了诸多信息，其中包括事物本身的信息及人们有意与无意贮存在人造结构中的意义信息。

由于并不是所有的应构都能激发人的情绪与情感，因此，这就涉及情-物联系这个概念了。所谓情-物联系是指人的情绪与情感跟某种事物之间所存在着的一种相对稳定的联系。情-物联系绝不是完全抽象与超验的，相反，它是有客观物质基础的，这个物质基础就是人体内的神经联系。这个概念也是能得到其他理论证明的，这些理论为情绪记忆与情结的理论等。由于人体内的情-物联系是以人体内的神经联系为基础的，因此情-物联系也就具有了客观性、隐蔽性、社会实践性、无限多样性等，有些情-物联系则还具有个体差异性与超越性等。

有了应构与情-物联系这两个概念，我们就可以解释为什么人们在审美与艺术欣赏中会产生情绪与情感了，这就是，当一个事物通过其结构作用于人的感觉器官时，人体内的神经系统就发生了一系列的应构过程，其中一方面，事物的结构与结构元素本身在一系列应构过程之后会通过情-物联系激发出人的一部分情绪与情感——这就是所谓的形式的作用；另一方面，事物的结构所贮存的信息也会由于应构而传达给了人，而这些信息也会通过情-物联系激发出人的情绪与情感——这就是所谓的内容的作用。

到此，我们可以给美下定义了，这就是：

美有两个不可互相替代的种类——名词美与形容词美，它们分别是指一种结构与一种性质。在事物通过其某一结构与人体内的情-物联系应构出人的愉快情绪与对某种事物的积极情感之后，事物的这一结构就被人称为美(名词美)与美的(形容词美)。

上述美的定义被笔者称为美的种类与定义原理，它也是美丽的美学的第一个基本原理。

康德曾经把美分为自由的美与依附的美，并认为这样区分可以解决美学中的许多纷争。与此类似，我相信，美的种类与定义原理可以解决与解释美学中的许多难解难分的问题与现象，在后面，我将对有关的问题与现象逐一进行解答与解释。

第三章

美感及其形成过程

在上一章，我已经通过归纳法给出了美丽的美学之美的定义。本来，接下来我们应该可以讨论美在哪里、美的标准、美的性质等问题的，但由于这个美的定义中隐藏着一个决定着这个定义生死存亡的问题，即美的事物是如何通过它的结构应构出人的愉快情绪与对某种事物的积极情感的。虽然我已经有了一些简单的涉及，但这远不够详细，因此，在这一章，我就来详细回答这个问题，而这也就涉及美感及其形成过程了。在探讨过美感及其形成过程之后，我们再回头来接着看美在哪里、美的标准、美的性质等问题。我们将会发现，在探讨过美感及其形成过程之后，再来看美在哪里、美的标准、美的性质等问题时，我们会很轻松。

第一节　美感及其形成过程

在美学中，美感这个概念不算十分醒目，但它也是一个众说纷纭的概念。那么，美丽的美学关于美感及其产生过程的观点是什么呢？

一、美丽的美学关于审美与艺术欣赏过程的微观分析

让我们先来看英国美学家赫伯特·里德在《艺术的真谛》一书中给我们提供的美感的定义："所有艺术的基本理论皆始于这一假说：人对呈现在面前的事物形状、外表与块体作出反应；一定事物的形状、外表与块体中合乎比例的排列会引起人的快感，而缺欠这种排列的事物将引起人的淡漠感，甚至于引起无害的不舒适感或厌恶感。这种起于愉悦关系的快感就是美感，不快感即丑感。"[①]很显然，里德已经涉及美感的产生过程了，只是可惜，里德给出的美感的产生过程不太详细。

下面让我结合一些具体的艺术种类与一些具体的艺术品，从微观角度来看一看，人在审美和艺术欣赏过程中，人的情绪与情感是如何产生的及美感的本质到底是什么。让我们先来看两件伟大的艺术作品：凡·高的《向日葵》与罗丹的《思想者》。

向日葵是一种很普通的植物，但是在凡·高的油画《向日葵》里，我们却明显地感受到，向日葵已经被他画活了。在他的《向日葵》里，似乎有一种积极的、顽强的生命力在膨胀、在扩张、在成长，同时，这种生命力也在激励着欣赏者要积极进取，要永不放弃，欣赏者在欣赏时会明显地感受到自己充满了自信与能量。这种独特的审美感受是如何产生的呢？让我们先来看画面的色彩。这幅画的主色是黄色与红色，这两种颜色都具有激发人的积极向上的情绪与情感的能力。再看这幅画的线条，向日葵的花瓣都是弯曲的，且方向都与重力的方向相反，是向上的，这与兴奋、自信等积极情绪与情感是"同构"的，因此，画中所用的线条也具有激发人的兴奋、自信等积极的情绪与情感能力。最后，所有的向日葵都是插在一个坛子里的，其生长条件受到了限制，但向日葵仍表现出顽强的生命力，这与我们的人生经历很相

① 郝伯特·里德：《艺术的真谛》，王柯平译，辽宁人民出版社，1987年8月版，第2页。

似。总之，这幅画无论是它的整体结构还是它的局部结构，它们都能应构出人的积极情绪与情感，并且使我们对人生产生很大的鼓舞和激励作用。另外，由于它们的应构效果是相似或相同的，因此，它们给予人的情绪与情感的体验也就非常强烈。正是由于《向日葵》的独特的结构与人的情绪与情感具有独特、广泛和深刻的情-物联系，才使得《向日葵》具有异乎寻常的美感、魅力和影响。

让我们再来看一看罗丹的《思想者》。这是一尊全身裸体雕塑，是准备安放在群雕《地狱之门》门顶上的，其总的构形是一个弯曲成一团的全裸的“人体”。从这个全裸的“人体”身上，我们可以看到，“他”的身体像一把弓充满了“张力”(格式塔艺术心理学家鲁道夫·阿恩海姆非常重视的一个概念)，具有极其强烈的激发情绪与情感的能力，加上人物的面部表情凝重、庄严，甚至有点冷酷，全身肌肉紧张，血管暴凸，棱角分明，这些都能够给人以一种强烈的激动甚至是震撼效果。在这里，雕塑“人物”的面部表情、肌肉、棱角、弯曲的身体以及人类的前途等都与人的情绪与情感有着极为牢固与强烈的情-物联系，因此，这尊雕塑能够激发人的强烈的情绪、情感与美感是一点儿也不令人奇怪的。

下面让我们来考察其他的艺术与艺术品。

具有形象的视觉艺术都可以塑造一个可见的事物通过人体内的情-物联系来应构人的情绪与情感，那么文学作品又是如何来应构人的情绪与情感的呢？文学作品最基本的结构元素是文字或语音，难道这些文字或语音就能够应构出情绪或情感吗？不是，文学作品主要是通过文字或语音先应构出“形象”，然后再通过“形象”来应构人的情绪或情感的。那么，文学为什么能够塑造形象呢？

视觉艺术在一个平面上或在空间里，通过对创作材料的分布与安排，可以在人的眼前构造一个“人体”或“物体”，由于这个“人体”或“物体”能通过眼睛的晶状体即凸透镜成一个像在视网膜上，因此，我们就能看到这个“人体”或“物体”。作为文学作品，其构成元素是文字或语音，那么文字或语音为什么也能够塑造人物或事物形象呢？其实，其中的原因很简单，这个原因就是，我们在学习语言时，我们的父母和老师总是把语音或文字与其所代表的人或事物联系在一起，甚至会把语音或文字和它们所代表的人或事物同时呈现在我们的面前，久而久之，我们就在脑海中建立起了无数的语音或文字与它们所代表的人或事物之间的联系，以至于我们在一听到某个语音或一看到某个文字的时候，我们的脑海中就会立即浮现出这个语音或文字所代表的人或事物的形象，例如，当我们一看到“树”这个文字或一听到这个文字的发音时，我们的眼前就会立即出现一个有根、有干、有枝、有叶的树的形象等。既然语音或文字与人或事物之间有着确定的对应的关系，因此，文学作品能够塑造人或事物的形象就一点都不奇怪了，而且正如黑格尔所说的：“语言的艺术在内容上和在表现形式上比起其他艺术都远较广阔，每一种内容，一切精神事物和自然事物，事件，行动，情节，内在的和外在的情况都可以纳入诗，由诗加以形象化。”①

语音或文字能够塑造形象，这不用多言，那么，这个形象对于文学这门艺术又有什么特别重要的意义呢？在前面我已经指出，一切事物，不管是放在眼前的事物还是在脑海中浮现的事物，都可能与人的情绪或情感存在着或强或弱的联系，因此，当文学作品通过语音或文字应构出形象，而形象又与一定的情绪或情感相联系时，文学作品就能够应构出一定的情绪或情感了。笔者认为，这就是文学作品为什么能够激发人们的情绪与情感以及文学家们为什么都特别注意塑造人物或事物的形象的主要原因。我们从文学作品中所获得的情绪或情感主要就是从文学的形象中获得的，没有了形象，文学作品是很难激发人们的情绪或情感的，而文学作品如果不能激发人们的情绪与情感，那么这样的文学作品也就不值得人们一提了。

---

① 黑格尔：《美学》，第三卷下册，朱光潜译，商务印书馆，1981年7月版，第10－11页。

关于形象对于人的情绪或情感的激发作用与过程，古人早就有了非常准确的观点和看法，这里请看两例。亚里士多德曾经说过："恐惧与怜悯之情可借'形象'来引起，也可借情节的安排来引起"①，而朗加纳斯则说过："风格的庄严、恢宏和遒劲大多依靠恰当地运用形象……这词现在一般用于这种场合，即说话人由于其感情的专注和亢奋而似乎见到他所谈起的事物并且使读者产生类似的幻觉。诗人和演说家都用形象，但有不同的目的。诗的形象以使人惊心动魄为目的，演说的形象却是为了意思的明晰。但是两者都有影响人们情感的企图。"②

实际上，文学作品并不能直接给人以什么形象，文学作品是通过文字或语音给人应构出形象的。不过，从文学作品的接受者角度来看，文学作品所提供的形象是接受者通过所谓的想象来实现其建立过程的，既然如此，那么也就是说，想象也是能激发人们的情绪与情感的，这又是为什么呢？对此，心理学家们早已有了肯定性的回答："我们通常是通过各种感官从外界输入各种信息，如视觉信息、听觉信息、嗅觉信息、皮肤感觉信息、味觉信息、体觉信息以及内脏变化的信息，然后在大脑里进行加工；其实，我们也能够从自己的记忆仓库里提取出这些信息，进行与真实体验同样的加工过程。因而，想象中的内容能够在我们的神经系统里、大脑里、躯体上产生与实际刺激相同的效果。"③

当然，文学作品不仅仅是用塑造形象这一种手段来激发人们的情绪或情感的，例如，韵律、情节等也都是非常有效的手段。关于其

---

① 亚里士多德：《诗学》，罗念生译；贺拉斯：《诗艺》，杨周翰译。人民文学出版社，1962年12月版，第42页。

② 伍蠡甫　胡经之主编：《西方文艺理论名著选编》，上卷，北京大学出版社，1985年11月版，第122－123页。

③ 郭德俊　田宝编著：《情绪——心灵的色彩》，北京师范大学出版社，2002年1月版，第131页。

他因素的作用可参见笔者对其他一些关于艺术作品(包括文学作品)的分析。

美术作品、文学作品能够应构出人的情绪或情感,那么音乐作品又是如何应构出人的情绪与情感呢?

首先,音乐的构成元素音高、音强、音色、音速、节奏、旋律、调性等本身都能通过情-物联系应构出一定的情绪或情感,如高音甜美、低音凝重、快速兴奋、慢速哀婉等。周海宏在《音乐与其表现的世界》一书中用严格的实验方法探讨了音乐的各种结构元素与人的情绪或情感之间的对应关系,这里试举几例:“高音区具有兴奋、快乐、明朗之类的性质;低音区具有压抑、悲哀、阴郁之类的性质……由低向高的上行音程进行使人产生兴奋性情态体验,下行音程进行产生抑制性情态体验。”①“音乐中所有使人产生悲哀、忧伤、压抑、消极、平和、安静的作品,概莫能外地具有慢速的特征;而使人产生快乐、兴奋、活跃、积极、激动、急躁的作品均具有快速的特征;介乎两者之间则使人产生从容、适意、自然的感觉。音乐作品中这种例子是不胜枚举的。”②

其次,音乐也能使人通过联想、想象、类比等产生形象,从而能利用形象来激发人的情绪或情感。“音乐可以运用最富有特征的声音(如钟声、流水声、鸟叫声、松涛声、马蹄声等)使人产生明确的艺术联想;还可以运用比拟、象征的手法将蔚蓝的天空、平静的湖水、现实的苦难、光明的来临等自然现象和社会现象,化为带感情色彩的声音而表现出来。”③薛金炎在《音乐博览会》一书中,在谈到早晨形象的塑造时说:“当然,利用声音联想并不是塑造早晨形象的惟一办法,很多

① 周海宏:《音乐与其表现的世界——对音乐音响与其表现对象之间关系的心理学与美学研究》,中央音乐学院出版社,2004年12月版,第53页。

② 同上,第82页。

③ 刘叔成 夏之放 楼昔勇等:《美学基本原理》,上海人民出版社,2001年7月第3版,第182页。

音乐作品描绘早晨或日出，并没有利用自然界的声音形象，在这种情况下，作曲家往往运用象征、类比的办法，例如：为了表现太阳由低而高、冉冉升起，音乐中音区也由低而高不断向上发展；为了表现红日喷薄而出，光芒四射，音乐中音量也由弱而强，不断增长，配器音色与和声色彩也由淡而浓，由暗变亮。这方面的范例，可举柴科夫斯基的歌剧《叶甫盖尼·奥涅金》中《写信》一场为例。"[①]一旦音乐能够使人在脑海中产生某种形象，哪怕这个形象是比较模糊的，相应的情绪或情感也会油然而生，并且会随着音乐其他结构元素的作用而得到加强。

再次，音乐中还有一种特殊的但极为有效的手段——共振来加强音乐所激发的情绪或情感的强度。

音乐的物质媒介是声音，而声音是看不见的，通过上述两个方法所激发的情绪或情感其性质可能是明晰的，但强度却是很微弱的。众所周知，音乐具有沁人心脾的力量，能够使人情不自禁、如痴如醉。到底是什么力量使音乐具有如此强烈的效果呢？这种力量就是音乐的节奏——准确地说，是音乐的节奏和人的身体或身体的某一部分之间所发生的共振。

让我们从振动说起。所谓"振动"，是指一个物体在一个中心点附近做来回往复的运动。例如，钟摆的来回运动就是一个例子。物理学告诉我们，世界上的每一个物体都会发生振动，并且都有自己所固有的振动周期或频率。我们的心脏与呼吸运动就有其相对固定的振动周期或频率，我们身体的每一部分如上肢、下肢、手指等也都有自己所固有的振动周期与频率，当我们敲一下桌面时，桌面也会以自己的振动周期或频率振动一段时间。物理学还告诉我们，当一个物体发生振动时，如果受到外界的一个周期性的策动力的作用，并且这个周期性的策动力的周期或频率与这个物体所固有的振动周期或频

① 薛金炎：《音乐博览会》，上海文艺出版社，1986 年 6 月版，第 8 页。

率相等时，这个物体就会发生共振，其具体表现就是这个物体的振动幅度会越来越大。例如，人在荡秋千时秋千在振动，如果每当秋千摆到最高位置时，我们都给秋千一个推动力，那么秋千就会越摆越高，直到和空气相摩擦的效果完全抵消为止。收音机、电视机的选台实际上也是利用共振原理来进行的。

共振对人会产生什么后果呢？它有什么威力呢？登山运动员在攀登过程中是禁止大声讲话的，其原因就是这样做可以防止声音的振动与雪堆发生共振而发生雪崩。历史上曾发生过这样的事件：一列军队在以整齐的步伐通过一座桥梁时，由于步伐的振动周期与桥梁所固有的振动周期相同，结果使得桥梁发生了共振，接着由于桥梁的振幅过大，最后造成了桥毁人亡的惨剧。在现代军事中，有一种武器叫次声武器，这种武器能够发出一种次声波，其振动周期或频率与人心跳的周期或频率非常接近甚至相同，结果会使得人的心跳加剧，以至心脏破裂……从这些例子中，我们应该能够感受到共振的威力到底有多大了。

音乐中也有振动，例如音乐中任何一个乐音就都是振动，只是这些乐音的振动周期或频率与人的心跳、呼吸及身体的其他部分所固有的振动周期或频率相差很大，因此，单个乐音无法与人的心跳、呼吸及身体的其他部分（如手指、脚趾、上下肢、头颅、整个身体等）发生共振，但是，一旦一个乐音与其他声音形成强弱交替的节奏时，这个节奏的周期或频率就与人的心跳、呼吸或身体的其他部分所固有的振动周期或频率相接近甚至是相同的，这就很容易与人的心跳、呼吸及身体的其他部分发生共振，从而使心跳有力，使呼吸加深，导致的后果就是人的情绪或情感迅速变强，直至如痴如醉，兴奋不已（这种情景，我们在流行音乐的现场会感受得非常明显）。当然，由于声音的能量不是很大，因此，即使此时节奏与人的心跳、呼吸或身体的其他部分发生了共振，在正常情况下也不会使人发生什么危险，只是在特殊情况下，如心脏不好、有高血压症等，这时共振才会导致一些危险。在音乐中，任何一首乐曲都是有节奏的。世界上的音乐可以没有旋律，如鼓乐等打击乐，但不能没有节奏，以至汉斯立克认为："音乐的原始要素是和谐的声音，它的本质是节奏。"[1]在科学的与美丽的美学看来，正是由于节奏具有极其强大的、自然的、不可阻挡的增强情绪或情感的力量，因此，音乐才是不能没有节奏的。

也正是由于节奏具有一种强迫性的力量来加强情绪或情感的强度，因此，节奏也被用在其他的各种艺术形式之中。在诗歌中，押韵是常见的形成节奏的方式之一，如李白的《夜思》："床前明月光，疑是地上霜。举头望明月，低头思故乡。"这首诗可激发人们的思乡情绪与对故乡的种种情感，而诗中用来激发人的情绪与情感的方法有：1. 抒发自己的情绪与情感；2. 形象；3. 节奏：诗中第 1、2、4 句最后一个字的韵母都是"ang"，这个韵母就起到形成节奏的作用，有助于增强情绪和情感的强度。在诗歌中，形成节奏的方式当然不只一种，在现在的自由体诗中，节奏主要是由句子的长短变化形成的。最奇妙的是，由诗歌所激起的情绪或情感的性质如果发生交替变化也会形成节奏，如马致远的小令《秋思》：

枯藤，老树，昏鸦，
小桥、流水、人家。
古道、西风、瘦马。
夕阳西下，
断肠人在天涯。

在这首小令中，用来激发情绪和情感的手段首先是抒情，其次是形象，再次就是节奏，而且节奏是由好几种方式形成的：一是句子的长

① 爱德华·汉斯立克：《论音乐的美——音乐美学的修改刍议》，杨业治译，人民音乐出版社，1980 年 12 月第 2 版，第 49 页。

短变化，二是押韵，三是情绪与情感性质的交替变化。

在视觉艺术中，节奏也几乎是不可缺少的，赵殿泽在《构成艺术》一书中就说：让色彩或造型“按照一定的比例，有规则地递增或递减，并具有一定阶段性的变化，造成富有律动感的形象。这种构成作品，一般都表现为生气勃勃，有时还会呈现一种跃动的感觉，它能给人以活力和魅力”①。萧默在介绍北京紫禁城时说：“北京紫禁城是世界最优秀的建筑群体组合艺术范例之一，显示了中国古代艺术家驾驭巨大的建筑群体的卓越能力：沿着中轴线从中华门起，通过一个狭长的广场，到达天安门前，广场忽向横向伸展；再经过一个方方的、平和中庸的端门广场为过渡，到达纵长而宽阔的午门广场；午门围成凹形，空间紧逼，气氛紧张；以后又紧接着方向横长、气氛宽松的太和门广场为过渡，最后抵达全皇宫最高潮太和殿广场；太和殿广场面积很大，形状正方，衬托出高高的太和殿，气氛庄严、隆重而盛大，充分突出了皇权的神圣。长达千余米的一连串广场几经开合转折，为太和殿作了极尽其致的铺垫。在太和殿广场以后，还有一连串广场作为它的延续和收束。”②这段文字很好地说明了节奏在建筑艺术中的作用，也很好地解释了“建筑是凝固的音乐”这句名言。

节奏对于舞蹈来说就更重要了，甚至也可以说是不可缺少的。为什么？我们知道，舞蹈是极费体力的，没有强烈的情绪与情感的推动（人的情绪与情感是有能量与力量的），舞蹈者是很难长时间完成舞蹈动作的。怎么办？让舞蹈具有节奏，再使用有节奏的音乐就是明智的方法，当音乐的节奏与舞蹈的节奏合拍共振时，舞蹈者就会情绪激昂，从而获得足够的动力来完成舞蹈动作。我们看到舞蹈总是与音乐结合在一起，其道理就在这里。而当舞蹈者激情舞蹈

---

① 赵殿泽编著：《构成艺术》，辽宁美术出版社，1987年7月第1版，第86页。

② 萧默主编 王贵祥副主编：《建筑意》，中国人民大学出版社，2003年10月版，第146页。

时，舞蹈的观赏者也就会深受感染，从而获得强烈的情绪与情感体验。

二、美感及其形成过程

上述分析虽然是对个别艺术种类与个别艺术作品进行的，但如果我们对其他艺术作品与美的事物进行分析，得出的结论都是一样的。总结所有这些分析，我们的结论就是：在审美与艺术欣赏活动中，人的情绪与情感是由审美与欣赏对象的结构及人体内的情-物联系应构出来的；如果审美对象与欣赏对象对人所应构出来的情绪是愉快的，情感是对某种事物的且是积极的，那么这时人对这些情绪与情感的体验就是美感。这些结论就是本书对什么是美感及美感是如何产生的这两个问题的答案，同时本书也把这些结论称为美感及其形成过程原理。

下面让我从美感概念与其他有关概念之间的区别来继续考察美感。

1. 美感与“刺激-反应”

美丽的美学认为，美感是由事物通过其结构与人体内的情-物联系应构出来的，但应构与通常的“刺激-反应”过程是不同的，其具体表现就是，前者复杂而间接，具有很大的可变性与多样性，而后者却简单、直接、相对稳定，以致人人会相同等。

2. 美感与“同构”

美丽的美学关于美感形成过程的观点与格式塔心理学派关于美感形成过程的观点有一些相似之处，但两者是完全不同的。我国当代著名美学家滕守尧先生在其著作《审美心理描述》一书中，在介绍格式塔心理学派的这种观点时说：“格式塔心理学派则用异质同构论解释审美经验的形成。按照这种理论，在外部事物、艺术式样、人的知觉（尤其是视知觉）组织活动以及内在情感之间，存在着根本的统一。它们都是力的作用模式，而一旦这几个领域的力的作用模式达到结构上的一致时(异质同形),就有可能激起审美经验。”[①]但他对这种理论又一针见血地说,这种理论“就其理论本身来说,还有很多漏洞,例如,在对大脑力场的作用的描述上,还带有猜想的色彩;在解释‘物理-生理-心理’之间的异质同构时,忘记了人与动物的根本区别等等。后面这种缺陷使它对许多现象不能解释……在审美知觉中,历史的因素,社会性的因素同样是要起作用的,它决不是一种生物本能,而是融和了理性和时代精神在内的一种更加高级、更加复杂的感性直观活动。”[②]

在美丽的美学看来,格式塔心理学派的异质同构论虽然含有应构的思想,但这种理论仍然没有能够解释清楚为什么人在审美过程中会产生愉快情绪与积极情感,而且,对于美感的历史性、社会性、实践性等,格式塔心理学派的异质同构论也是无法解释的,而美丽的美学却没有这两个方面的缺陷。对前者,美丽的美学认为,人在审美过程中产生的愉快情绪与积极情感是由事物的结构通过人体内的情-物联系应构出来的;而对后者,美丽的美学对这一点也是很容易解释的,这就是:因为人体内众多情-物联系是历史地形成的,具有社会实践性,因此,人的美感(包括人对事物进行的美与不美的判断)自然也就有了历史性、社会性、实践性等。

3. 美感与直觉

审美过程中,如果人的情绪与情感的产生时间很短,而且是无意识的,那么这个过程就是直觉;而如果这个过程很长,需要人慢慢地理解、联想、想象等(它们是应构的结果并可继续进行应构),那么人从审美对象获得美感也是有可能的,只是这个过程不像直觉那样迅速与直接而已。

---

① 滕守尧:《审美心理描述》,中国社会科学出版社,1985年11月版,第36页。

② 同上,第40-41页。

4. 美感与快感

从美丽的美学关于美感的定义我们是不难看出美感与快感的区别的，这就是：美感不仅仅是感觉愉快，美感还包含了人对某种事物的积极的情感。愉快不等于是美感，只有愉快加上人对某种事物的积极的情感才等于美感。当然，很显然，美感中包含着快感。

5. 美感与满足需要

美感有时与满足人的需要纠缠在一起，但美丽的美学认为，虽然人的美感是由事物的结构通过人体内的情-物联系应构出来的，但这并不是说美感不能由满足人的某种需要而产生。实际上，由满足人的需要而使人产生美感，从微观角度来看，其本质过程也是应构，而且也是通过情-物联系才激发出人的情绪与情感的，只是这时满足需要与美感都达到了目的。例如，如果你吃饱了一顿不怎么样的饭，但你由此却想到了某个人对你的善意，使你对他充满感激之情，或者是虽然你认为你所吃的饭不怎么样，但你却吃饱了并对未来充满了希望与信心，由此你认为这顿饭是美的，或者说你吃了一顿美餐，那么这也是绝对不为错的。

上述所举的例子也说明，愉快情绪与积极情感并不是只能由视觉与听觉器官应构而来。实际上，人类的任何感觉器官，包括视觉器官、听觉器官、味觉奇怪、嗅觉器官、触觉器官等都可以应构出美感，即人可以根据任何感觉器官来判定事物是不是美或是不是美的，例如我们可以肯定，抚摸、拥抱、接吻等也可以产生美感等，这样我们就可以解释这样一些问题：为什么我们常说食物是美的，酒是美的，气味是美的等。当然，通过满足人的某种需要来激发人的美感其作用与意义要小得多。例如，如果某种食物满足了一个人的生理需要，并且让他产生了愉快情绪与对某种事物的积极情感，那么，我们可以说他产生了美感，但是，由于这种食物能够满足人的需要的范围总是很小的，时间也是很短暂的，他所产生的情感的对象，其范围也总是很有限的，因此，通过满足需要而产生的美感其意义与作用要小得多，而如果我们通过纯粹的应构方式，即通过与满足某种物质需要无直接关系的方式，如通过一些艺术品来激发人的美感，那么这要自由得多，其影响范围与作用也可能要大得多。

6. 美感与美

从美丽的美学关于美感及其形成过程的看法我们还可以看出美感与美的区别与联系。由于事物及其结构首先是通过对人的感觉器官发生作用，然后在人体内发生一系列的应构过程，而当这个应构过程通过人体内的情-物联系应构出人的愉快情绪与对某种事物的积极情感时，人就可以把这个事物与结构称为是美与美的，这时人也可以把人对这种愉快情绪与积极情感的体验称为美感，因此，名词美就是事物的、能够应构出人的愉快情绪与对某种事物的积极情感的结构，美感就是人对这种愉快情绪与积极情感的体验，而形容词美就是在事物应构出人的愉快情绪与对某种事物的积极情感之后，由人所赋予事物的一种性质。

需要说明的是，名词美、人的美感与形容词美之间并不存在先后关系与因果关系，即我们不能认为美是由美感形成的，也不能认为美感是由美形成的，我们只能认为美与美感是同时存在的，它们分别是事物的结构通过人体内的情-物联系，在应构出人的愉快情绪与对某种事物的积极情感之后，由人所同时作出的一种新的称谓、判断、肯定与体验。当然，在事物的结构、人的情绪、情感与人对事物的称谓、判断、肯定与体验之间还是存在着先后关系与因果关系的，这种关系我们可以从下面的图式很直观地看出来：

结构（含信息）→愉快情绪与积极情感→人对事物的美的判定
结构（含信息）→愉快情绪与积极情感→人对美的事物的称谓
结构（含信息）→愉快情绪与积极情感→美感

尊敬的读者，现在请您结合自己的审美实践回想一下，看一看我们的美感及其产生过程到底是不是像笔者所描绘的那样。

第二节　美丽的美学对有关美感现象的解释

在本节，让我用美丽的美学关于美感及其形成过程的原理来解释几个与美感有关的现象。

一、美丽的美学对共同美感与美感差异性现象的解释

根据美丽的美学关于美感及其形成过程的观点，我们可以对审美过程中的共同美感与美感差异性问题或现象作出科学而简单的解释。

众所周知，有许多自然景物如星空、山水，还有许多艺术品等虽历经千百年也一直为许多人所欣赏与赞美，那么这是什么原因呢？关于这个问题，我们可不可以用康德的“共通感”概念来解释呢？康德认为：“鉴赏判断要求每个人赞同；而谁宣称某物是美的，他也就想要每个人都应当给面前这个对象以赞许并将之同样宣称为美的……人们征求着每个别人的赞同，因为人们对此有一个人人共同的根据；只要人们总是能肯定他所面对的情况是正确地归摄于这一作为赞许的规则的共同根据之下的，那么他也可以指望这样一种赞同。”[①]“鉴赏判断必定具有一条主观原则，这条原则只通过情感而不通过概念，却可能普遍有效地规定什么是令人喜欢的、什么是令人讨厌的。但一条这样的原则将只能被看作共通感，它是与人们有时也称之为共通感(sensus communis)的普通知性有本质不同的……”[②]

那么，“共通感”有没有其客观存在的依据呢？接下来康德的说明就让人对共通感这个概念不敢恭维了，他说，这种共通感“无须立

① 康德：《判断力批判》，邓晓芒译，人民出版社，2002年12月第2版，第74页。
② 同上。

足于心理学的观察之上，而可以把这种共通感作为我们知识的普遍可传达性的必要条件来假定，这种普遍可传达性是在任何逻辑和任何并非怀疑论的认识原则中都必须预设的。”[①]“当我在这里把我的鉴赏判断说成是共通感的判断的一个例子，因而赋予它以示范性的有效性时，共通感就只是一个理想的基准，在它的前提下，人们可以正当地使一个与之协调一致的判断及在其中所表达出来的对一个客体的愉悦成为每一个人的规则：因为这原则虽然只是主观的，但却被看作主观普遍的（即一个对每个人都是必然的理念），在涉及不同判断者之间的一致性时是可以像一个客观原则那样来要求普遍的赞同的；只要我们能肯定已正确地将之归摄在这原则之下了。”[②]

从以上康德对“共通感”的说明来看，“共通感”这个概念纯粹是一个主观概念，是没有科学根据的，因此，科学的与美丽的美学认为，康德的“共通感”概念并不能科学地解释不同的人为什么会对同一事物有共同美感这个问题，而且这个概念既不能解释美感的形成问题，更不能解释美感的差异性问题。

实际上，桑塔耶纳早就对康德的说法有疑问了，例如桑塔耶纳说过这样的话：“审美快感的特征不是普遍性”。[③]“普遍性的要求是一种自然的误会，这是不难证明的。众所周知，在审美中是找不到多少一致性的；所有的一致性是基于人们的出身、性格和环境的相同而得出的，如果有这样的相同，就会产生各种判断和感情的一致。当一个人认为某件事物是美的，就认为别人也必定认为它是美的，这种说法毫无意义。如果他们的感觉一样，他们的联想和意向也相同，那么同一事物在两人看来当然都是美的，但如果他们的性格不同，那么一个

① 康德：《判断力批判》，邓晓芒译，人民出版社，2002 年 12 月第 2 版，第 75 页。
② 同上，第 76 页。
③ 乔治·桑塔耶纳：《美感——美学大纲》，缪灵珠译，中国社会科学出版社，1982 年 12 月版，第 27 页。

人为之神魂颠倒的形式，对另一个人来说甚至连瞧也不愿瞧一眼，因为他在感知方面的分类和识别标准不同；在别人看来是一个完美的整体，在他看来可能就是可怕的、支离破碎的或不成样子的一团，——所以，对象的一致性完全是功能和运用的一致性。认为一个使人连看也不愿看的东西能使他感到美，那就荒谬绝伦了。显然，这种要别人对某种性质得到同样的感受的要求，取决于具有相同的能力，但是世界上就没有两个人会具有恰好相同的能力，事物也不能对于任何两个人都有恰好相同的价值。”①

那么科学的与美丽的美学是如何解释共同美感这种现象与问题呢？很简单，这就是，由于：1. 同一事物及其结构若是客观存在的，那么它对其他每个人来说就都是相同的；2. 两个不同的人可能会因为种种原因对同一事物有相似甚至是相同的情-物联系；3. 同一事物对不同的人会有相似甚至是相同的应构过程，如有相似或相同的理解、联想、想象等，因此，在具备了这三个完全有可能的条件之后，同一个事物就会对这两个不同的人产生相似甚至是相同的美感了。美丽的美学无需假定性的“共通感”这个概念，一切都基于科学，基于可能的客观条件。相同的事物与结构，相同的情-物联系，相同的应构过程，会使不同的人对同一事物产生相似甚至是相同的美的判定，这就是共同美感得以产生的原因，也就是美丽的美学对共同美感的解释。

与共同美感这个问题相关的另一个问题是美感的差异性问题，即为什么在多数情况下，不同的人会对同一事物产生不同的美感？甚至同一个人在不同的时期或场合对同一事物为什么也会产生不同的美感？可喜的是，美丽的美学对美感差异性问题的解释也很简单，这就是：由于不同的人对同一事物的情-物联系多数是不相同的，同

---

① 乔治·桑塔耶纳：《美感——美学大纲》，缪灵珠译，中国社会科学出版社，1982年12月版，第28页。

一个人对同一事物的情-物联系也是会发生变化的，加上事物对不同的人的应构过程一般是不相同的，是可以随外界条件而发生变化的，因此，同一事物对不同的人或同一事物对不同时期与场合的人产生不同的美感也就是十分自然的事情了。这种解释不是很简单、也很合理吗？

让我们来看一个简单的例子。例如，如果有几个人在同一篇文学作品中看到了“树”这样一个词，又假如这时的这几个人又都产生了一些联想或想象，那么这时我们可以想象得到，这时的这几个人很可能会产生一些情绪与情感。由于这几个人看到的是同一个字，这个字有可能对这几个人有相同或近似的应构过程，这几个人还有可能具有相同的情-物联系，因此，这时的这几个人产生相同或相似的美感就是完全可能的。不过，更多的情况可能是，这几个人产生了不同的联想或想象，如甲可能想到了一棵柳树，乙想到了一棵松树，丙想到了一棵枯树等，这时我们也完全可以想象得到，如果这几个人都产生了美感，那么这时这几个人的美感就将是完全不同的。

在运用美丽的美学关于美感及其形成过程的观点解释了美感的共同性与差异性之后，也许还会有人要根据康德的思想来追问美丽的美学：为什么人们会把美称为美、把美感称为美感呢？这不还是要依据共通感这个概念吗？其实我们大可不必这样，因为如果要是这样，那么，我们将需要各种各样的共通感。例如，当人们把人称作人的时候，我们是不是也要假设一个相应的共通感概念呢？而其实如果我们要假设这样一个概念，那么这也是根本行不通的，因为在汉语中，人被称作人，而在英语中，人却被称作 man 或 woman！

二、美丽的美学对审美疲劳现象的解释

运用美丽的美学关于美感及其形成过程的观点，我们还可以十分轻松地解释审美过程中另一个非常常见的现象即审美疲劳现象。所谓审美疲劳是指，当我们面对一个曾被我们称为美的事物时，如果

我们一再反复地对其欣赏，那么我们可能就不再认为他、她或它是美的了；另外，我们在经过了很长一段时间之后，我们再来欣赏同一个曾被我们称为是美的事物时，我们也可能不会对这个事物产生美感，会认为这个事物已经不美了，这也可被称为是一种审美疲劳现象。

关于审美疲劳，思想家们早就有所认识。例如，英国语言学家和人种学家马斯登曾就自然美这样描述过："马斯登在其有关苏门答腊的描述中有一段评语，说在那里大自然的自由的美景处处包围着参观者，因此，对他很少再有什么吸引力；相反，他在森林中央碰到的一个胡椒园，在那里攀绕着这种藤蔓的支架以平行的直线构成了当中的林荫道，在他看来却颇有魅力；由此得出的结论是：野生的、表面看是无规则的美，只是对那看够了合规则的美的人来说，作为换换口味，才是令人喜欢的。"[①]很显然，其中涉及了审美疲劳，不过康德不同意马斯登关于审美疲劳产生的原因的看法，康德接下来的反驳也涉及了审美疲劳："不过只消让他试一试一整天呆在他的胡椒园里，以便领悟到：当知性通过合规则性而置身于它到处都需要的对秩序的兴致中，这对象就不再使他快乐，反倒使想象力遭受了某种讨厌的强制；相反，多样性在那里过分丰富到没有节制的大自然，不服从任何人为规则的强制，则可以给他的鉴赏力不断提供食粮。——甚至不能纳入任何音乐规则之中的鸟儿的歌唱，也比哪怕是依据一切音乐艺术规则来指导的人类的歌唱，显得包含有更多的自由、因而包含有更多适合于鉴赏的东西；因为我们在后者那里，如果它经常地长时间地重复的话，老早就会厌倦了。"[②]

关于审美疲劳，法国著名文学家维克多·雨果也曾经有过一段精彩的描述："古代庄严地散布在一切之上的普遍的美，不无单调之感；同样的印象老是重复，时间一久也会使人生厌。崇高与崇高很难

① 康德：《判断力批判》，邓晓芒译，人民出版社，2002年12月第2版，第80页。
② 同上。

产生对照，人们需要任何东西都要有所变化，以便能够休息一下，甚至对美也是如此。相反，滑稽丑怪却似乎是一段稍息的时间，一种比较的对象，一个出发点，从这里我们带着一种更新鲜更敏锐的感受朝着美而上升。鲵鱼衬托出水仙；地底的小神使天仙显得更美。”①

那么审美疲劳到底是怎么产生的呢？现在看来其原因很是简单，这就是，由于我们对事物美的判定及人的美感的形成，是由事物通过其结构及人体内的情-物联系应构出来的，而人体内的情-物联系是以人体内的神经联系为生理物质基础的，是易疲劳的，因此，当我们一再反复地观看或感觉同一个事物时，即使这个事物曾经被我们称为美，人对其也产生过美感，但由于有关的神经联系已经产生了疲劳，因此，这时的人对这个事物产生审美疲劳也就不可避免了。另外，如果我们在经过了很长一段时间之后，我们再来欣赏同一个曾被我们称为美的事物，那么很可能由于人体内的情-物联系已经发生了变化，尽管我们可能对此毫无知觉，因此，这时的我们也就可能不会对这个事物产生美感了，我们也就可能会认为这个事物已经不美了。

① 维克多·雨果：《雨果论文学》，柳鸣九译，上海译文出版社，2011年4月版，第35页。

第四章

美在哪里?

千百年来,人们一直在苦苦地寻找着美,普通人在寻找,思想家们也在寻找,然而,“众里寻她千百度,蓦然回首,那人却在,灯火阑珊处。”(引自辛弃疾的词,但笔者改了一个字)

在前面,我已经介绍了美丽的美学的美的种类与定义原理,介绍了美感及其形成过程原理。既然我已经把美丽的美学关于美的种类与定义的看法、把对于美感的看法都称作原理,那么从这些原理我们应该能够作出一些推论,就像欧几里德几何学、麦克斯韦方程组、爱因斯坦相对论一样。事实确实是这样,而且我们也需要这样,因为,所有科学原理无论如何都是需要被验证或被证伪的,如果科学原理不能直接被验证或证伪,那么,我们也可以对科学原理的推论进行验证或证伪。在这里,笔者不想再介绍什么科学知识,而只是想介绍一种科学的思想与方法,以便我们能用科学的思想与方法来研究美学。实际上,在美学领域,我们并不缺乏美的事物,也不缺乏真知灼见,更不缺乏具有智慧与天才的思想家,而最缺乏的就是科学的思想与方法。在下面的几章中,我就来陆续介绍一些推论,这些推论不仅是对一些美学问题的解答,而且也为证实或证伪这些推论所依据的原理提供了新的平台与途径。首先,让我们来看美在哪里这个问题。在美丽的美学看来,美在哪里这个问题是什么是美这个问题的补充与延伸，对美在哪里这个问题的回答也就是对美的定义的一种检验。

美在哪里与什么是美这两个问题曾经被王世德等人认为是美学的基本问题，王世德在《审美学》一书中曾经说过："这两个问题是美学领域中的'哥德巴赫猜想'，是美学皇冠上的明珠。"[①]但"人类对于这两个问题讨论了几千年，至今还难于得到公认的结论"[②]。

既然我们在前面已经得出了什么是美这个问题的一般性答案，因此，我们也应该能够得出美在哪里这个问题的答案。那么，这个问题的答案是什么呢？

仔细推敲一下美在哪里这个问题，我们不难发现，这个问题是有歧义的，因为，我们已经知道，美有名词与形容词两种词性，作为名词的美是指一种事物（结构），而作为形容词的美是指事物的一种性质。由于事物与事物的性质是不能互相等同的，因此，我给出的美的定义就有两个，即分别是针对作为名词的美与作为形容词的美的。这样，当我们要讨论有关美的其他问题时，我们就要注意区分美的两种词性，注意区分美的种类，例如，当我们要讨论美在哪里这个问题时，我们当然也不能例外。这就是说，美在哪里这个问题实际上包括了两个问题：如果其中的美是一个名词，那么这个问题问的就是美所在的地点是什么或什么地方有美；而如果美是一个形容词，是指事物的一种性质，那么，这个问题问的就是美的事物之所以美的原因是什么。因此，如果我们要解决美在哪里这个问题，那么，我们就要分别回答这两个问题。下面就让我们来看美丽的美学是如何回答这两个问题的。

---

① 王世德著：《审美学》，山东文艺出版社，1987年3月版，第152页。
② 同上。

第一节　美存在于宇宙中的什么地方？

如上所说，美在哪里这个问题包含着两个问题，让我们先来看第一个问题，即美的存在问题。

关于美的存在问题，我国另一位著名的美学家宗白华曾经斩钉截铁地说过："美是存在着的！"[①]"美不但是不以我们的意志为转移的客观存在，反过来，它影响着我们，教育着我们，提高生活的境界和意趣。它的力量更大了，它也可以倾国倾城。"[②]但是，"我们寻到美了吗？我说，我们或许接触到美的力量，肯定了她的存在，而她的无限的丰富内涵却是不断地待我们去发现。千百年来的诗人艺术家已经发现了不少，保藏在他们的作品里，千百年来后的世界仍会有新的表现。每一个造出新节奏来的人，就是拓展了我们的感情并使它更为高明的人！"[③]从这里我们可以看出，宗白华是承认美的客观存在性的，美是能激发人的感情的，但他并没有给我们指出美是什么以及美究竟在哪里。

关于美的存在问题，罗丹曾与葛赛尔有过一段精彩的对话，他在谈论女性美时，面对几个年轻貌美的裸女向葛赛尔赞叹到：

> 你看这个女人的胸部：饱满的乳房，美妙无比，令人爱煞，如此的优美，简直非人间所有！
>
> 你看另一个女人的臀部：多么神奇的起伏！软玉温香中，肌肉多么美妙！真要令人拜倒！[④]

---

① 宗白华著：《美学散步》，上海人民出版社，1981年6月版，第21页。
② 同上。
③ 同①，第22页。
④ 奥古斯特·罗丹口述　葛赛尔记录：《罗丹艺术论》，沈宝基译，广西师范大学出版社，2002年10月版，第76页。

当葛赛尔问他：

“大师，美丽的模特儿容易找到吗？”

他答：“是的。”

“那么在我们国内美人不算太少？”

他答：“不太少，我对你说。”①

最后他向葛赛尔总结说：“总之，美是到处都有的。对于我们的眼睛，不是缺少美，而是缺少发现。”②

在这里，我们可以发现罗丹是相信美是到处都有的。那么事实又如何呢？事实似乎也恰恰如此，从深不可测的宇宙太空，到地球上的大海、高山、河流、生命与智能，再到我们肉眼无法直接看到的微观世界，的确到处都有被人们所赞美的事物。我们不仅可在各种各样的关于美的问题的讨论中找到各人所赞美的对象，而且，我们也可以在人类所创造的艺术品中找到无数美的事物。天空中有美，地球上有美，山上有美，水中有美，自然中有美，艺术中有美，社会中有美，家庭中有美，教育中有美，科学中有美，技术中有美，劳动中有美，游戏中有美，战争中有美，比赛中有美，中国有美，外国有美，宏观中有美，微观中有美，早晨有美，夜晚有美，古代有美，现代有美，将来还是有美……总之，美似乎确是无处不在、无时没有的。

除了罗丹相信美是到处都有的之外，上田敏教授也有类似的看法：“从前以为美只在一层皮上，今日呢，不是 skindeep(表面的，肤浅的)，连内部的骨头，无论什么都有美。”③

---

① 奥古斯特·罗丹口述　葛赛尔记录：《罗丹艺术论》，沈宝基译，广西师范大学出版社，2002 年 10 月版，第 76 页。

② 同上，第 79 页。

③ 上田敏著：《现代艺术十二讲》，丰子恺译，湖南文艺出版社，2004 年 1 月版，第 58 页。

然而美究竟在什么地方呢？显然，罗丹等人也没能给我们以明确的回答。

那么，美丽的美学对美在哪里这个问题是怎么回答的呢？答案就是，根据美丽的美学的美的种类与定义原理，考虑到并不是所有的事物都能被人赞美，因此，美丽的美学认为："可能的美"（即可以称作美的结构）是无处不在、无时没有的。正是由于可能的美是无处不在的，无时没有的，因此，人们才会随时随地发现美。如果我们不考虑美的条件，那么，我们可以说，美不在天边，她就在我们身边，她每时每刻、每地每点都在恭候着我们、陪伴着我们，只是我们通常对她视而不见或冷眼相见——"天地有大美而不言"[①]。她是谁呢？她就是结构，就是物质在空间或时间内的分布、排列、搭配、组合等方式。这就是美丽的美学对美存在于宇宙中的什么地方这个问题的正式回答。

现在，我们对于罗丹等人的观点总算也可以作出解释了。从美丽的美学的美的种类与定义原理我们知道，名词美是指事物的一种结构，这种结构在应构出人的愉快情绪和对某种事物的积极情感之后就会被人称为美。由于结构是无处不在、无时没有的，因此，如果我们不考虑结构被人称作美的条件，那么，我们就可以说，美是无处不在、无时没有的，美存在于宇宙中的任何一个地方与任何一个时刻。一旦事物通过其结构及人体内的情-物联系应构出人的愉快情绪与对某种事物的积极情感，那么这个结构或这个结构所属的事物就会被人称为美或可被人称为美。

仔细、全面地考察一下罗丹关于美的存在性问题的观点我们不难发现，罗丹是考虑到美的条件的，只是他没有具体地指出这个条件是什么。令人欣喜的是，美丽的美学指出了这个条件，这个条件就是：事物结构通过人体内的情-物联系应构出人的愉快情绪与对某

---

① 李耳　庄周著：《老子·庄子》，北京出版社，2008年2月版，第258页。

种事物的积极情感。

顺便说一句，由于事物总是有结构的、结构是无处不在、无时没有的，结构是可以改变和创造的，而结构只要能通过人体内的情-物联系应构出人的愉快情绪及对某种事物的积极情感，那么这个结构就会被人称为美，因此，我们可以把我们身边的一切事物及我们自身进行美化，包括美化我们的生活、学习与工作的环境，美化我们的学校、工厂、城市、农村等，这不仅是必要的，而且也是可能的。这绝不仅是对"日常生活审美化"的鼓励，而且也指出了"日常生活审美化"的合理性与可能性。当然，美丽的美学并不仅仅提倡"日常生活审美化"，实际上，美丽的美学也提倡美化我们的语言、行为、思想、灵魂（如果灵魂存在的话）等，而这不仅仅是必要的，而且也是可能的！

第二节　美的事物之所以美的原因是什么？

下面让我们来看美的事物之所以美的原因是什么。

一、美的事物之所以美的原因是什么？

古往今来，人们对美的事物之所以美的原因提出了各种各样的观点，例如有人把美归结为数，归结为合适与效用，归结为形式，归结为内容，归结为意味，归结为意境，归结为合适与效用，归结为真与善，归结为理念，归结为人的本质力量，归结为生活，归结为形象，归结为自然，归结为情境，归结为典型，归结为心灵，归结为思想，归结为道德，归结为人性，归结为伦理，归结为爱情，归结为生命，归结为简单，归结为对称，归结为和谐，归结为道，归结为神等，这些原因有的为思想家的观点，有的为普通人的观点，然而所有这些原因都是有问题的，它们都能被反例证伪（英国科学哲学家卡尔-波普尔的概念），因此，美丽的美学认为所有这些原因都不是美的事物之所以美的原因。笔者不想在这里一一来反驳这些原因,因为,要逐一驳斥这些观点需要很多文字,我相信,读者也都能找到反例来完成证伪。实际上,正是因为美的事物其美的原因不在上述那些因素,因此,人们才接连不断地就美的原因提出了各种各样不同的看法。那么美丽的美学是怎样回答"美的事物之所以美的原因是什么"这个问题的呢?下面让我结合一个具体事例来说明美的事物之所以美的原因。请看唐朝诗人刘禹锡的短诗《望夫山》:

终日望夫夫不归,
化为孤石苦相思。
望来已是几千载,
只似当时初望时。

当我们读到这首诗时,常常感到一种令人震撼的美,为什么?首先,让我们来看形式。这是一首押韵诗(只是不太完全),前面我已经提到,押韵有助于形成节奏,能增加人所产生的情绪与情感的强度;其次,让我们来看内容。毫无疑问,这首诗的内容很具激发情绪与情感的能力,这个内容就是爱情(这首诗取材于一个爱情传说)。然而,诗中并未提到爱情两个字,到底是什么因素让我们为诗中所叙述的爱情所激动呢?这就是那些极具激发情绪与情感能力的事物与事件,如孤石、几千载、终日望夫等。那么,这首诗能激发人的什么样的情绪与情感呢?情绪是感动与震撼,而情感则是敬佩与信心等——我们会敬佩诗中所提到的忠贞不渝的爱情,并使我们自己对忠贞不渝的爱情的存在存有信心等。总之,这首诗能通过形式与内容一起应构出人的愉快情绪与对某种事物的积极情感,因此,我们感到这首诗很美是一点也不奇怪的。

总之,美丽的美学认为,美的事物之所以美是因为这个事物通过其结构(含信息)及人体内的情-物联系应构出了人的愉快情绪与对某种事物的积极情感。这就是美丽的美学对美的事物之所以美的原因的看法。

当美丽的美学认为美的事物之所以美是因为这个事物通过其结构(含信息)及人体内的情-物联系应构出人的愉快情绪与对某种事物的积极情感,这等于说,美是有条件的,但美并不只取决于审美对象,并不只取决于审美主体,也并不只取决于审美客体对审美主体的作用,即,一个事物美不美要看四个条件:1. 事物的结构(含结构所贮存的信息);2. 情-物联系;3. 应构过程;4. 如果前面三个条件都具备了,最后还要看事物有没有应构出人的愉快情绪和对某种事物的积极情感。这四个条件,一个都不能缺少,如果这四个条件全都具备了,那么这个事物就是美的,而如果缺少其中之一,哪怕只有一个,那么这个事物也不可能是美的。在我们不能确定美的原因时,我们不能只在事物身上找原因,也不能只在人身上找原因,更不能到根本不存在的神或上帝那里去寻找原因,我们只能在上述四个条件中找原因。当然,由于在美的四个条件中,前面三个总是具备的(只是各个事物的结构、各个人的情-物联系以及事物对各个人的应构过程不会完全相同而已),因此,实际上我们只要看第四个条件就够了,就如桑塔耶纳所说:“一切价值终归要引导我们回到实际的感觉,否则就化为乌有——化为一句空话或一种迷信。”[1]

马克思在《1844年经济学哲学手稿》中曾说过这样的话:“不言而喻,人的眼睛与野性的、非人的眼睛得到的享受不同,人的耳朵与野性的耳朵得到的享受不同,如此等等。”[2]“只有音乐才激起人的音乐感;对于没有音乐感的耳朵来说,最美的音乐毫无意义。”[3]很显然,

---

① 乔治·桑塔耶纳著:《美感——美学大纲》,缪灵珠译,中国社会科学出版社,1982年12月版,第69-70页。

② 马克思著:《1844年经济学哲学手稿》,中共中央马克思 恩格斯 列宁 斯大林著作编译局译,人民出版社,2000年5月第3版,第86页。

③ 同上,第87页。

马克思是非常看重美的条件的。

另一方面,美丽的美学认为美不只取决于审美对象,不只取决于审美主体,也不只取决于审美客体对审美主体的作用,这并不是说美与审美对象、审美的人、审美的过程都无关,相反,一个事物美不美是同时与审美对象、审美者、审美过程都有关的。实际上,正是由于美与审美客体有关,因此,一个事物美不美,这个事物是要具备一定的条件的,当人们要创造美时也要让其具备美的条件;正是由于美与审美者有关,因此,如果我们要能发现美,我们就要努力建立足够的与合适的情-物联系;又由于美与审美过程有关,因此,我们在审美时又要注意在合适的场合有合适的氛围——这就是欣赏绘画最好在画廊,听音乐最好在音乐厅,看电影最好在影院等的原因。当然,很多时候我们并不需要十分严格的场合与氛围。

还有一点需要说明的是,在事物通过其结构(含信息)及人体内的情-物联系应构出人的愉快情绪与对某种事物的积极情感之后,实际中我们可能会由于"家族相似"(维特根斯坦的概念)的原因不用美这个词来形容这个事物,而用其他词语来形容,如用漂亮来形容等,但可以肯定的是,在事物通过其结构(含信息)及人体内的情-物联系应构出人的愉快情绪与对某种事物的积极情感之后,我们用美这个词来形容这个事物并不为错,因为,这时我们将没有任何理由认为,这时这个事物对这个人是不美的。

随着时间的推移,人们在将来也许还会提出新的美的观点,不过,这种状况也有可能在将来不再发生,因为美丽的美学已经把美的事物之所以的美的原因彻底弄清楚了。我们不能把美归结为数,归结形式,归结为内容,归结为合适与效用,归结为真与善,归结为理念,归结为人的本质力量,归结为典型,归结为人的心灵,归结为神等,美的事物之所以美,其原因是事物用它的结构与人体内的情-物联系应构出人的愉快情绪与对某种事物的积极情感,不管是数,是形式,是内容,是意味,是意境,是合适与效用,是真与善,是理念,是人的本质力量，是生活，是形象，是情境，是典型，是道，是神，是心灵，是思想，是道德，是伦理，是爱情，是生命，是简单，是对称，是和谐，是天人合一，是自然，是真与善等，它们都不过是可能与人的情绪或情感有一定的联系，都能通过某种结构与情-物联系应构出人的情绪或情感而已，它们本身都可能是美的，任何事物也都有可能因它们而美，但它们本身并不必然是美的，也都不必然使其他事物是美的。美并不只取决于审美对象，并不只取决于审美主体，也并不只取决于审美客体对审美主体的作用（作用有许多种），因此，我们不能只从事物身上找到美的原因，不能只从人身上找到美的原因，也不能只从事物对人的作用中找到美的原因，我们只能从事物对人的作用及其效果中来寻找原因，而这个原因就是事物通过其结构（含信息）及人体内的情-物联系应构出人的愉快情绪与对某种事物的积极情感。

最后，也许会有人认为，美丽的美学把美的原因最终归结为人的情绪与情感，这会贬低美的价值。会这样吗？不会，只要想一想，情绪与情感对于人的生存，对于人的生命，对于人类的交往，对于人类的生活与事业等的意义与作用，想一想情感的对象可以指向正义、真理、爱情、生命、人的品质、人类的未来等这些对人类极具价值的事物与现象，想到这些，我认为，任何人都不会认为美丽的美学把美的原因归结为情绪与有对象的情感会降低美的价值。

二、自然美的原因是什么？

用美丽的美学关于美的原因的看法，我们可以十分轻松地解决自然美问题。

关于自然美，朱光潜早在 20 世纪 50 年代曾经说过这样的话："'自然美'对于许多人是一大块绊脚石"[①]，后来李泽厚则说过这样的

① 转引自彭锋著：《美学的感染力》，中国人民大学出版社，2004 年 10 月版，第 191 页。

话:“就美的本质说,自然美是美学的难题。”①彭锋在《美学的感染力》一书中则说:“随着人们对自然环境的日益关切,自然美的问题,再一次成了当今美学讨论的热门话题。人们相信,通过对自然美的研究,可以为我们的环境保护提供一种可靠的依据。然而,随着研究的深入,人们发现自然美的问题不仅与环境保护有关,更重要的是与整个美学基本理论有关,也就是说,它将促使我们对流行的以艺术为中心的美学体系作出适当的修正和调整。”②

黑格尔对待自然美的抵触态度几乎是武断的,他在《美学》一书的一开始就说:“这些演讲是讨论美学的;它的对象就是广大的美的领域,说得更精确一点,它的范围就是艺术,或则毋宁说,就是美的艺术。”③并说美学“我们的这门科学的正当名称却是‘艺术哲学’,或者更确切一点,‘美的艺术的哲学’”④。他宣称:“根据‘艺术的哲学’这个名称,我们就把自然美除开了。”⑤“艺术美高于自然。因为,艺术美是由心灵产生和再生的美,心灵和它的产品比自然和它的现象高多少,艺术美也就比自然美高多少。从形式看,任何一个无聊的幻想,它既然是经过了人的头脑,也就比任何一个自然的产品要高些,因为,这种幻想见出心灵活动和自由。就内容来说,例如,太阳确实像是一种绝对必然的东西,而一个古怪的幻想却是偶然的,一纵即逝的;但是,像太阳这种自然物,对它本身是无足轻重的,它本身不是自由的,没有自意识的;我们只就它和其他事物的必然关系来看待它,并不把它作为独立自为的东西来看待,这就是,不把它作为美的东西来看待。”⑥

---

① 李泽厚著:《美学四讲》,生活·读书·新知三联书店,2004年3月版,第74页。
② 彭锋著:《美学的感染力》,中国人民大学出版社,2004年10月版,第188页。
③ 黑格尔著:《美学》第一卷,朱光潜译,商务印书馆,1979年1月版,第3页。
④ 同上,第3-4页。
⑤ 同上,第4页。
⑥ 同上,第4-5页。

与黑格尔对待自然美的消极态度大相径庭的是，许多伟大的艺术家都认为，不是艺术高于自然，而是自然高于艺术，艺术家要向大自然学习。达·芬奇在评价绘画这门艺术时说："绘画的确是一门科学，并且是自然的合法的女儿，因为它是从自然产生的。"①他还认为，画家"应当将镜子拜为老师，在许多场合下平面镜上反映的图像和绘画极相似"②。罗丹则更加斩钉截铁地说："我服从'自然'，从来不想命令'自然'。我惟一的欲望，就是像仆人似的忠实于自然。"③他还说："艺术上的惟一原则，是把看见的东西抄录下来。希望贩卖美学的人别生气，任何别的方法都是有害的，没有任何其他的方子可以美化自然。"④

为什么自然美的问题会成为许多美学家的"一大块绊脚石"呢？彭锋的说明可谓一针见血："在以艺术为中心的美学体系中，艺术美的来源问题是很好解释的，艺术可以被视为审美观念、审美趣味的集中反映。艺术之所以美，其根源在于艺术家那里，在于艺术家在创作艺术作品时就将它设计为美的。自然物不是人类创造出来的。如果按照上述对艺术美的来源的解释，自然美的来源问题就被整个地切断了，因为，我们根本不知道自然物是怎么产生的，也不知道自然物究竟是谁创造出来的。我们既不能依据观念的高低，也不能依据技巧的好坏来判断自然物的美丑。如果我们的思想文化中有上帝的观念的话，很容易将自然美归结为上帝造物时的审美观念的反映。如果我们接受这种观念的话，就会产生另一个令现有的美学理论更加困惑的问题，即随后将要讨论的自然美的等级或层次问题。因为，既

---

① 列奥纳多·达·芬奇著：《达·芬奇论绘画》，戴勉编译，广西师范大学出版社，2003年3月版，第5页。

② 同上，第39页。

③ 奥古斯特·罗丹口述　葛赛尔记录：《罗丹艺术论》，沈宝基译，广西师范大学出版社，2002年10月版，第23页。

④ 同上，第26页。

然所有的自然物都是上帝创造出来的，它们就应该具有同样的审美价值。这一点令现有的美学理论难以接受，因为现有的美学理论更多的是要教人进行等级区分。”①

面对自然美的问题，李泽厚曾经用“自然的人化”说来进行解释。怎样理解“自然的人化”呢？他首先教我们“应该站在一种广阔的历史视野上理解‘自然的人化’”②。并说：“在狩猎的时代或狩猎的原始民族中，大概只有某些种类的动物成为人类活动和意识的对象，其他的自然世界不是与人无关（如山水花鸟），便是与人敌对（如雷电烈日）。农业社会之所以是人类历史的最大进展也正在于它使人类安居，并循天时（季候、昼夜）、地利（水土山河）而延续着巩固着秩序化的生活，众多自然事物和整个大自然逐渐成为人类生活活动的真正的客观环境、条件、资源、工具，从而成为对象。这虽然还不是审美对象，却是它们日后成为个人审美对象的前提、基础和根源，即是说，它们（自然界和广大自然对象、事物）开始获有了美的本质，具有了审美性质。”③

李泽厚从历史角度来探讨自然事物是如何成为美的事物的，这个思路是完全可以的，只是“人化”这个概念太具哲学意味了，用它来解释自然事物何以是美的就显得太不具体、太笼统，甚至会引起人的误解，如“人化”到底是怎样发生的？它的精确的与科学的过程又是什么？实际上，当我们在审美时，我们能够体验和观察到我们自身的许多变化，包括当时的情绪与情感以及其后我们的语言、行为等方面的变化，可我们却从没有看到审美对象发生了什么变化；另外，当我们在美的自然景物和人造的艺术作品面前进行美的欣赏时，我们也从来没有被允许对这些自然景物和艺术品擅自作任何的改动与变

---

① 彭锋著：《美学的感染力》，中国人民大学出版社，2004 年 10 月版，第 192 页。
② 李泽厚著：《美学四讲》，生活·读书·新知三联书店，2004 年 3 月版，第 76 页。
③ 同上，第 77 页。

化。因此，笔者认为，“自然的人化”这个概念虽可勉强解释一些情-物联系的来源，但它并不能科学地解释自然美的原因，特别是不能解释人们为什么往往会在一瞬间内产生美感，以及同一自然事物为什么会对不同时期与场合的同一个人产生不同的美感等问题。另外，“人化”这个概念不能解释新事物与创造性的事物为什么也能激发人们的情绪、情感与美感这个问题。

那么，美丽的美学是如何解释自然美的问题的呢？实际上，在美丽的美学看来，无论是把自然美看成是高于艺术美，还是把艺术美看成是高于自然美，两者都是偏颇的，都是由于没有弄清美的事物之所以美的原因所造成的，而用“自然的人化”来解释自然美也是很牵强的。

按照美丽的美学关于美的定义，自然美与艺术美是平等的，它们使人产生美感的过程与机制是完全一样的。它们都有结构，它们美不美都要看它们能不能通过其结构与人体内的情-物联系应构出人的愉快情绪与对某种事物的积极情感。由于自然事物是自在自为的存在着的，它们总是有结构的，它们也都能对人发生一定的应构作用，因此，如果人有了一定的情-物联系，某一自然事物又通过其结构与人体内的情-物联系应构出了人的愉快情绪与对某种事物的积极的情感，那么，这时的这个自然物对这个人就是美的了。

那么，人体内人与自然之间的情-物联系又是怎样形成的呢？这是与时代、环境、经历、教育、劳动、实践等有关的，前面李泽厚用来说明“自然的人化”这一概念时所举的那些具体事例都能说明自然事物与人的情绪、情感之间的情-物联系的来源。实际上，用不着看过去，就看今天，我们也能看出人与自然之间的情-物联系的大体的形成过程。在今天，一方面由于人们逐渐认识到自然对于人的生存的意义，另一方面由于人对自然的过度掠夺、破坏、污染等对人类生存环境的伤害和威胁，再一方面加上人与人之间的关系日益紧张，因此，今天的人类对于自然的感情日趋敏感与加深，进而越来越多的人们也就从自然中发现越来越多的美,人们也就发现自然美越来越重要了。

下面让我们结合梅花这一自然事物来考察一下自然美。

我们知道,梅花具有几个非常独特的品性:一,不畏严寒;二,花朵很小但能发出暗暗的幽香。正是由于人们观察与认识到了梅花的这几个特性,因此,就有许多人非常敬佩与喜欢梅花,并以梅花为美了。例如,王安石就赞赏道:“墙角数枝梅,凌寒独自开。遥知不是雪,为有暗香来。”在对梅花特性观察与了解的基础上,有人更把梅花拟人化,认为梅花具有人的一种高贵的气节,并以此来赞美梅花,例如,陆游就赞美道:“雪虐风号愈凛然,花中气节最高坚。过时自会飘零去,耻向东君更乞怜。”王冕也不例外:“冰雪林中著此身,不同桃李混芳尘。忽然一夜清香发,散作乾坤万里春。”这类诗词还有很多,这里就不一一列举了,但可以肯定的是,正由于人们对梅花及其特性的喜欢与赞赏,因此,才有许多人认为梅花是美的。

当然,自然美与艺术美还是有区别的,自然美有其独特的品质,如自然性、野性、原始性等,而艺术美也有其独特的品质,如创造性、思想性、目的性等。另外,自然美仅仅是一种自然美而已,而艺术美却可以表现和反映自然美,并还可以反映和表现与人的社会性有关的美,如语言美、行为美、人性美、爱情美、思想美、品德美等,艺术美可以让人们欣赏到更多的美。关于自然美与艺术美的区别和关系,笔者相信读者从上面笔者所列举的几首咏梅诗也能看得出来。不过,不管自然美与艺术美有多大区别,自然美与艺术美仍然是平等的,它们都是美的世界中的一分子,它们虽各有其特点,但它们都能给人以无穷的美感,它们都有存在的价值,都值得人们尊重与保护。

总之,美丽的美学在根本上给予了自然美和其他形式的美以相同的原因、机制及平等的地位,在美丽的美学看来,自然美的原因、资格与地位等问题根本不是什么难题,而这是其他许多种美学所难以做到的。

三、科学美举例

研究过康德美学或哲学的人都知道，康德在《判断力批判》中提出了四种美的定义，其中第二种与第四种定义分别为："凡是那没有概念而普遍令人喜欢的东西就是美的。"①"凡是那没有概念而被认作一个必然愉悦的对象的东西就是美的。"②于是，有人认为美是不需要借助于概念的。事实是这样的吗？是某些美不需要借助于概念还是所有的美都不需要借助于概念呢？让我们以此为契机来谈一谈科学美。

在一般的美学著作中，人们很少提到科学美，但美丽的美学适用于一切审美的人及一切被人称为美的事物。在美丽的美学看来，科学美同样适合于美丽的美学之美的定义，即所谓科学美就是美的科学结论或公式，它们都有结构（如果科学结论或公式是正确的，那么它们的结构在本质上就是客观物质世界的某一方面的结构的对应物），在它们通过其结构（含信息）及人体内的情-物联系应构出人的愉快情绪与对某种事物的积极情感（通常是对于科学的惊叹、好奇、兴趣等）之后，它们就是美——科学美——与美的。只是人们在欣赏科学美时，人们需要借助于概念及有关的科学思想。下面让我们以爱因斯坦质能方程 $E=mc^2$ 为例，看一看情况是不是这样。

$E=mc^2$ 是爱因斯坦狭义相对论的一个推论，许多有一定科学素养的人都觉得它很美，但一般人呢？恐怕就很少有人觉得它美了。这是为什么呢？那些觉得它美的人是因为它对称吗？可惜它并不具有严格的对称性；是因为它简单吗？可惜它又不是最简单的，有许多数学和物理公式比它简单多了。那么那些觉得它美的人是如何从中获得美感的呢？作为普通人，我们又该如何从中获得美感呢？下面

---

① 康德著：《判断力批判》，邓晓芒译，人民出版社，2002 年 12 月第 2 版，第 54 页。

② 同上，第 77 页。

就请读者随着笔者的思路来欣赏它吧。

首先,我们要知道公式中各个字母所代表的概念,并要理解其含义。公式中,E 代表能量,m 代表质量(指物质的多少),c 代表真空中的光速,且 $c=3\times10^8$ 米/秒。按照这个公式,两个鸡蛋(质量约 100 克)其所蕴含的能量约为 9×10^{15} 焦耳。而 1 焦耳是多大的能量呢?这个数值约等于把两个鸡蛋从地面举高 1 米所需的能量。这也就是说,两个鸡蛋所蕴含的能量足以把其自身举高 1 米达 9×10^{15} 次之多。若我们 1 秒钟能举一次,那我们要举 2—3 亿年才能完成,其数量之大,足以用康德所理解的一种崇高来形容。

其次,我们要知道它的应用。众所周知,在第二次世界大战中,日本军国主义在遭受东京大轰炸之后仍不肯投降,结果美国分别在广岛和长崎投下两颗原子弹,这才迫使日本投降。为什么原子弹具有这么大的威力呢?其原理就是 $E=mc^2$!另外,为人类带来了无限光和热的太阳已经存在了几十亿年,其所发出的巨量的光和热是从哪里来的呢?就是依据 $E=mc^2$,通过亏损自己的质量来发出它的光和热的。

亲爱的读者,以上两个事实能否让您感到 $E=mc^2$ 这个公式的威力呢?

再次,我们要知道它的背景。1905 年,爱因斯坦一连发表了五篇论文,其中一篇就是狭义相对论。而当时的物理学是什么状况呢?这就是,人们以为物理学大厦已经完善了,今后的物理学只需在实验数据的后面增加小数点的位数就行了。偏偏就在这个时候,普朗克提出了量子的概念,而爱因斯坦则提出了相对论,其中 $E=mc^2$ 就是相对论的一个推论。对于相对论,据说在当时全世界数以亿计的人口中,只有 12 个半人能理解。现在我们已经知道,相对论和量子力学使得整个物理学乃至整个科学领域都发生了翻天覆地的革命。亲爱的读者,了解了这一些,您是否感到 $E=mc^2$ 很神奇呢?您是否会对它肃然起敬呢?您是否会感到爱因斯坦真的很伟大呢?

哦，够了，用不着我再介绍有关相对论的知识了，综合以上的知识，我们应该能从 $E=mc^2$ 中获得一些美感或者会比单纯地从公式本身获得更多、更深刻的美感。如果有人说他还是没能从 $E=mc^2$ 与上述内容中获得任何美感，那么，我要说，这是由于他没能充分理解 $E=mc^2$ 这个公式，也就是说，这种情况不但不能否定笔者在前面所提出的观点，相反，还证明了笔者的观点。

总之，科学美同样适合于美丽的美学之美的定义的，并且虽然欣赏大多数的美，人们并不需要借助于概念，但对于科学美，我们还是需要借助于概念才能欣赏的。当然，对于科学美的欣赏，只借助于概念来应构可能是不够的，我们还需要借助于联想、想象等应构方式，但可以肯定的是，如果我们不借助于概念，不借助于对概念的理解，那么，我们就不能获得对于科学的美感，或者我们只能获得对于科学的肤浅的美感。

实际上，我们在欣赏其他形式的美如艺术美时也常常需要借助于概念，特别是在对审美对象进行理性分析时更是如此。当然，尽管艺术（含文学）是人有意识创作的，艺术的创作需要思想，但艺术并不是为了借助概念、为表现创作者的思想与意识而存在的，就像人们上街买菜也具有思想但买菜并不是为表现思想一样，因此，艺术（含文学）不必借助概念而使创作者的思想与意识昭然若揭、明白无误。

四、悲剧为什么有可能是美的？

在美学中，悲剧美被认为是美的一种重要形态，关于悲剧美的原因，从古至今有许多理论与学说对其进行了解释与说明，这些理论与学说有净化说、矛盾和解说、距离说、生命说等。我不想在这里全面介绍与评价这些学说，也不想全面介绍美丽的美学关于悲剧的理论，我只想结合一些具体事例，让读者看一看美丽的美学是如何解释悲剧为什么也可能是美的这个问题。

众所周知，在现实中特别是在艺术中，有许多让人感到悲伤的事物与现象被人认为是美的，这是为什么呢？美丽的美学能解释这种现象吗？这种现象与美丽的美学之美的定义相矛盾吗？

按照美丽的美学之形容词美的定义，一个事物如果凭借其结构与人体内的情-物联系应构出人的愉快情绪与对某种事物的积极的情感，那么，这个事物就会被人称为美的，因此，如果美丽的美学能够解释令人悲伤的事物或现象也可能是美的，那么美丽的美学就必须能解释令人悲伤的事物或现象，也能使人愉快并使人产生针对某种事物的积极情感，然而，这又该如何解释呢？

首先，我们要知道，悲伤的情绪与情感是可以通过情-情联系（一类特殊的情-物联系）向积极的情绪与情感转化的。这种转化在日常生活经验中是经常发生的，例如，我们在看到或听到一件令人悲伤的事件之后，我们常常很自然地产生同情与怜爱之心，对于异性有人甚至能产生爱情。2008 年在我国汶川发生大地震之后，巨大的悲伤情绪笼罩着全国甚至波及整个世界，然而，在此之后，许许多多的人都表现出巨大的爱心，这应该也是一个非常具体的、让人印象深刻的有力实例。在艺术中，我想，《红楼梦》中的林黛玉是最好的例子。我不知道到底有多少人对林黛玉具有或者曾经有过怜爱之心，但我知道，这个数字一定是个天文数字。

正是因为悲伤的情绪与情感是可以通过情-情联系向积极的情绪与情感转化的，因此，艺术就可以采用悲剧题材而不必全部采用正面题材、积极题材或喜剧题材来使人获得美感，并且，悲剧艺术让人越悲伤，那么，由悲伤情绪与情感转化而来的积极的情绪与情感可能会越强烈，艺术的美感效果会越好。

让我们再来看几个具体的悲剧美的事例：

电影《魂断蓝桥》无疑是一部悲剧，但我们可以认为影片讲述了一个凄美的爱情故事。为什么我们可以这样认为呢？

女主人公玛拉与男主人公罗依在防空洞里邂逅并产生爱情，之后，罗依去了战场，而玛拉却接连遭遇失业、生病等打击，在惊闻罗依阵亡的假消息后，玛拉为生活所迫又沦落风尘。后来罗依出人意料地活着回来了，这让玛拉又惊又喜，然而，此时的玛拉已经不是以前的玛拉了，已经不是那个纯洁、唯美的玛拉了，她"意识到自己曾经沦落风尘的经历将不会被罗依家族所容，并因此给深爱自己的罗依带来巨大伤害"①，因此她选择了自杀这条绝路。

玛拉的选择与自杀除了给人以强烈的悲痛感之外，难道我们就没有对玛拉的纯洁与善良感到过欣慰吗？我们不是希望和需要人要有纯洁与善良这样的品质吗？试想一下，如果玛拉选择苟且偷生，我们的感受又将如何？从人的生命角度来看，玛拉不该那么傻，她可以有多种选择，如选择离开等，但影片让玛拉选择了自杀，这是为什么呢？就是为了突出玛拉的优良品质。因此，在我们看过这部影片之后，在伤心叹息之后，我们对玛拉的善良、纯真、勇敢是表示敬佩的(她为了自己，可以沦落红尘，但为了她心爱的男人却选择了不归路，这不令人感动与敬佩吗?)，我们还是能够产生愉快情绪及对纯真、忠诚、善良等品质的积极情感的，这就是说，人们由此认为《魂断蓝桥》具有悲剧的美是很有道理的。

在许多悲剧艺术作品中，其结尾是大团圆式的。这种结尾方式常常受到一些人的批评，但笔者认为，这反映了艺术创作者的良好愿望，因为，这种结尾方式可以让人获得安慰、信心等情绪与情感。这里值得一提的是我国民间关于梁山伯与祝英台的爱情故事以及据此而创作的一些戏曲、音乐与影视作品，这个故事是悲剧性的，据此而创作的一些戏曲、音乐与影视作品也是悲剧性的，但这个故事与据此而创作的一些戏曲、音乐与影视作品，其最后的结尾都是两人变成了美丽、自由的蝴蝶。这是非常巧妙、非常浪漫、非常美丽的，为什么呢？因为这种结尾方式不仅让人们不再悲伤，而且这更是让人们对纯真的爱情充满了信心与向往。我们知道，梁祝的故事在中国已经

① 孙宜君著:《影视艺术鉴赏学》,中国广播电视出版社,2002年6月版,第234页。

流传了一千多年，而陈钢与何占豪根据这个故事所创作的小提琴协奏曲《梁祝》也已经成了一个不朽的经典。

其次，我们知道，一旦悲剧性情绪与情感被激发出来，人就会处于高度兴奋状态，但随着悲剧性事物或现象的消失或随着时间的流逝，这些情绪与情感会慢慢消退，而随着这种情况的发生，人就会产生舒适感甚至是愉快感——这也可视为一种由悲剧应构出来的结果。在实际中，人们常常在极度悲伤之后通过抹一把眼泪或其他方式如吼叫等把悲伤情绪与情感宣泄掉，这样人就舒适多了。与此类似，悲剧性艺术在使人产生悲伤情绪与情感之后，这些情绪与情感也会通过流泪与其他方式宣泄掉，这样，人也会感到舒适甚至愉快。

再次，虽然人是有感性的，但人也是有理性的，因此在人经历过或观察到一件悲剧性事件之后，人会继续进行思考和总结，会探究悲剧发生的原因——这个过程也可看成是由悲剧应构出来的，而一旦人自认为找到了悲剧发生的原因之后，尽管这个原因可能并不准确或不为他人所认可，但他仍然会因为他自认为找到了悲剧发生的原因而产生愉悦感。在现实是这样，在欣赏悲剧性艺术时，人们也会因为找到悲剧发生的原因而沾沾自喜。另外，人们还会因为艺术作品能够让人流泪、能让人悲伤而为艺术创作者的创作能力、艺术作品的创作方法或创作技巧叫好。

关于悲剧为什么能够激发人们的美感，李斯托威尔在《近代美学史评述》中的一段话对美丽的美学也是一个很好的补充性说明："感情上适当的刺激，哪怕是剧烈的痛苦和不安，也要比感情上的单调无味和纯粹的无动于衷更能给人带来快感。"[①]"无可置疑，悲剧在观赏者身上所产生的是一种'混合的感情'，快乐和痛苦交融在一起的感情。在这种感情之中，归根到底，还是快乐占优势。悲剧的景象是痛

---

① 李斯托威尔著：《近代美学史评述》，蒋孔阳译，安徽教育出版社，2007年4月第2版，第231页。

苦的，这很容易令人理解。只要考虑到我们对英雄所受的痛苦的同情——不是亚里士多德所说的怜悯和恐惧，这种怜悯和恐惧是替受难者所感受到的感情，而不是同受难者一道所感受到的感情——以及考虑到某些显然是有价值的东西的毁灭对我们最大的期望所引起的剧烈的震动，就足以说明了。然而，悲剧所带来的无上的喜悦却常常更难于说明。但不管怎样，当把我们自己提高到这些特殊人物的水平上的时候，哪怕只是一会儿，我们都有一种自然的普遍的满足。这时，我们懂得了作为一个最充分的意义上的人是怎么一回事。此外，我们看到一种比苦难还要坚强得多的灵魂，看到一种没有东西可以摧毁的勇气，从而振作起了我们自己的精神。”[①]从中我们不难发现，李斯托威尔的观点与笔者的观点多少有点相似，只是他没有运用应构与情-物联系这两个概念而已。

总之，在美丽的美学看来，悲剧为什么也可能是美的这一问题并不神秘，也并不太难，这一问题是能得到美丽的美学的很好解释的。悲剧美的原因与一般美的原因完全相同，只是在人们认为悲剧是美的之前，人们先经历一个悲的过程而已。在实际中，许多艺术家为了加强悲剧艺术的效果，可以说是使出浑身解数，也可以说是各显其能，有的是加强矛盾冲突，如使用家庭与国家的矛盾、使用理想与现实的矛盾、使用欲望与伦理的矛盾等，有的让悲剧故事先美妙动人后转为悲惨异常，有的则把多种元素综合在一起，如把爱情与灾难元素组合在一起（电影《泰坦尼克号》就是如此）等。只要悲剧在最后能通过其结构与人体内的情-物联系应构出人的愉快情绪与对某种事物的积极的情感，那么，这个悲剧就会被人认为是美的。当然，并不是所有令人悲伤的事物与现象都会被人认为是美的。在实际中，人们遇到悲剧性事物或现象时，人们会压抑或隐藏宣泄与思考后的愉快

---

① 李斯托威尔著：《近代美学史评述》，蒋孔阳译，安徽教育出版社，2007 年 4 月第 2 版，第 230 - 231 页。

情绪,因为,这是不人道的,人们是不愿意悲剧真实发生的,这样,这些令人悲伤的事物与现象就不可能是美的了。即使在舍己救人的英雄事件中,我们也只是赞美英雄而不会赞美整个事件,因为,我们并不会为需要英雄而希望一个悲剧性事件发生。但在艺术中,情况就不同了,由于悲剧性的事物与现象并不能真正对人造成伤害,因此,人们也就允许悲剧艺术的存在了,并会可能认为某部悲剧艺术很美。我们不必害怕悲剧艺术,我们更不能想当然地认为悲剧艺术作品会暗示或预示某种悲剧会在现实世界中真实地发生,因为,艺术就是艺术,上帝并没有设定艺术必须具有预言或预测的功能、必然暗合某种事件。

第五章

美的标准

美丽的美学之美的定义是这样的：美有两种不可互相替代的种类——名词美与形容词美，前者是指事物的一种结构，后者是指事物的一种性质，在一个结构通过人体内的情-物联系应构出人的愉快情绪与对某种事物的积极情感之后，这个结构对这个人来说就是美与美的。按照这个定义，也许有人要说这个定义不能使人区分出美与丑、不能使人趋美避丑。事实是这样吗？到底什么是丑呢？美丽的美学该如何引导人们趋美避丑呢？这就涉及美的判定标准了。

所谓美的判定标准就是人们在判定事物是否是美的时候所依据的标准。实际上，任何美的定义都提供了一种美的判定标准，这是因为，如果我们把美定义为 x 的话，那么这就相当于我们列出了一个数学等式：美 = x，根据数学上有关方程的法则可知，如果我们有美 = x，那么我们就应有 x = 美，因此，有了美的定义也就有了美的判定标准。但美的定义太过严肃，如果人们在实际生活与审美活动中有一个简单的、具有可操作性的美的判定标准，那不是很好吗？

另外，众所周知，不同的美的事物有美的程度上的差别，这也就是说，美的价值有大有小，那么我们应该如何判定美的价值大小呢？在本章，我们还将讨论美的价值标准这个问题。

第一节　美的判定标准

一、美的共同的判定标准

谈到美的判定标准，说起来很是让人感到奇怪，尽管以往人们为美下了许许多多的定义，但是对美的判定标准问题却很少有人直接谈到。在康德的《判断力批判》中，我们看不到“美的判定标准”这样的字眼，在黑格尔的《美学》中，我们也看不到，不过笔者在杨辛、甘霖所著的《美学原理》一书中还是看到了一句这样的文字：“美是有客观标准的，美感也是有客观标准的。”[①]然而美的客观标准是什么呢？笔者翻遍该书也找不到明确的答案。

是美的标准不存在还是美的标准问题不重要？亦或是那些对美下过定义的人对自己没有信心？笔者认为，不是美的标准不存在——任何人都能在他所生活的环境中，在他所能直接或间接地感觉到的范围内，包括在用望远镜看到的宏观世界与用显微镜看到的微观世界里发现美、感受到美，没有一个一般的、普适的美的判定标准，这是不可想象的，如果真是没有一般的、普适的美的判定标准，那么，人们就无法判定这些事物是美还是不美，这正如狄德罗曾经质问过的：“如果趣味是一种变化无常的东西，如果美没有任何规则的话，那么，当我们看见一种震天撼地的现象，或者听到一段震古烁今的事迹的时候，在我们心灵深处突如其来地、不由自主地涌起浑身通泰的激情，使我们心花怒放或者心摧气结，使我们泫然落下欢乐的、

① 杨辛　甘霖著：《美学原理》，北京大学出版社，1983年7月版，第344页。

悲伤的、钦佩的眼泪，这些激情是从何而来的呢？”①

是美的标准问题不重要吗？也不是，如果我们有了美的判定标准，那么，我们就可以很方便、很准确地判定事物美与不美，这不是很重要吗？

那么，到底是什么原因导致人们对美的标准问题避而不谈呢？笔者认为，这是由于美的判定标准把美的定义、美的本质等直接放在人们的面前，美的定义正确不正确、有效不有效在美的标准问题上一目了然，而许多人恰恰就是由于对自己的美的定义并不是十分的有信心，因此，人们也就终于不讨论美的标准问题了。

在历史上，千百年来美的定义不计其数，但终究没有人能够为我们提供一个明确的、具有普遍性与可操作性的判定事物美与不美的标准，但是，这种状况从美丽的美学开始有可能将会终结，因为，美丽的美学能够提供这样的标准，借助这个标准，任何人在任何场合都可以简单而方便地判定一个事物到底是美的还是不美的。这是美丽的美学所特有的自信，那么这个标准到底是什么呢？

实际上，任何美的定义都提供了一种美的判定标准，因此，既然美丽的美学已经为美下了一个确切的定义，那么美丽的美学也就为我们提供了一个美的判定标准。根据美丽的美学关于美的定义，我们可以推知，如果一个事物通过其结构及人体内的情-物联系应构出人的愉快情绪与对某种事物的积极情感，那么，这个事物对这个人来说就是美与美的。这虽是美的定义，但也是美丽的美学为人们所提供的判定事物美与不美的标准。

由于美丽的美学认为其美的定义是一般的与普遍的，因此，美丽的美学也就认为上述美的判定标准是一般的与普遍的，即这个标准是任何人在任何场合都在执行的标准，是不随人、时间与场合的变化

① 狄德罗著：《狄德罗论绘画》，陈占元译，广西师范大学出版社，2002年12月版，第137页。

而变化的，是一个共同的、平等的、公正的因而也是客观的标准。同时，这个标准又是一个具有可操作性的标准，人们只要根据自己有没有被事物应构出愉快情绪与对某种事物的积极情感，人们就可以判定这个事物是不是美与美的。如果一个事物能通过其结构及某个人人体内的情-物联系应构出他的愉快情绪与对某种事物的积极情感，那么，这个事物对他来说就是美与美的；反之，如果一个事物未能通过其结构及人体内的情-物联系应构出人的愉快情绪与对某种事物的积极情感，那么，这个事物对这个人来说就不是美与美的。读者现在就可以用这个标准来判定某个事物是不是美与美的，并进而确定美丽的美学所给出的美的判定标准是否有效与正确。

上述美的标准也被美丽的美学称为美的共同标准，笔者认为，它是我们每个人在判定事物是否是美的时候所采用的标准，古今中外莫不如此、无一例外。

尽管美丽的美学已经给出了美的共同的判断标准，但人们又常说美有个人标准，人们不是常说我们每个人都有每个人的审美趣味吗？例如，关于女性之美的标准就有国别之分："中国女人：典雅为美"、"韩国女人：整容为美"、"美国女人：性感为美"、"芬兰女人：参政为美"、"西班牙女人：力量形体为美"①等，而波德莱尔则说过这样的话："人们可以肯定，既然各个时代、各个民族都有各自的美，我们也不可避免地有我们的美。这是正常的。"②那么这是怎么一回事呢？什么是美的个人标准？美的个人标准或特殊标准是怎么形成的？它与美的共同标准是什么关系？

实际上，美的共同标准是存在的，美的个人标准或特殊标准也是存在的。那么美的个人标准是怎么形成的呢？答案是，美的个人标

---

① 余明阳　李元根著：《美女经济》，广东经济出版社，2004年9月版，第73－75页。

② 波德莱尔著：《波德莱尔美学论文选》，郭宏安译，人民文学出版社，2008年10月第2版，第272页。

准或特殊标准是由于人们把事物应构出人的愉快情绪与对某种事物的积极情感的原因归结为事物的某一个因素或个人的审美趣味而形成的，这正如美国著名美学家门罗就艺术品对人的反应所说的："人们有一个共同的特征，这就是在他们的心目中和言谈中，总爱把艺术作品对人产生的作用看成是艺术品本身所具有的一些能够刺激人的情感的固有性质。"[①]"艺术作品的结构是决定反应的本质的两种主要因素之一(另一个因素是观赏者的个性)。"[②]尽管如此，美的共同标准还是隐藏在美的个人标准或特殊标准之中，也就是说，美的特殊标准与共同标准是同时存在的，而这并不必然导致矛盾，只是美的个人标准或特殊标准并没有一般性，而美的共同标准则有一般性或普适性。

让我用一个具体的事例来做一个说明，例如，就女性身材的美而言，现代人是以瘦为美，而唐代人则以胖为美，这是为什么呢？答案是，由于现代的人们认为女性身材的美是由于瘦引起的，因此，瘦与不瘦就成了现代人判定女性身材美与不美的个人的与特殊的标准，而唐代人以胖为美则是由于唐代人认为女性身材的美是由胖引起的，因此，胖与不胖也就成了唐代人判定女性身材美与不美的个人的与特殊的标准。而实际上，无论是唐代人还是现代人，人们判定事物美与不美的标准都是事物有没有应构出人的愉快情绪与积极情感。那么，又是什么原因促使现代人与唐代人形成了不同的美的特殊标准呢？这是由于唐代人与现代人的情-物联系不同并把美的原因分别归结为胖与瘦而产生的。很显然，尽管有时美的个人标准或特殊标准可能会为许多人所接受，甚至会成为一个国家、一个时代所流行的时尚，但美的个人的与特殊的判定标准终究不是普遍、永远有效的，终究是没有一般性的，因而，也是不能作为美的普适的判定标

---

① 托马斯·门罗著：《走向科学的美学》，石天曙 滕守尧译，中国文联出版公司，1985年1月版，第26页。

② 同上。

准的。

实际上,历史上有人把美归结为合用,归结为和谐,归结为对称,归结为形式,归结为内容,归结为理念,归结为人的本质力量,归结为典型,归结为形象,归结为自然,归结为真实等,而在美丽的美学看来,这些都是美的个人标准与特殊标准,都不具有普适性,在这些个人标准或特殊标准的背后,事物有没有应构出人的愉快情绪与对某种事物的积极情感才是判定事物美与不美的一般标准或普适标准。

那么从理论上来说,为什么美的个人标准或特殊标准不能作为美的共同标准呢?笔者认为原因有四:

1. 因为一个事物能不能被称为美或美的,首先取决于事物,其次取决于审美的人,再次取决于事物对人的应构过程,因此,把事物美与不美的原因归结为其中的任何一个方面都是没有普遍性的,都是不正确的。

2. 因为事物的美常常是由事物的多个因素共同作用的结果,因此,如果我们要从事物身上寻找事物美的原因,那么,我们就不能把这个原因只归结为事物中的某一个因素。例如,当我们确定某个事物是美的时候,我们并不能把其中的原因只归结为这个事物是符合某个比例的,等等。

3. 一个事物总是由多方面与多层次的结构所组成的,而这些结构都有可能(仅仅是可能)应构出人们的美感,但不同的人或在不同场合下的同一个人,其美感可能是由不同的结构应构出来的,因此,当一个人把这个事物确定为美的时候,他所总结的原因就很可能与其他人所总结的原因不相同,例如对于一幅画,可能有人认为它的色彩很美,有人可能认为它的线条很美,而有人则认为它的布局很美等。

4. 由于结构总是贮存着很多信息,而这些信息也会通过情-物联系应构出人的情绪与情感,因此,也就有人把事物的美归结为从结构透露出来的某一信息或某些信息,如在艺术作品中,有人会把作品的美归结为人物形象、有人会把作品的美归结为环境,甚至有人会把作品的美归结为创作者的思想、创作者的创作方法与创作技巧等，由于每个人所总结的原因可能不同，因此，也就形成了各自不同的看法与标准。

以上就是美的个人标准或特殊标准不能作为美的共同标准的原因所在，同时，也正是由于上述那些原因，因此，虽然美的判定有共同的标准，但这不等于某一事物对任何人在任何时候都是美或美的，这就如同工厂对产品虽然有共同的标准但最终各个产品并不都能达到共同的标准一样。

长期以来，人们由于一直没有找到美的共同的、普遍的判定标准，就认为美的判定只有个人标准或特殊标准而没有共同标准，并认为“谈到趣味无争辩”，但实际上，美的共同的、普适的判定标准是存在的，并且这个共同的、普适的判定标准就存在于各个人的个人标准或特殊标准之中，或者说美的共同标准就隐藏在美的个人标准或特殊标准的背后，在我们每个人的个人的与特殊的美的判定标准之中，都包含了美的共同的判定标准。我们在审美时，我们会执行个人的与特殊的美的标准，但同时也一定都会执行美的共同的判定标准。

二、美与真、善的关系

在美丽的美学给出了美的一般判定标准之后，让我们接着来看美与真、善的关系。

历史上，人们关于美与真、善的关系也是众说纷纭，莫衷一是，但在美丽的美学给出了一般的美的判定标准之后，不用多少文字说明，美与真、善的关系就自行、简单地显现出来了，并且如同一潭静水一样，清澈见底。具体说来，美与真、善的关系表现为下列两个方面：

1. 美与真、善是不同的

关于美与真、善的关系，波德莱尔曾经颇为激烈地说道：“一块来自日内瓦、波士顿或地狱的浓重的乌云遮断了美学太阳的美丽光线。那个真善美不可分离的著名理论不过是现代哲学胡说的臆造罢了(真是一种奇怪的传染病,大家都用莫名其妙的语言说明那些荒唐的念头!)。精神追求的不同目标要求与之永远相适应的不同功能。有时候,某种目标只要求一种功能,有时候它要求各种功能,这种情况很少见,但对各种功能都要求相同的数量,这种情况却绝不会有。还应该看到,一种目标要求的功能越多,它就越不高贵,越不纯粹;它越是复杂,就越会生出杂种。真是科学的基础和目的,它主要是要求纯粹的智力……善是道德追求的基础和目的。美是趣味的惟一的野心和专一的目的。"①

那么美丽的美学是如何看待波德莱尔的观点呢?答案是,美丽的美学非常赞同波德莱尔的美与真、善不同的观点,在美丽的美学看来,真有真的标准,善有善的标准,美有美的标准,真、善、美是互为独立的,即真的、善的不一定是美的,美的也不一定是真的或善的,或者说,美的可能是真的,也可能是假的;可能是善的,也可能是不善的,反之也一样,即真的与善的可能是美的,但也有可能不是美的。

真的不一定是美的这样的实例就太多了,例如罪犯及其行为等就是如此,善的也不一定是美的,例如在《农夫与蛇》的故事中,农夫的行为一般不会被人称为美的;再如,在敌友十分对立的情况下,一个人对敌人的善在自己人看来就不可能是美的。美的不一定是真的,例如艺术中的一些虚构、生活中一些善意的谎言等;美的也不一定是善的,例如骗子在被识破之前,他们的花言巧语对受骗的人来说就很美,等等。

总之,美不等于真,也不等于善,反之亦然。

2. 美与真、善是可以统一于一个事物的

由于真、善、美是互相独立的,又由于它们都是对某一事物的判定,因此,尽管美与真、善是不同的,但它们仍是可以统一于一个事物

① 波德莱尔著:《波德莱尔美学论文选》,郭宏安译,人民文学出版社,2008年10月第2版,第67页。

的，即一个事物可能是真的、善的，但也有可能同时是美的，甚至人们在许多时候与场合也可以把真和善当作是某些美的直接原因。人们可以单独追求真，如像科学所做的那样；可以单独追求善，如像常规的伦理道德所要求的那样；也可以单独追求美，如像一些艺术品所表现的那样，不过人们也可以追求真、善、美的统一体。虽然听起来真、善、美的统一体是非常理想化的，但这个统一体并非是不存在的，而且在自然界和人类社会里，真、善、美的统一体不是存在得很少，而是大量地存在着的，例如自然界中的一些美景，自然界所遵循的那些客观、普遍的规律，人类社会中那些英雄主义的理想、理念与行为（如正义、友谊、和平、自我牺牲等）就都是一些真、善、美的统一体。我们不必为缺少真、善、美的统一体而沮丧，我们也不必为缺乏真、善、美的统一体而感到担心，我们应该为人类拥有大量的真、善、美的统一体而感到安慰、自豪与幸福。

三、什么是丑？

在给出了美的判定标准之后，下面让我们来考察一下丑。在我们得出丑的定义之后，我们就可以对任何一个事物进行美丑判定了。

在前面，我已经介绍了美丽的美学之美的定义与美的判定标准等，那么什么是丑呢？丑有什么性质呢？丑与美的关系是什么呢？

回顾一下美丽的美学对美的定义的探究过程是很有意思的，这个过程先把美分为两种，然后再用归纳法分别对两种美进行定义。可以发现，美丽的美学之美的定义可以解释和解决美学中许多难解难分的现象与问题。这是笔者对美丽的美学充满信心的一种强大的理由与力量，同时这也促使笔者对丑的研究仍然采用这种研究思路与方法。笔者认为，对于美学中的优美、崇高、悲、喜、滑稽、荒诞等美的范畴都可以使用这种研究思路与方法。下面就请读者看看我探究的结果。由于与美的探究过程有点类似，因此，下文有些部分是很简略的。

与美类似，丑也分为两种——名词丑与形容词丑，前者是指一种事物，后者是指事物的一种性质，前者如行为丑、思想丑、艺术丑等，后者如丑行、丑态等。由于事物与事物的性质是不能等同的，因此，如果我们要对丑下定义，那么我们也就需要分别对两种丑下定义。

在弄清丑有两个基本种类之后，通过对那些被我们称为丑的事物的考察，我们可以对丑下这样的定义：名词丑是指一种结构，这种结构在通过人体内的情-物联系应构出人的不快情绪与厌恶等消极情感之后就被人称为丑；形容词丑是指一种性质，在一种结构通过人体内的情-物联系应构出人的不快情绪与厌恶等消极情感之后，这种结构就被人称为是丑的。一般说来，畸形、疾病、不正常的、恶的、假的、有害的、死亡等都是丑与丑的。

名词丑与形容词丑是不可互相替代、不可互相混淆的，它们各自具有不同的性质，其中名词丑具有客观性、绝对性、自由性、无限性等，而形容词丑则有主观性、相对性、依存性等，这里所说的客观性、绝对性、自由性、无限性、主观性、相对性、依存性等与笔者在后面（下一章）论述美的性质时所说的客观性、绝对性、自由性、无限性、主观性、相对性、依存性等的含义是完全相同的。

就丑的绝对性与相对性而言，让我们来看几个简单的例子：例如，对称通常被人认为是美的，作为一种结构其存在是绝对的；不对称通常被人们认为是不美的，作为一种结构其存在也是绝对的，然而，我们知道，对称并不都是美的，对称也有可能是丑的，而不对称也有可能是美的，这就是说，当对称被我们称为一种美时，这种美就是绝对的，是客观存在的，但是，由于对称并不是在任何情况下都是美的，因此，美这种性质却是相对的。再如，死亡也不一定就是丑的，对于英雄们的死亡我们还是认为美的，尽管实际上我们并不希望英雄们死亡。

关于丑的定义、性质与判定我不再继续阐述，下面让我着重来谈一谈美与丑的关系。从上述丑的定义与性质来看，美与丑的关系很是明晰的。

首先,我们可以看出,美与丑的效果正好相反,美能使人愉快,丑则会使人不快;美能激发人的积极情感;丑则会使人产生消极情感。

其次,我们要知道,由于名词美与名词丑都是指事物的结构,都具有客观性与自由性等,而形容词美与形容词丑都具有主观性、相对性与依存性,因此,每个人对同一事物的美丑判定或同一个人在不同场合下对同一事物的美丑判定,其结果可能是相同的,但也有可能是不同的。

再次,通过上述第二点我们还可以知道,人们可以实现丑与美之间的相互转化。丑怎么会转化为美?让我们来看罗丹的雕像《欧米哀尔》。

毫无疑问,《欧米哀尔》这尊雕像所雕塑的人物是奇丑无比的,松弛的皮肤,下垂的乳房,干柴般的身体,让人感到"欧米哀尔"丑到了极点,据说"这座雕像在展出时,有些妇女甚至不敢正视,匆匆掩面而过"①。但是,这件作品却被许多人认为是美的,"是人们谈论化丑为美时最喜欢举的一个例子"②。为什么会这样呢?实际上,悲剧也好,奇丑无比的事物也好,战争题材也好,灾难题材也好,恐怖题材也好,艺术家们都不只是为表现它们而表现它们,它们都不过是艺术家们用来激发情绪与情感的手段而已,相对来说,那些平淡的题材如一日三餐等就很少有人问津。可以这样说,对于艺术题材中的丑,艺术家们通常都是怀着良好的愿望来加以表现的,如果我们能体会到艺术家们的良苦用心,体会到艺术家是为了某种善意的目的,那么,我们就会对艺术家及其作品油然而生敬意,从而判定该艺术品是美的。正是由于这些题材具有极其强大的激发情绪与情感的力量,因此,艺

① 王旭晓著:《美学原理》,上海人民出版社,2000年9月版,第180页。

② 刘叔成 夏之放 楼昔勇等著:《美学基本原理》,上海人民出版社,2001年7月第3版,第164页。

术家们才都乐此不疲，使得这些题材的艺术品层出不穷。如果这些题材的作品能够激发出人们的愉快情绪和对某种事物的积极情感，那么这些作品就会显得是美的，而且效果会非常强烈。“丑恶经过艺术的表现化而为美，带有韵律和节奏的痛苦使精神充满了一种平静的快乐，这是艺术的奇妙的特权之一。”[①]波德莱尔这样说。

真实情况是不是如笔者所说的呢？我想罗丹对《欧米哀尔》的解释是很能证明笔者所说的，他在《艺术论》一书中说：

> 在实际事物的规律中，所谓“丑”，是毁形的、不健康的，令人想起疾病、衰弱和痛苦的，是与正常、健康和力量的象征与条件相反的——驼背是“丑”的，跛腿是“丑”的，褴褛的贫困是“丑”的。
>
> 不道德的人，污秽的、犯罪的人，危害社会的反常的人，他们的灵魂与行动是“丑”的；弑亲的逆子、卖国贼、无耻的野心家，他们的灵魂是“丑”的。[②]
>
> 但是，苦痛、亲人的死亡甚至朋友的背叛，也会给予伟大的艺术家（我指画家、雕塑家，同时也指诗人）以一种辛酸的快乐。
>
> 有时他的心像是受刑，但是因为他能了解和表达所深受的酸辛的愉快，要比他所感到的苦痛还要强烈。他在所见的一切中，明确地抓住命运的意图。他用兴奋的眼光，一个看透了命运的人所具有的那种兴奋的眼光去注视自己的痛苦和创伤。他受到亲人的欺骗，在这种打击下摇摇欲坠；然而，后来就坚定起来。他默不作声，望着这负心的人，好像作为卑鄙行为的一个好例

---

① 波德莱尔著：《波德莱尔美学论文选》，郭宏安译，人民文学出版社，2008年10月第2版，第78页。

② 奥古斯特·罗丹口述 葛赛尔记录：《罗丹艺术论》，沈宝基译，广西师范大学出版社，2002年10月版，第31页。

子;他向这忘恩的举动致敬,好像这是充实他灵魂的一种经验。他的陶醉有时确令人惊讶,然而,毕竟是幸福的,因为,这是对真实永远的尊敬。

当他看见互相残害的生灵、憔悴的青春、衰退的精力、枯竭的天才时;当他面对决定这些凄惨的规律的意志时,他由于能够理解这一切而感到从未有过的快乐。而且在他深深体会这些真理后,真是觉得万分幸福。①

当我们真正理解了罗丹的上述解释、并且也能像罗丹那样联想、思考之后,那么,我们对有人认为像《欧米哀尔》之类的艺术作品是美的,就一点也不会觉得奇怪了。实际上,《欧米哀尔》这件艺术品表面上的丑感只是这件艺术品对人进行初步应构的结果,如果这个应构过程能够像罗丹那样再继续深入地进行下去,那么,我们就会也能体验到罗丹所说的快乐与幸福,产生对人生、对命运的积极追求与希望,从而也认为这件艺术品确是一件不丑反美的艺术精品了。一般说来,如果一件艺术品虽然使用了丑的题材但它却能最终应构出人的愉快情绪与对某种事物的积极的情感,那么,这件艺术品(非题材本身)就会被人称为美与美的。这也就是另外那些优秀的批判现实主义的文学作品如巴尔扎克、托尔斯泰等人的作品被人们赞美的原因之所在。

当然,并不是在所有的情况下艺术品所激发的消极情绪或情感都能够转变成积极的情绪与情感,即使人体通过情-情联系可实现一种情绪或情感向另一种情绪或情感的转化,但这也是有条件的,如果艺术品所激发的情绪与情感是消极的,但人们不能把这种消极的情绪与情感转变成积极的情绪与情感,那么,这件艺术品对人来说就不

---

① 奥古斯特·罗丹口述 葛赛尔记录:《罗丹艺术论》,沈宝基译,广西师范大学出版社,2002年10月版,第38页。

可能是美的,《欧米哀尔》并没有被人们放在桌边案头作为美人来陪伴,其道理就在这里;在现当代艺术中,有些人用脑浆、大肠、血液之类的物体来创作艺术,但这些艺术一般并不能激发人们的美感,其道理也在这里。

顺便提一下(这里只顺便提一下崇高,至于美学中其他一些美的范畴这里就不一一阐述了),由消极的情绪与情感转变成积极的情绪与情感在美学中可被称为崇高,反之,崇高就说明了人的消极情绪与情感是可以向积极情绪与情感方向转化的,例如,康德在论述量上的崇高时就说过这样的话:"崇高的情感是由于想象力在对大小的审美估量中不适合通过理性来估量而产生的不愉快感,但同时又是一种愉快感,这种愉快感的唤起是由于,正是对最大感性能力的不适合性所作的这个判断,就对理性理念的追求对于我们毕竟是规律而言,又是与理性的理念协和一致的。"[1]康德还认为:"笑是由于一种紧张的期待突然转变成虚无而来的激情。"[2]只是美丽的美学对于崇高中情绪与情感来源的解释与康德的解释是不同的。总之,按照美丽的美学之基本原理,崇高是可以划归到美的范围之内的,而这也正是符合过去的一般的美学所做的。

各位读者,在上面我已经给出了美丽的美学关于丑的定义,依据这个定义,现在我们总算可以说我们已经知道那些丑陋的事物之所以丑陋的原因了,即这些事物会让人厌恶、会让人愤怒、会让人憎恨等,而事物如果没有引发人产生这些情绪与情感,那么,这样的事物就不会被人们认为是丑或丑的。总之,事物的美是人们根据事物通过其结构与人体内的情-物联系所应构出来的情绪与情感而作出的判断与称谓,而丑也同样如此,即丑也是人们根据事物通过其结构与人体内的情-物联系所应构出来的情绪与情感而作出的判断与称谓,

---

① 康德著:《判断力批判》,邓晓芒译,人民出版社,2002年12月第2版,第96页。
② 同上,第179页。

只不过由于事物对人会应构出不同的情绪与情感，因此，为了区别，人们就会把事物分别称作美与丑了。当然，事物的分类并不会是只有这两类，我们也不是只能从事物对人所应构出来的情绪与情感这一个角度来对事物进行分类。

第二节　美的价值标准

到目前为止，美丽的美学已经给出了美的定义，也给出了丑的定义，然而，也许还有人会怀疑美丽的美学会让人美丑不分，会不利于人们趋美避丑。真的会这样吗？其实我们根本不用担心这种情况的发生，因为，只要我们放弃绝对美与绝对丑的观念（实际上，人类从来就没有找到过绝对美与绝对丑），运用美丽的美学之美与丑的定义，我们完全可以判定事物的美丑，另外，美丽的美学不仅认为美有判定标准，而且认为美有价值，而价值也有大小之分。正是因为美有价值，而且美的价值有大小之分，因此，我们才不用担心美丽的美学会让人美丑不分，会不利于人们趋美避丑。

一、美的功能与价值

美有价值吗？毫无疑问，美是有功能与价值的。美丽的美学认为，美对人的确具有功能与价值，而且其功能与价值还可以分为两类。下面让我们来看美的功能与价值的种类及其理由。

首先，因为美能够激发人们的愉快情绪与对某种事物的积极情感，如快乐、高兴、喜欢、爱、敬仰、兴趣、信心等，因此，美是具有精神价值的。

让我们先来看一个实例。余明阳、李元根所著的《美女经济》一书为我们介绍道："美国芝加哥大学一个研究小组发现，一个男人只需要对一张魅力迷人的美女照片看上 45 秒钟，就足以让这个男人的体内发生强烈的化学变化，虚荣心和好胜心戏剧性地膨胀起来……一张照片都能产生如此巨大的能量，要是换成看真人那就更可怕了……。美女能够促进男人的进取心，使其努力工作，取得事业的成功，自然也就促进社会的进步了。如果这个逻辑成立的话，美女的价值，就具有社会发展动力的意义了。”①

实际上，仔细考察一下我们不难发现，美的精神价值是包含多个方面的：1. 美能促进人性的发展与完善。这是因为，美能够激发人们的愉快情绪与对某种事物的积极情感，而这些情绪与情感对人是极为有利的，如果人没有这些积极的情绪与情感，那么，人就是一个机器人，就是一堆无机物。2. 美具有教育意义。这是因为美能够激发人们的愉快情绪，特别是美能够使人们产生某种积极的情感，并能把人们的情感指向一定的对象。正是因为美能够激发人们的愉快情绪与对某种事物的积极情感，因此，美还具有教育的价值，美育或美的教育才为许多人所重视与提倡。“美的功能往往是达到其他功能的一种必要手段。如果一个故事能够吸引儿童的注意和兴趣，并且能使儿童对故事所表达的思想采取赞成的态度，那么，这个故事显然会更加有效地传达老师所期望传达的知识或道德。”②3. 因为，美能够激发人们的愉快情绪与对某种事物的积极情感，因此，美还具有目标的价值、动力的价值、幸福的价值等。“美也可能是幸福的一个来源和一个要素。”③“构成纯粹幸福的东西除审美快感以外所余无几。”④

其次，美还具有物质性的价值。让我们先来看几个具体的实例。

---

① 余明阳 李元根著：《美女经济》，广东经济出版社，2004 年 9 月版，第 59 页。

② 托马斯·门罗著：《走向科学的美学》，石天曙 滕守尧译，中国文联出版公司，1985 年 1 月版，第 347－348 页。

③ 乔治·桑塔耶纳著：《美感——美学大纲》，缪灵珠译，中国社会科学出版社，1982 年 12 月版，第 44 页。

④ 同上，第 20 页。

实例 1：如果饭店里某个厨师能够烧出美味的佳肴，能让许多人趋之若鹜，那么我想，正常情况下，这个厨师一定能为饭店创造出良好的经济效益。

实例 2：现在全世界各地都流行选美比赛，我们知道，那些在选美比赛中脱颖而出的美女佳人们在正常情况下都会名利双收。以 2002 年环球小姐选美大赛为例，这一年的冠军被一位俄罗斯姑娘奥克萨娜（一位女警官）获得，那么冠军的奖品是什么呢？这就是，"除了那顶价值 25 万美元的桂冠外，还包括一系列的广告和演出合同，在纽约影视艺术学校为期两年学习的奖学金，以及位于纽约的数套豪华住宅！"[①]正是由于这样，许许多多的少女都非常希望参加选美比赛，并希望脱颖而出。

实例 3：再一个很显著的例子就是，由于现在人们都非常欣赏和喜欢自然美，因此，世界上那些独特的、能给人以强烈美感的自然景观现在都已被人们开辟成了旅游风景区以便从中获取经济效益。

总之，美是一种资源——一种极其宝贵与重要的资源。

美具有物质性的价值，这是其他许多种美学都没有承认的，不过，我们还是能找到有关的理论观点来作为间接证明的，例如在上述的《美女经济》一书中，我们就可以看到这样的话："美女看上去顺眼、舒服，让人产生想亲近的冲动，因此，常常令人爱屋及乌，产生购买冲动。"[②]"美女是稀缺资源，这种资源的最大特点就是吸引注意力，而这是可以转化为生产力的。"[③]"'美女经济'为什么会产生以至形成如许的概念？有人解释是因为注意力经济勃兴的缘故。注意力经济强调的是眼球的争夺战，争夺了眼球，也就占领了市场。美女无疑是最能抢夺眼球的'资源'，因此，运作资源化了的'美女'，也就无疑吸

① 余明阳 李元根著：《美女经济》，广东经济出版社，2004 年 9 月版，第 174 页。
② 同上，第 34 页。
③ 同上，前言第Ⅳ页。

引了大众的眼球，占据了经济活动中的主动地位。”[①]“美女资源具有特定优势，美女经济彰显的是其他经济难以替代的独特资源。”[②]“‘美女’是一种稀缺的社会资源。”[③]可以说，这里的例子已经明白无误地指出了美是一种资源。

那么，为什么美会具有物质性的价值呢？这是由于美有两种词性，其中一种是名词词性，而名词美在美丽的美学看来就是一种事物。正是由于名词美是物质性的，这才导致美具有物质性的价值，人们利用美也才能获得物质性的回报。一件商品如果具有美的性质，那么，这件商品就会比具有同样的实用价值但却没有美的性质的商品具有更多的附加价值。正是由于美具有物质性的价值，因此，现在的艺术设计专业与工作才非常的吃香，才非常地受人欢迎。

现在，我们总可以说我们已经知道，为什么所有的人（只要他是人，不管是大人还是小孩、是男人还是女人、是中国人还是外国人、是古代人还是现代人等）都非常喜欢美、向往美、追求美、重视美的原因了，其道理就如上所述。

二、美的价值标准

美仅仅是具有价值吗？不，在美丽的美学看来，美不仅具有价值，而且美的价值还有大小之分。关于这一点，实际上早已经有人指出来了，例如“英国唯物主义和整个现代实验科学的真正始祖”培根在《论美》一文中曾说过这样的话：“仔细考究起来，形体之美要胜于颜色之美，而优雅行为之美又胜于形体之美。”[④]这段话明确地告诉我们，美的价值是有大小与等级之分的。马克思本人也曾经说过，古希

---

① 余明阳　李元根著：《美女经济》，广东经济出版社，2004 年 9 月版，前言第 I 页。
② 同上，第 34 页。
③ 同上，第 187 页。
④ 弗兰西斯・培根著：《培根论人生——培根随笔选》，何新译，上海人民出版社，1983 年 2 月版，第 10 页。

腊艺术和史诗“仍然能够给我们以艺术享受,而且就某方面说还是一种规范和高不可及的范本”①,很显然,这也指出了美的价值有大小之分。此外,桑塔耶纳则说得更加明白:“各个事物之所以美,就因为各个事物都能够在某种程度上使我们的注意力感到兴趣感到入迷。但是,事物的这种在人们观照时使人愉快的能力是彼此不大相同的,从而,它们在美方面也彼此不大相同。”②“一切东西决不是一样美的。”③

既然美有价值,那么为什么美的价值又有大小之分呢?我们又该怎样来判定美的价值大小呢?这就涉及美的价值的判定标准了。

美的价值标准是什么呢?这也可以从美丽的美学之美的定义推导出来。在美丽的美学看来,美的价值之所以有大有小,这是由于美在激发出人的情绪与情感时,情绪与情感有强弱大小之分、激发的人群有广泛与狭小之分、激发的持久度有长短之分、情感的对象有重要与不重要之分等,因此,笔者认为,美的价值大小应该参考下列标准:

美的价值大小首先需要参照事物所应构出来的积极的情感的对象。这是质的方面。一般来说,像生命、爱情、正义、公平、自由、理想等是极具价值的,而且是正面的,如果一个事物的美能够激发出人的愉快情绪与对这些事物或现象的积极情感,那么,这样的美其价值就很大。那些伟大的美的事物总是能够激发人们的愉快情绪与对有较大的正面价值的事物的积极情感,这些事物有人的生命、爱情、未来、正义与和平、民主与自由、国家与民族利益、人类的能力与智慧、自然界的奥秘等。

美的价值大小还需要参考下列三个方面,这是三个量的方面:

---

① 中共中央马克思 恩格斯 列宁 斯大林著作编译局编:《马克思恩格斯选集》第二卷,人民出版社,1972年5月版,第114页。

② 乔治·桑塔耶纳著:《美感——美学大纲》,缪灵珠译,中国社会科学出版社,1982年12月版,第86-87页。

③ 同上,第88页。

即1.事物所激发出来的愉快情绪与对某种事物的积极情感的强度。简单地说，一个事物对某个人所激发出来的愉快情绪与对某种事物的积极情感的强度越强，这个事物对这个人来说就越美。2.事物能够激发出的美感的广泛度。简单地说，事物所激发出来的愉快情绪与对某种事物的积极情感其广泛度越大，这个事物就越美。3.最后一个方面是事物能够激发出的美感的持久度。简单地说，事物所激发出来的愉快情绪与对某种事物的积极情感其持久度越大，这个事物也就越美。在通常情况下，人的外表可以是美的，人的内心、思想或品质也可以是美的，但由于人的内心、思想与品德的美能够更强烈、更广泛、更持久地激发人们对有价值的事物的积极情感，因此，人的内心、思想与品德的美就比人的外表的美，其价值要大得多。

总之，虽然美有共同的判定标准与价值标准，但这并不意味着各种各样的美都有同样的价值，这就如同各种工业产品有相同的生产标准，但各件产品并不会具有相同的质量(非物理中的质量)一样。而参照上述四个方面，我们完全可以判定一个事物的美的价值的大小。

现在让我们回头再来看一看美丽的美学会不会让人美丑不分这个问题。在实际中，我们的确会看到有许多人以丑为美、以假为美、以恶为美，我们该怎样对待这种情形呢？美丽的美学会导致人们美丑不分吗？其实这根本用不着担心，因为，美丽的美学认为，我们每个人所坚持的美具有不同的价值，有的人所坚持的美是有价值的，而有的人所坚持的美就没有什么价值，甚至具有反价值或负价值。美除了具有判定标准之外还有价值标准。对于那具有较大价值的美，我们应该坚持，而对那些没有什么价值的美甚至只具有反价值或负价值的美，我们就不应该再坚持，即应予以改变与抛弃的，例如，我们对文学作品中的色情描写、对于印刷品中的色情图片、对于视频作品中的色情图像等就应该予以反对，因为，这些现象或事物会使一些人对不良事物与现象如强奸、滥交、乱伦、不负责任等产生积极的情感，是有害的。总之，那些以丑为美、以假为美、以恶为美的看法或做法对人类是不利的，是有害的，对于这些看法或做法，美丽的美学是予以反对甚至是打击的，是要劝其放弃与改变的。在过去，我们的态度是这样，在今后，我们的态度也仍然是这样，而且我们也必须这样。也就是说，美丽的美学在这里并不违反常规。

第六章
美的性质

历史上的人们一直不断地在寻找着美，同时对美的性质也进行着从未间断过的探讨。在前面，我已经给出了美的定义，已经指出了美在哪里，那么美到底是主观的还是客观的，美又有哪些性质呢？现在看来这个问题已经变得很简单了，因为，既然我们已经找到了美的定义，又知道了美在哪里与美的事物之所以美的原因，那么，美的性质就应该是一目了然的了。在本章，我就来把美的性质作一个简单的小结。

第一节　美是主观的还是客观的？

关于美的性质问题，最大的争论也许莫过于美是主观的还是客观的这个问题。这个问题也曾经被许多人上升为美的本质问题，如蔡仪主编的《美学原理》一书就说："对于美的本质的看法，基本上是与如何看待美的性质，即认为美是客观的还是主观的、抑或是主客观的统一，互相联系而一致的。"①更有甚者，还有人把这个问题与哲学

① 蔡仪主编：《美学原理》，湖南人民出版社，1985年7月版，第30页。

的基本问题联系在一起，如杨辛、甘霖他们就说过："在美学史上关于美的本质的探讨是和哲学中的基本问题密切联系在一起的，各个哲学家，从各自不同的哲学体系对美的本质作出不同的回答。"①由此可见，美是主观的还是客观的这个问题是多么的重要。

在本书的第二章中，我曾经提到，在我国关于这个问题曾有三种不同的回答，第一种以蔡仪为代表，认为美是客观的；第二种以吕荧、高尔太为代表，认为美是主观的；第三种以朱光潜为代表，认为美是主客观的统一。这三派观点，似乎概括了所有的可能性，然而，这三派观点却谁也说服不了谁，谁也没有取得绝对统治的地位，即谁也没有能彻底解决美到底是主观的还是客观的这个问题。

关于美的主客观性问题，门罗曾这样认为："无论是极端的主观主义观点还是极端的客观主义观点，都不能得出那种通用的、常识性的美的概念。这一概念似乎是介于这两个极端之间。在普通人看来，一方面，美取决于各人的情感和所受的教育，任何人都无权对什么是美的、什么是不美的作出论断；另一方面，美又不完全是由趣味决定的，某些人、某些艺术作品和自然风光事实上就是比另外一些人、艺术作品和自然风光要更美一些，而不管是否每个人都欣赏它们。人们很难找到使这两种看法达到调和的理论基础。但是，如果某种理论不能兼顾这两种看法，那它看来就是不充分的，不仅对一般公众来说是不充分的，而且对那些积极地从事艺术的生产、批评、教育和管理的专家们来说也是不充分的。此外，人们也有理由认为，既然这两种相互对立的主观主义和客观主义的美学理论已经长期共存，它们就都各有一定的正确性，只不过各自强调了同一中心事实的不同方面罢了。"②

---

① 杨辛 甘霖著：《美学原理》，北京大学出版社，1983 年 7 月版，第 33 页。

② 托马斯·门罗著：《走向科学的美学》，石天曙 滕守尧译，中国文联出版公司，1985 年 1 月版，第 412－413 页。

那么，美到底是主观的还是客观的呢？美丽的美学对这个问题是如何回答的呢？美丽的美学能够彻底地解决这个问题吗？我们如何才能对这个问题作出科学的回答呢？

与我们讨论美在哪里这个问题时的做法相同，在我们对美是主观的还是客观的这个问题回答之前，我们也必须分清两种词性的美，也就是说，如果我们要讨论美是主观的还是客观的这个问题，那么，我们必须要分别讨论作为名词的美是主观的还是客观的与作为形容词的美是主观的还是客观的这两个问题。我们必须分别讨论这两个问题，而不能笼统地对美是主观的还是客观的这个问题进行直接的回答，否则，我们就会得出各种纠缠不清的答案，正如历史上所出现的情况那样。

在第二章，我们已经得出了两种美的定义：作为名词的美是指一种物质性的结构，这种结构在应构出人的愉快情绪与对某种事物的积极情感之后，就被人们称为美；而作为形容词的美是指事物的一种性质，在事物确实通过其结构应构出人的愉快情绪与对某种事物的积极情感之后，这个事物就被人们称为是美的。既然我们已经得出了两种美的定义，那么，它们的主客观性也就不言自明了：作为名词的美是客观的，而作为形容词的美则是主观的。

首先，作为名词的美，即作为事物的能够应构出人的愉快情绪与对某种事物的积极情感的结构是客观存在的，是不以人的意志而存在的，甚至是不以人的存在而存在的，这正如蔡仪所说："无论是自然界的美还是社会生活中的美，都是一种现实的客观的存在，是任何正常的人都经常耳闻目睹、无可置疑的铁的事实。春华秋实、山清水秀、明月繁星、晚霞彩虹，这些美的自然事物和现象，难道不是天然自成、不论有人无人都独立存在的吗？"[①]狄德罗也曾举例证明过作为事物的一种特殊的结构的美的客观存在性："不管我想到或一点也没

① 蔡仪主编：《美学原理》，湖南人民出版社，1985年7月版，第21页。

有想到卢浮宫的门面，其一切组成部分照旧有这种或那种形式，其各部分间也照旧有这种或那种安排。不论有人无人，卢浮宫的门面并不减其美。”①

不过，尽管名词美是客观的，但我们把美的事物称为美，这种称谓却是主观的。由于名词美与形容词美是不可互相替代的，对于名词美，我们完全可以用另外一个词语来代替。当然，我们也可以把形容词美用另外一个与名词美完全没有关系的形容词来代替。

也许到此会有人根据美的判定依据是人的情绪与情感，从而认为作为名词的美仍然是主观的或是主客观统一的，对此，笔者是不能接受的：一、人的情绪与情感虽然是个人的，但却是能够为他人所观测到的；二、虽然情绪与情感是人的感受或感觉，但为人所感受或感觉到的事物难道都是主观的或是主客观统一的吗？如果是这样，那么世界上什么不是主观的或是主客观统一的呢？

其次，作为形容词的美却是主观的，是人根据自己有没有被事物通过其结构与人体内的情-物联系应构出愉快情绪与对某种事物的积极情感而赋予事物的一种性质。实际上，人对事物是美的还是丑的判断过程是这样的：事物及其结构首先是自在自为地存在着的，人体内也首先存在着一些情-物联系（这些情-物联系对于不同的人当然不会是完全相同的，相同的情-物联系也会因为不同的人而有强度或紧密程度上的区别）。如果事物能够应构出人的愉快情绪与对某种事物的积极情感，那么，此时人就会对事物作出美的判定，否则，他就不会作出这种判定。正是由于形容词美是人的一种判定、是一种评价，因此，我们就说形容词美是主观的，而不是客观的。当然，尽管形容词美是主观的，是人的一种判定与评价，不过人的这种判定或评价并不是毫无根据的，而是有客观根据的，这个客观根据就是他的

---

① 北京大学哲学系美学教研室编：《西方美学家论美和美感》，商务印书馆，1980 年 5 月版，第 133－134 页。

情绪与情感。这就是说，虽然人对事物的美丑判定是主观的，但人作出这种判定却是有客观根据的，只是这种客观根据不在事物身上，也不是其他什么东西，而是人的情绪与情感而已。

洛克曾试图把事物的性质"区分为'第一'性质和'第二'性质，前者是指客体自身的性质(如体积、数量等)；后者是指那些依赖于知觉而存在的性质(如红色、宏亮和甜蜜等)。正如后来的英国经验主义者所指出的，其实并不存在什么第一性质，因为所有的性质都直接或间接地来自于知觉经验。然而，鲍桑葵和桑塔亚纳却在上述区分的基础上，找出了'第三性质'，并且把它们说成是情感性质而不是感性性质。这样，火光那使人振奋的性质和天空那使人感到阴郁的性质就成了它们的第三性质，而火光的红色或天空的灰白色就成了它们的第二性质。有些心理学家喜欢把前者称为'情感'或'情感性质'，而把后者称为'知觉对象'或知觉性质"[①]。

那么，形容词美所指的性质是属于哪一类性质呢？笔者不想在这里讨论事物性质的分类，这里我只想指出，作为形容词的美是主观的，是人赋予事物的一种性质，而这一点与物体的颜色非常相似(名词美相当于电磁波，形容词美相当于颜色)。物体的颜色虽然与物体发出来的光或与它反射或透射出来的光有关，但颜色与密度、比热等性质不一样，密度、比热等是物质的客观性质，而颜色却只能被称作主观性质，因为，颜色对不同的人可能是不同的，就是同一种颜色对同一个人也会因为环境或条件的改变而发生改变，如红色不透明体在白光或红光照射下是红的，而在其他色光的照射下却是黑的等。

由于作为名词的美是客观的，而作为形容词的美却是主观的，因此，笼统地说美是主观的或是客观的就都是片面的了。那么，说美是主客观的统一行不行呢？不，这也不行，原因有二：1. 这个说法本身

---

① 托马斯·门罗著：《走向科学的美学》，石天曙 滕守尧译，中国文联出版公司，1985年1月版，第417－418页。

是矛盾的，其内部是不自洽的。2. 这个说法抹杀了两种美的区别。实际上，美有两种——名词美与形容词美，它们分别指称两种不同的对象，前者代表一种事物（结构），后者代表事物的一种性质，而事物与事物的性质是不可等同的，是本不可以用同一个词语来表示的。由于这两点原因，因此，笼统地说或统一地说美既是主观的又是客观的或既是客观的又是主观的是不准确的、不科学的。正确的与科学的说法应该是：作为名词的美是客观的，而作为形容词的美是主观的。这就是美丽的美学对美是主观的还是客观的这个问题的回答。在美丽的美学看来，美是客观的还是主观的这个问题已经不是问题的问题了，我们可以结束对美究竟是客观的还是主观的这个问题的争论了。

那么，为什么我国会有关于美是主观的还是客观的这个问题的争论呢？又为什么恰好会有三种不同的回答呢？现在看来，这些问题很简单，对这些问题，我们不必用哲学原理来解答，美丽的美学用其基本原理就可以解答：由于能够应构出人的愉快情绪与对某种事物的情感的结构（名词美）是客观存在的，因此，就有人认为美是客观的；由于形容词美所表示的性质不是事物的客观性质，是在事物通过其结构与人体内的情-物联系应构出人的愉快情绪与对某种事物的积极情感之后、由人赋予事物的一种性质，因此，就有人认为美是主观的；又由于一个事物能不能被称作美与美的，这取决于事物能不能通过其结构与人体内的情-物联系应构出愉快情绪与对某种事物的积极的情感，因此，又有人认为美既是主观的又是客观的，这也就毫不奇怪。

第二节　美的其他一些性质

在前面，我已经论述过美是主观的还是客观的这个问题，那么，在美丽的美学看来，美还有哪些性质呢？考虑到历史上一些人的论述及美丽的美学本身的探讨，美丽的美学认为，美还有下列一些性质。由于美丽的美学认为美有两种不可互相替代的种类——名词美与形容词美，因此，下面我在考察美的其他一些性质时，我也是对两种美分别进行的。

一、作为名词的美

1. 绝对性

美丽的美学认为，名词美是指事物的一种结构，在其通过人体内的情-物联系应构出人的愉快情绪与对某种事物的积极情感之后，这种结构就会被人称为美。从美丽的美学对名词美所下的定义我们不难得出这样的结论：作为名词的美不仅具有客观性而且具有绝对性，只不过这里所说的"作为名词的美具有绝对性"是指事物及其结构在其存在时是不以人的存在及人的意志为转移的，是绝对地存在着的。

只要我们知道作为名词的美是指事物的一种结构，那么，作为名词的美具有绝对性就是不言自明的了，因为，唯物主义早就告诉我们，事物及其结构乃是不以人的存在与人的意志为转移而客观存在的，是绝对的。

2. 自由性

在历史上，许多人都曾对美的自由性作过描述。康德在论述快适、善与美这三种愉悦方式时说："在所有这三种愉悦方式中惟有对美的鉴赏的愉悦才是一种无利害的和自由的愉悦；因为，没有任何利害、既没有感官的利害也没有理性的利害来对赞许加以强迫。"[①]

席勒在论述美的自由性时走得更为遥远，首先，他把人的冲动分为三种：感性冲动、形式冲动及介于两者之间的游戏冲动，并说美

---

① 康德著：《判断力批判》，邓晓芒译，人民出版社，2002年12月第2版，第45页。

“也就是游戏冲动的对象”[1]，“人同美只应是游戏，人只应同美游戏”[2]。那么，游戏冲动有什么特征与作用呢？席勒说：“感性冲动要从它的主体中排斥一切自我活动和自由，形式冲动要从它的主体中排斥一切依附性和受动。但是，排斥自由是物质的必然，排斥受动是精神的必然。因此，两个冲动都须强制人心，一个通过自然法则，一个通过精神法则。当两个冲动在游戏冲动中结合在一起活动时，游戏冲动就同时从精神方面和物质方面强制人心，而且因为游戏冲动扬弃了一切偶然性，因而也就扬弃了强制，使人在精神方面和物质方面都得到自由。”[3]

黑格尔也曾经说过美是自由的[4]。

我国的李泽厚则作出过这样的论断：“美是自由的形式。”[5]

美丽的美学也认为作为名词的美具有自由性，只不过这一性质是指：名词美是指事物的一种结构，这种结构是自在自为地存在着的，而且，不管人们称它或不称它是美，它都是自在自为地存在着的。可以看出，美丽的美学能够从客观本原上为美的自由性给出完满的、辩证唯物主义的解释。

3. **无限性**

作为名词的美还具有无限性。从存在领域来看，我们知道美的形式有自然美、科学美、艺术美、社会美等；在艺术美中则有音乐美、舞蹈美、诗歌美、小说美、电影美等；从形态上来看有优雅美、崇高美、悲剧美、喜剧美、荒诞美等；从空间上来看则是中国有美、外国有美、社会中有美、家庭中有美、太空中有美、原子世界中也有美等；而从时

---

① 席勒著：《审美教育书简》，冯至 范大灿译，上海人民出版社，2003 年 1 月版，第 120－121 页。

② 同上，第 123 页。

③ 同上，第 114 页。

④ 黑格尔著：《美学》第一卷，朱光潜译，商务印书馆，1979 年 1 月第 2 版，第 143 页。

⑤ 李泽厚著：《美学四讲》，生活・读书・新知三联书店，2004 年 3 月版，第 59 页。

间上来看，可以说远古的人就发现了美，但现代人也发现了很多的美，可以肯定的是，将来的人们还能发现无数的美。正因为如此，因此，罗丹等人都曾认为美是无限的。

然而，为什么美具有无限性呢？虽然从实际情况上来看美的确是无限的，但人们却一直都没有能从理论上予以说明，令人欣慰的是，美丽的美学可以从理论上对美的无限性给出一般的、简单的与清晰的解释，这就是，一方面事物的结构具有无限性和多样性，另一方面，人的情-物联系具有无限的多样性与可能性，再一方面，事物的结构对人的应构过程具有无限的可能性与复杂性，因此，美具有无限性也就毫不奇怪。美并不限于几种具体的形式，美具有无限的多样性，我们永远都不要为缺乏美而惴惴不安。“无论人们如何喜爱由古典诗人和艺术家表达出来的普遍的美，也没有更多的理由忽视特殊的美、应时的美和风俗特色。”①“即便在我们觉得最可怕、最疯狂的时代里，对美的永恒的渴望也总会得到满足的。”②波德莱尔曾经这样告诉过我们。

二、作为形容词的美

美丽的美学认为，形容词美是指事物的一种性质，在事物的结构通过人体内的情-物联系应构出人的愉快情绪与对某种事物的积极情感之后，这种结构就被人称为是美的。从美丽的美学对形容词美所下的定义我们不难得出这样的结论：作为形容词的美不仅具有主观性而且具有相对性，只不过这里所说的“作为形容词的美具有相对性”是指作为形容词的美不是绝对的而是因人而异的、因时而异的、因场合而异的——形容词美依赖于事物对人的应构过程以及人的被

---

① 波德莱尔著：《波德莱尔美学论文选》，郭宏安译，人民文学出版社，2008年10月第2版，第429页。

② 同上，第431页。

应构出来的情绪与情感。

由于形容词美具有相对性，依赖于事物对人的应构过程及人的被应构出的情绪与情感，因此，我们也可以用康德的话来说，作为形容词的美具有依存性。

需要说明的是，虽然形容词美具有相对性，但我们也不必为世界缺乏绝对美的事物、世界缺乏永恒的美而失望，世界上没有一个事物在任何时候、对任何人都是美的，但有可能某个事物永远都会有人认为是美的（永恒与绝对其含义是不同的），自然界中如星空、春天、风和日丽的早晨等，艺术中如荷马的史诗、曹雪芹的《红楼梦》、罗丹的《思想者》等，社会中如英雄救美、舍己救人等都是如此。

也许有人会举出“上帝很美”、“理想很美”、“梦想很美”等说法来质疑美丽的美学关于美的性质的看法。乍一听美丽的美学似乎遇到了严峻的挑战，然而在彻底的唯物主义者看来，这种质疑是不能推翻美丽的美学关于美的性质的看法的，因为，在彻底的唯物主义者看来，尽管上帝是不存在的，理想的事物与梦想的事物也都是不存在的，但是，这并不能阻止人们在大脑中想象上帝、在大脑中想象理想的事物、不能阻止梦想本身，而如果这些想象或梦想本身曾经发生过或正在发生的话，那么，这想象本身或梦想本身等却都是属于客观存在的或是客观存在过的。这样，由于这些想象活动与梦想活动等有可能跟人的情绪与情感有一定的联系，因此，这些想象或梦想就有可能是美或美的了，这样，我们也就可以说“上帝很美”、“理想很美”或“梦想很美”了。当然，正如其他一切事物或现象一样，并不是所有的想象或梦想都一定是美与美的。

总之，作为名词的美具有客观性、绝对性、独立性、自由性与无限性等，而作为形容词的美却具有主观性、相对性、依存性等。这就是美丽的美学在对美的性质进行全面而科学的考察之后所得到的结论。

第七章

普适的艺术定义

从本章开始，让我们来考察一下艺术。按照中文的意思，美学应该是研究美及其有关问题的一门学科，那么美丽的美学为什么要研究艺术呢？这要从历史说起。

在历史上，有许多种美学就是只研究艺术或者是以艺术为研究的重点的，如黑格尔的美学就是极为典型的一例，他认为，美学就是艺术哲学或是美的艺术的哲学。然而美就等于艺术或艺术就等于美吗？艺术与美是什么关系呢？这就使得美丽的美学不得不来研究艺术。

实际上，当初鲍姆嘉通建议成立美学这门学科的时候就已经认为，他所要建立的这门新的学科必须要对美、美感与艺术进行研究，只是他的出发点不是这些内容，面对着艺术等感性事物，他的出发点是人的感性，他要使人类的认识趋于完整、使人类的感性趋于完善，因此他把他所建立的这门新学科叫 Aesthetics，即感性学，而鲍姆嘉通在研究过程中，对美、美感与艺术却都涉及了，并认为感性的完善就是美。

那么，在美丽的美学看来，到底什么是艺术呢？艺术中的其他许许多多的问题该怎样解决呢？在下面与后面我就来回答什么是艺术及其相关的一些问题。

不过，在探讨之前有一点首先是需要说明的，这就是美丽的美学所说的艺术是指一种“物”，而不是指一种“术”，而这里所谓的“物”是指有形的“物”，而所谓的“术”则是指无形的技术、法术、方法等。在这里，笔者不想在这个问题上多花笔墨，笔者只想陈述一个很基本的事实来表明自己的观点，这个基本事实就是，就艺术的创作而言，当一个人只在向他人叙述他的创作技法或方法时，他是不会被人们认为他已经创造了一种艺术或是创作了一件艺术品的，只有当他创作出一件作品时，我们才可能说他创作了一种艺术或一件艺术品。实际上，由于“术”与“物”是不同的，是不对称的，“术”可以在大脑中被创造出来，而作为艺术的“物”却是不可以的，创造了“术”，不等于就创造了“物”，而创造一个“物”却必须有一定的“术”，“物”能包含“术”，而“术”却不能包含“物”，因此，我们不能把艺术理解为一种“术”，而应该理解为一种“物”，把艺术理解为一种“术”是不全面的。另外，对于艺术来说，重要的不仅仅是只有“术”，其他重要的东西还有创作者的思想、情绪与情感、想象力、创造力等。当然，“术”是很重要的，艺术家若不能采用一定的“术”，他是创作不出令他与他人满意的作品的。

那么，我们应该怎样来探讨艺术呢？让我们从探讨艺术的定义开始吧。那么，我们又应该怎样来获取艺术的定义呢？这可是一个烫手的山芋。

我们在探讨美的定义时曾采用归纳的方法，那么，这种方法对于探讨艺术的定义是否也有效呢？鉴于人类已经创造了无数的艺术品，虽然我们对什么是艺术这个问题的答案还不清楚，但是有许多人类的作品是艺术品却是毫无异议的，因此，如果我们把所有这些毫无异议地被称为艺术的艺术品放在一起，找出它们的共性，那么，我们不就能找到艺术的定义了吗？可以说，艺术的定义就在各种艺术品中，就在我们身边，只要我们仔细地、全面地进行地毯式的搜寻，那么，我们就一定会找到所有艺术品的共性、找到艺术的定义，归纳法同样也应该是我们获得艺术定义的最短路径。

从各种艺术品出发来归纳艺术的定义，这有点先入为主的味道，然而，笔者认为，这并不是十分重要的，因为，艺术与艺术品的概念久已存在，尽管人们对它们的理解千差万别，另外，我们也可以把所谓的艺术品称为作品，从这些被称为艺术品的作品中来归纳艺术的定义。因此，笔者认为，对于艺术定义的概括重要的应该是，我们用归纳法能不能得出艺术的定义，而这种定义又能说明和解决什么与哪些问题。

下面就让我们来看美丽的美学对于艺术的定义。

第一节　艺术不是什么

在历史上，什么是艺术也是一个老大难问题，人们关于艺术的定义也是多得无法统计。鉴于这种情况，在我正式给出美丽的美学的艺术的定义之前，让我们先来看一看艺术不是什么。

实际上，要判定艺术不是什么，有一个方法很简单也很方便，这个方法就是可逆性方法。什么是可逆性方法呢？这就是，由于给艺术下定义就是规定艺术是什么，如果用数学语言来表示，给艺术下定义就是把艺术规定为 x，因此，所谓用可逆性方法来判定艺术不是什么，就是反过来看 x 能不能作为艺术，如果 x 不能作为艺术，我们也就可以确定艺术不是 x，即使人们还不知道艺术的定义到底是什么，而只凭直觉来判定。运用这种方法，我们可以很容易地判定，艺术不能被认为是摹仿与情感表现，因为很显然，并不是所有的摹仿与情感表现都被认为是艺术。下面让我用这种方法重点地来判定一下，艺术在本质上是不是一种反映。

在我国，人们普遍认为艺术是一种反映，然而这是很值得怀疑的。我国当代著名的文艺理论家钱谷融在《当代文艺问题十讲》一书中，就文学这门艺术说道："文学当然是能够，而且也是必须反映现实的。但我反对把反映现实当作文学的直接的、首要的任务，尤其反对把描写人仅仅当作是反映现实的一种工具，一种手段。我认为这样来理解文学的任务，是把文学和一般社会科学等同起来了，是违反文学的性质、特点的。”[①]“把文艺的意义、作用，局限在反映生活这一点上，就等于是否定了文艺的存在的必要。因为，如果我们所要求于文艺的只是在于概括地反映现实现象，揭示现实生活的本质的话，那么，科学会把这些作得更精确、更可靠的。这样，文艺就失却了它作为人类精神活动的一个特殊领域而存在的意义了。然而，人们却并不因为有了科学就不需要文艺，而文艺也并没有因为科学的日益发达而渐趋衰落，可见文艺一定是有它的特殊的、不是科学所能代替的任务的（这种任务，在高尔基看来，就是影响人，教育人，就是鼓舞人们去改造现实，改造世界，使人们生活得更好）。而且，假如我们把反映现实当作文学的首要任务，那么，对于那些杰出的抒情诗篇，以及从个人主观的热情与理想出发的伟大的浪漫主义作品之如此为人喜爱，如此受人重视，就很难解释了。”[②]

那么，“形象地反映现实”能不能作为艺术的定义呢？让我们用实例来看这个问题。众所周知，我国已经能够用火箭把人送上太空，长征火箭那庞大的身躯、在发射时所发出的震耳欲聋的声音、耀眼的火焰、巨大的水气团以及它那令人不可思议的速度等都无不给人以形象的体验，同时，中国人用火箭把人送上太空这个事件也反映了许多现实的内容，如中国的科技水平、中国科学家们的智慧、中国科学家赶超世界先进科技水平的信心与雄心等。然而，长征火箭是一件艺术品吗？或者说，用长征火箭把人送上太空这件事是一件艺术品吗？显然我们不能这样认为。

如果说用长征火箭把杨利伟等人送上太空，由于这不是人“主动

---

① 钱谷融著：《当代文艺问题十讲》，复旦大学出版社，2004 年 5 月版，第 86 页。

② 同上，第 90 - 91 页。

地用形象来反映现实”，而只是用于科学研究，因而，火箭或用火箭把人送上太空等都不是艺术，那么，人“主动地用形象来反映现实”是不是就一定属于作为艺术呢？让我们来看音乐这种特殊的艺术。

在张前所主编的《音乐美学教程》一书中，我们可以看到周海宏对视觉形象在音乐中的表现情况的说明：“‘形象’的概念在我国以往的音乐美学中已经被过分地扩大了，”①“并非任何视觉对象都可以在音乐中得到表现。音乐与视觉空间感虽然有三个纬度上的联觉关系（音高与上下——纵向空间高低、深浅的联觉；音长与长短——水平空间延展的联觉；音强与远近——深度空间远近的联觉），但音乐的时间感所对应的空间的延展感是单向的——只能从一个方向到另一个方向（如从左到右），而不是双向的。因此，所有带双向空间延展的形状均不能与音响构成联觉关系。”②“声音的音高、强弱、节奏与速度、紧张度及发音状态等五种要素，与视觉感受中颜色的亮度、形状的大小、重量的轻重、力量或能量的大小、运动与变化程度的强弱、运动与变化的节奏及速度等具有联觉对应关系。凡是要用音乐来表现的视觉对象，必须在以上所说的一个或几个方面与音乐音响具有联觉对应关系。对于视觉对象的识别来说，最重要的两个信息，即对象的轮廓和颜色的色调不能在音乐中得到表现，”③“由于音乐不能直接描摹视觉对象的形状轮廓，而形状轮廓是视觉对象识别中最重要的信息，因此，音乐对视觉对象的表现是很模糊的。”④

如果说绘画、雕刻、建筑等视觉艺术能直接通过形象来反映客观现实的情况，文学也能够通过文字在人的头脑中创建形象来反映客观现实的情况，那么，鉴于有音乐这种特殊的艺术形式，因此，说所有

---

① 张前主编：《音乐美学教程》，上海音乐出版社，2002年2月版，第124页。

② 同上。

③ 同上。

④ 同①，第125页。

的艺术都是通过形象来反映客观现实的情况就不妥当了。音乐塑造形象的能力是很差的，而音乐却被许多人认为是一种伟大的艺术，这种巨大的反差是很难让人接受“艺术是形象地反映现实”或者是“主动用形象来反映现实”这些定义的，这些定义是不能通过音乐艺术这一关口的。其实，即使是对文学这种艺术，也还是有许多人对艺术的这些定义是表示怀疑的，如童庆炳就说过这样的话：“对于‘文学的根本特征就是用形象来反映生活’这一类说法，我一直怀疑它的正确性。”①

实际上，任何人工制品（不仅仅是艺术品）都能形象地反映客观现实的许多情况，甚至包括过去的与未来的情况，如一件文物就可以形象地反映过去的许多情况，而且不仅包括物质方面的情况，还包括制作人精神方面的情况，因此，文物有重大的历史价值与研究价值，然而，我们知道，并不是所有的文物都是艺术品。另外，许多教师在教学过程中，还经常要用到一些挂图、模型和演示实验，以便学生能够认识和理解其中的原理与过程，这些挂图、模型与演示实验都能够形象地反映许多科学的原理与过程，而谁都知道，谁也不会把这些挂图、模型与演示实验称为艺术。因此，总之，一般地把艺术定义为某种内容的反映或是形象的反映是不正确的。

艺术不能定义为一种反映，我们还有一种充分的理由，这就是，科学就其目的和本质来说可以定义为一种反映，而艺术哪怕只就常识来看也都不能被看作一门科学。常识告诉我们，艺术中充满了夸张与虚构，如艺术中可以有李白“飞流直下三千尺，疑是银河落九天”式的夸张，也可以有斯威夫特关于小人国、大人国的虚构，甚至还可以有物体速度超过光速这种违背科学常识式的虚构。然而，这些夸张与虚构在科学中却是绝对不允许的，因为，这是违背科学的精神与道德的，这正如毛泽东在著名的《实践论》一文中曾经所说的：“知识的问题是一个科学问题，来不得半点的虚伪和骄傲，决定地需要的倒

① 童庆炳著：《文学审美特征论》，华中师范大学出版社，2000年6月版，第3页。

是其反面——诚实和谦逊的态度。”[①]总之，如果艺术可以定义为一种反映，那么夸张和虚构是不应该出现在艺术中的，因为，这些夸张与虚构严格来说是不准确的，甚至可以说是错误的，是会误导人的。

关于艺术与科学的区别，上田敏从另外一个角度也说得非常肯定：“科学与艺术是不同的。其差别，前者用理来分析，后者则用情来综合地味得。”[②]

也许有人会用亚里士多德的理论来论述和证明艺术的反映说：“诗人的职责不在于描述已发生的事，而在于描述可能发生的事，即按照可然律或必然律可能发生的事。”[③]在二千多年以前，亚里士多德得出这种思想与观点确实很伟大，但在二千多年以后的今天，这种观点就值得推敲了，因为，在今天的自然科学领域，决定论已经受到了绝对有力的挑战。在量子力学中，有许多经典的概念和观点都得到了修正，如电子的轨道概念就被几率概念所代替等。在量子力学中，还有一个著名的原理叫测不准原理，即位置与动量是不能同时被测准的，为此，20世纪上半叶物理学史上还发生了一次著名的论战：一方以爱因斯坦为代表，坚持决定论；另一方以丹麦著名的物理学家玻尔为代表，坚持量子力学的非决定论。最后的胜利者是谁呢？不是爱因斯坦，而是玻尔！因此，尽管二千多年以前亚里士多德就教导人们要按照“可然律或必然律”来创作艺术，然而，艺术中却仍然充满了夸张与虚构，充满了偶然性的内容。实际上，艺术之所以能够突破可然律或必然律，能够充满夸张与虚构，原因不是别的，这是因为人有无限的想象力和理解力，而人的想象力和理解力可以突破可然律或必然律，可以允许夸张与虚构，可以允许偶然性的内容存在，仅此而

① 毛泽东著：《实践论》，《毛泽东选集》第一卷，人民出版社，1966年7月横排本，第264页。

② 上田敏著：《现代艺术十二讲》，丰子恺译，湖南文艺出版社，2004年1月版，第78页。

③ 亚里士多德著：《诗学》，罗念生译；贺拉斯著：《诗艺》，杨周翰译，人民文学出版社，1962年12月北京第1版，第28页。

已。例如，在我国著名小说《西游记》中，孙悟空是一只猴子，然而，这只猴子却会说人话，有72种变化，一个筋斗能翻一万八千里等，很显然，这些都是明显的虚构，是不现实的，也是不可能的，然而，有谁会因为这些虚构而拒绝阅读这部小说呢？当我们被这部小说所吸引的时候，我们会因为这些虚构而终止阅读吗？不会。为什么？就是因为我们的想象力与理解力完全允许这些虚构，仅此而已。

不把艺术定义为一种反映，这是否违背辩证唯物主义关于物质与意识的关系原理呢？辩证唯物主义认为，物质或存在决定意识，意识是对物质或存在的反映，而艺术是人有意识创造的产品，那么，说艺术是一种反映又有什么错呢？在这里，笔者首先要声明的是，美丽的美学并不违背辩证唯物主义关于物质（或存在）与意识的关系原理。美丽的美学认为，艺术能够反映客观现实的一些情况，因为，唯物辩证法告诉我们，事物总是互相联系的。另外，一个人造事物总是含有人的目的的，而且总是用一定的物质构成的，因此，任何一件人造事物包括艺术品总是反映着制作人的一些情况以及与制作材料有关的情况如技术水平、时代背景等。

但是，“能够反映一些客观情况”与“把反映客观情况作为艺术的定义”却是两回事，后者要求反映必须是艺术的本质属性，而前者就没有这个要求了。辩证唯物主义关于物质或存在与意识的关系原理是从哲学的高度及最一般的角度所概括出来的一个原理，这个原理概括地说明了所有人造事物都有一个共性——反映性，这是完全正确的（从信息论来看，任何事物都有结构，而任何结构都贮存着信息，因此，任何事物都有反映性是很正常的），但如果我们据此把所有的人造事物都说成是一种反映就不妥当了，因为，任何事物都不仅仅是只有一个性质，而是有多方面的性质，其中有的性质是本质的属性，而有的性质却是次要的性质，是非本质的属性。在所有的人造事物中，唯有科学才有资格被称为“反映”，因为，只有科学能胜任“反映”这一任务和职责，反映性可说是科学最本质的属性，而这一性质对于艺术来说就是次要的性质了，是非本质的属性，如果把反映性当作是艺术的本质属性，把艺术定义为一种反映，那么，这就是把艺术当作科学，就是要用艺术来代替科学，然而，这是根本不现实的。另外，如果我们把艺术定义为一种反映，那么，因为一切人造事物都反映着许多内容，因此，一切人造事物就都有理由申请成为艺术，而这是多么荒谬啊。

总之，美丽的美学认为，艺术能够反映客观世界的一些情况，但反映性仅仅是艺术的一个次要的、非本质的属性，艺术不能笼统地被称为一种反映，我们不能把艺术定义为一种反映。美丽的美学仍然遵循辩证唯物主义的基本原理，只是不会从辩证唯物主义关于物质或存在与意识的关系原理直接推论出艺术的定义。至于美丽的美学关于艺术的定义是什么以及“反映”这个概念在艺术中的作用与地位是什么，美丽的美学在后文中对这些问题都会有明确的交代，读者应该马上就能够看到。

那么，不把艺术定义为一种反映与一种科学，这是否会减弱艺术的功能与价值呢？不会！科学因为能够反映事物的本质属性与事物的运动、变化、发展的规律，因而，科学对于人类来说有着极大的功能与价值，但艺术却不必仰仗科学来提高自己的地位从而来获得人们的尊重。在后面我们将看到，艺术有其独特的与伟大的功能与价值，虽然艺术的功能与价值和科学不同，但与科学相比，艺术对于人类来说，其功能与价值是毫不逊色的。当然，艺术可以利用科学，正如科学可以利用艺术一样。

第二节　美丽的美学的艺术定义

一、所有艺术品的共性

既然艺术不是摹仿、表现与反映，那么艺术到底是什么呢？我们在探讨美的定义时曾采用归纳的方法，那么这种方法对于探讨艺术的定义是否也有效呢？鉴于人类已经创造了无数的艺术品，虽然我们对什么是艺术这个问题的答案还不清楚，但是有许多人类的作品是艺术品却是毫无异议的，因此，如果我们把所有这些毫无异议地被称为艺术的艺术品放在一起，找出它们的共性（“所有艺术皆具有一定的共性”①），那么，我们不就能找到艺术的定义了吗？那么，所有的艺术品都有哪些共性呢？笔者认为，所有的艺术品具有下列三个方面的共性：

1. **所有的艺术品都是人有意识、有目的创造的**

所谓“创造的”是指原生的或与他人不同的。任何艺术都讲究独创性，模仿他人是艺术的大敌。文学作品虽可以被大量印刷，但这被大量重复印刷的作品只能被称作是同一篇作品，同工厂里工人大量生产同一种产品不能被称作创造一样，文学作品的大量印刷也不能被称为创造。但工厂里一件新产品的设计与诞生可以被称为创造，与此类似，原创性的文学作品也可被称为创造。至于艺术为什么要注重独创性，后面自有说明，这里还不便论述。所谓“人有意识、有目的创造的”是指，除了人之外，动物与植物都不能创造真正的艺术，无机界就更不用谈了，而且艺术是人有目的地创造的，不是人无意识、无目的、偶然为之的。

关于艺术是人类有意识、有目的的创造品，这是人所共知的常识，但也是有人怀疑的。

有许多人特别是心理分析学派的美学家们认为，艺术是人的无意识的产物，反映的也是无意识的内容，然而这是不符合事实的。艺术家们在选择艺术这条道路时、在创造之前要进行大量的、刻苦的学习与训练、在创作过程中要进行一定时间的酝酿与构思、在艺术作品完成之后要进行大量的、谨慎的与反复的修改等都反映了艺术创作

---

① 郝伯特·里德著：《艺术的真谛》，王柯平译，辽宁人民出版社，1987年8月版，第1页。

绝不是无意识与无目的的。美丽的美学非常赞同滕守尧教授在《审美心理描述》一书中所阐述的观点："任何无意识活动(包括自动驾驶汽车、自动加法进位、科学和艺术中意象的突然闪现),虽然看上去像是未加思考,像闪电一样迅速,但如果没有经验和知识的积累,那是不可能的,只有经验和知识积累到一定程度,所产生出的反作用力才能把有意识推理中习惯的成规和惯用的步骤冲垮,使先前经验中积累的众多要素发生某种自由的吸引和排斥作用,从而以一种前所未有的独特方式重新排列和组合成新奇的意象或图式。这就是说,突然的意象'闪现'或'顿悟'并不是一种毫无前因的神秘现象,而是知识变成了'本能'之后与情感结合起来产生的一种独特的效果,只有经过了点滴积累而使'反作用力'冲破习惯力量的域限时,才能出现创造性的闪光。"①

鲁道夫·阿恩海姆的《艺术与视知觉》一书在评价心理分析学派的某些观点时说："在我们仔细地观赏一位艺术大师的杰作时,如果仅仅是联想到了人的性器官、性机能或与性感较为相近的成分,就无法理解艺术在创造人类精神文明时所起到的那种更重要和更普遍的作用。关于艺术的作用问题,心理分析学派提供的解释实在是太微不足道了。仔细地对这个问题进行思考之后,人们就会理解这样一个道理：性感也像人的其他经验一样,并不是人生的最终目的。"②阿恩海姆的话是非常有道理的。

对于心理分析,门罗一针见血地说道：心理分析"它过分强调精神现象中的一些变态的形式。这是由于心理分析起初是医学的一个分支,致使它在实际分析时往往带有医疗色彩……在一个神经病人身上,某些心理机制是以一种过分膨胀的形式出现的,因而暴露得比

① 滕守尧著：《审美心理描述》,中国社会科学出版社,1985年11月版,第432页。

② 鲁道夫·阿恩海姆著：《艺术与视知觉》,滕守尧 朱疆源译,四川人民出版社,1998年3月版,第627-628页。

较充分。而这些机制在普通人身上都是不太活跃的或完全隐蔽的。这种偏重于内在冲动造成的忧虑和痛苦的效果的理论，使它的一般性结论的可靠程度减少了。它似乎使人觉得，一切梦和幻象，一切神秘的欲望和感情，都是病态的，因而，应该把它们暴露在光天化日之下，予以消除。然而，某些幻觉和幻象，对于审美想象来说是极端重要的。当心理学家们从医学角度把这些都看成是令人厌恶的现象时，就会抛弃某些对艺术来说是非常宝贵的东西。由于在对它的现象进行研究时，带有这种伦理学的和其他评价性的偏见，就使心理分析不可能具有科学的客观性，也不可能不带偏见"①。而对于艺术的目的，门罗则说过："现在，只有那些不可救药的浪漫主义者才会否认理性思维在艺术中也有一席之地，认为艺术的某一部分是完全依赖感情冲动的'灵感'创造出来的。艺术中的理性和其他方面的理性一样，是指对目的性的合理选择，是指按照现实主义的态度采取一切可能有效的手段去实现这一目的。"②他还说："每一代人中，都有许多胸怀大志的青年艺术家，然而相对说来，有独创性的艺术家和真正能为世界文化艺术宝库作出一些重要贡献的人却实在是寥寥无几。假如我们能更加清楚地和更加具体地弄清我们在这一领域里所要达到的目的和达到这些目的的潜在手段——技术的、心理的、教育的和经济的手段——成功的比例就会大大提高。同时，那些真正的独创性特征也可能会更迅速及时地得到人们的赏识，而不致被打入冷宫……当美学家们对'艺术的含义'争论不休的时候，我们的绘画、音乐和文学院校正培养出成千上万的毕业生，他们具有充分的技术技能，但却不知道用这些技能去做些什么。更糟糕的是，没有人帮助或指导他们去理智地思考下列问题：'通过某一作品，我要具体地达到

---

① 托马斯·门罗著：《走向科学的美学》，石天曙 滕守尧译，中国文联出版公司，1985年1月版，第83-84页。

② 同上，第377页。

什么目的？我怎样才能利用现有手段最好地达到这一目的？’……”①门罗的话发人深省。

总之，笔者认为，如果把艺术认为是人无意识（不管是弗洛伊德的个体的无意识还是荣格的集体无意识）的产物，那么，我们对艺术中的种种有意识行为是很难加以解释的，另外，这种认识对艺术的种种功能也很难进行解释（美丽的美学对艺术的功能的解释见下一章）。艺术家在创作时，可能意识不到目的的存在，但这是很正常的，就如同我们每天准时上班都有明确目的但我们并不能时时意识到上班的目的一样。

当然，美丽的美学也不否认无意识的作用，完全否定无意识的作用也是不符合事实的。无意识在使人产生独特的想象与意象、产生独特的情绪与情感以及在使艺术家获得独特的与有效的艺术形式时，是很起作用的，这是为无数的艺术的创作者们的创作经验所证明了的。他们有时为了能得到满意的作品，在殚精竭虑、绞尽脑汁之后，要借助于酒精对大脑的刺激、要盼望灵感的来临，要请求缪斯女神的惠顾、要企求上帝的帮助等就是明证。总之，笔者认为，艺术家们应该要能有意识地利用无意识。这不仅是能够的，而且常常也是必要的。

2. 所有的艺术品都有结构

关于艺术品都有结构，前面我在探讨美的定义时曾有过论述，不过，我在这里再补充说明一点内容。

首先，美丽的美学所说的艺术结构是指一种纯物理的结构，例如文学就是由语音或文字所形成的结构，绘画是由色彩与线条所形成的结构，音乐是由声音（主要是乐音）所形成的结构，舞蹈是由人体与人体动作所形成的结构，电影是由光与声音所形成的结构等。所有

---

① 托马斯·门罗著：《走向科学的美学》，石天曙 滕守尧译，中国文联出版公司，1985 年 1 月版，第 376 页。

的艺术尽管表面上不同，但实际上都是由一种或几种物质在一定空间或时间内进行排列与分布而形成的结构。这里的结构也包括一种极端典型的情况，即若在一块空间或一段时间里什么也没有，那么，这块空间或这段时间也可称之为一种结构，只不过是一种极端典型的结构而已，如文学中的无字书、绘画中无图的画、音乐中无声音的乐曲等，就是一些这种极端结构的例子。

其次，结构分为内联式结构与外联式结构，前者是指一个事物内在的结构，后者是指一个事物与周围其他事物所构成的结构，如烽火与烽火台所构成的结构等。内联式结构很容易识别，而外联式结构则常不太明显，需要仔细辨别。在艺术中，如杜尚的《泉》就是一种外联式结构，因为，如果我们只着眼于小便器，那么，我们对于这件实用品是很难接受它为一件艺术品的，但如果我们考虑到杜尚要把它放到艺术馆里，这件实用品与艺术馆构成了一个外联式结构，那么，这时我们再来理解杜尚的《泉》是一件艺术品就很容易了——不是小便器本身是一个艺术品，而是小便器与艺术馆一起构成一件艺术品，或者是杜尚要把小便器送到艺术馆这种行为是一件艺术品。在电影中，一个镜头内的结构是内联式结构，但我们知道，一个镜头与另一个镜头的前后组接(蒙太奇技术)具有特别的作用与意义，因此，这种组接对于其中一个镜头来说就是一种外联式结构方式。再如，现代建筑与雕塑都很讲究建筑、雕塑与环境之间的关系，这就是说，这里的建筑物与雕塑跟环境就构成一种外联式结构，我们要欣赏这样的建筑物与雕塑，我们就不能不考虑它们与周围环境之间的关系，等等。当然，这里的“内”与“外”只是相对的，当我们把一个事物与其他事物看成一个整体时，外联式结构就变成内联式结构了。

再次，无论什么结构都贮存着信息，这些信息包括自然信息与人有意贮存的信息。在人造实物中，包括在艺术中，其结构还都贮存着人有意识与无意识贮存进去的信息。

最后，结构是有层次的，而每一层次的结构都会贮存信息，我们从不同的层次会从中获得不同的信息，如我们在阅读《红楼梦》时，我们会从中获得若干信息，这些信息有作品的主题思想（对应于总体结构）、人物的形象与命运（对应于局部结构）、语言技巧（对应于基本结构即文字）等。

3. 一切艺术品都应能够激发人的情绪与对某种事物的情感

首先需要说明的是，这里的情绪与情感不仅仅是指积极的情绪与情感，而是还包括种种消极的情绪与情感。

（1）实例

让我们先来看几个艺术能够激发人的情绪与对某种事物的情感的实例。

周宪在《美学是什么》一书中给我们列举了好几个具体的例子："据说抗战时期在延安上演《白毛女》，激动的观众义愤填膺，冲上舞台为喜儿报仇，狠揍扮演恶霸黄世仁的演员；法国作家司汤达也记录了同样的事情，当莎士比亚的悲剧《奥赛罗》演到奥赛罗掐死心爱的苔斯德蒙娜时，一个剧院的卫兵竟气愤地向扮演奥赛罗的演员开了一枪。"[1]孙宜君在《影视鉴赏学》一书中也举了一个典型的例子：1915年3月，美国电影导演格里菲斯的代表作之一《一个国家的诞生》在洛杉矶首映，随后"即遭到了社会上许多人的强烈批评和抗议，在有些大中城市还引起骚乱；美国'全国促进有色人种福利协会'领导了规模很大的游行示威，抗议影片对黑人的种族歧视"[2]。在这些例子中，艺术的效果可能是有点出人意料的，但它们已足以说明艺术是有激发情绪与对某种事物的情感的能力的。

1917年，法国艺术家杜尚把一件题为《喷泉》的作品，署名为R·莫特送交在纽约的一个大型艺术展览会公开展览，但当这件作品送达时，展览会工作人员贝罗斯显示出非常激动的神情。让我们来看

① 周宪著：《美学是什么》，北京大学出版社，2002年1月版，第124页。

② 孙宜君著：《影视艺术鉴赏学》，中国广播电视出版社，2002年6月版，第287页。

贝罗斯与杜尚的朋友沃尔特在初次见面时的一段精彩场面：

> “我们不能展览它。”贝罗斯激动地说，并掏出手帕擦他的前额。
>
> “我们不能拒绝展出它，入场费已经全付了。”沃尔特温和地说。
>
> “这东西太下流了。”贝罗斯喊到。
>
> “这决定于用什么观点来看它。”沃尔特边说边挤出一丝鬼脸相。
>
> “肯定是什么人将它当作一个笑话送来，上面签着莫特两字，我觉得听起来很可疑。”贝罗斯讨厌地嘟哝着。沃尔特接近这件东西，并用手触摸它光滑的表面。带着一副哈佛教授式的尊严，他解释道：“一个多么可爱的形式，不受其功能的束缚。因此，人们一定赋予了它以美学价值。”
>
> 贝罗斯站开来了一些，他更愤怒了，似乎要将这个东西摔碎，“我们就是不能展览它，我只能说这些。”
>
> 沃尔特轻轻地触动了一下他的胳膊，“这正是关于所有的展览的，这是一个棋，艺术家可以展出他所选择的任何东西，只是让艺术家而不是别的什么人来制定什么是艺术。”[①]

据周宪说，“最初这件物品被展览会拒绝了，但后来却被美术界所接纳”[②]，而且“这件‘作品’后来却成为艺术界持续论辩的主题。这一辩论对美学来说，具有振聋发聩的作用。”[③]“无论你怎样看待《喷泉》，有一点是可以肯定的，那就是它的确粉碎了我们关于艺术和艺

① 周宪著：《美学是什么》，北京大学出版社，2002年1月版，第81-82页。

② 同上，第102页。

③ 同上，第82页。

术品的诸多习惯性看法，逼迫我们重新思考这个看似简单实则复杂的难题”①。

可以说，一件艺术品如果不能激发任何人的情绪与对某种事物的情感，那么，这件艺术品就不会被人当作艺术品了，人们只会把它当作一件可有可无的东西而随便看待与处理。

（2）他人的理论证据

艺术应能够激发人的情绪与情感，这也是为许许多多的理论家们所重视的。

亚里士多德早就针对悲剧艺术说过这样的话：“悲剧所摹仿的行动，不但要完整，而且要能引起恐惧与怜悯之情。如果一桩桩事件是意外的发生而彼此间又有因果关系，那就最能，[更能]产生这样的效果；这样的事件比自然发生，即偶然发生的事件，更为惊人（甚至偶然发生的事件，如果似有用意，似乎也非常惊人，例如……），这样的情节比较好。”②

文艺复兴时期意大利哲学家和语言学家马佐尼说：“作为一种摹仿的艺术，诗的目的在于再现一个形象；作为一种消遣，诗的目的在于娱乐；作为一种应受社会功能制约的消遣，诗的目的在于教益。现在我觉得可以补充一句：作为一种理性的功能，诗的目的在于产生惊奇感。”③

大文豪托尔斯泰对艺术的看法是这样的：“只要作者体验的情感感染了观众和听众，这就是艺术。”④“艺术是一种人类活动，其中一

---

① 周宪著：《美学是什么》，北京大学出版社，2002年1月版，第84页。

② 亚里士多德著：《诗学》，罗念生译；贺拉斯著：《诗艺》，杨周翰译，人民文学出版社，1962年12月北京第1版，第31－32页。

③ 北京大学哲学系美学教研室编：《西方美学家论美和美感》，商务印书馆，1980年5月版，第74页。

④ 列夫·托尔斯泰著：《艺术论》，张昕畅 刘岩 赵雪予译，中国人民大学出版社，2005年9月版，第41页。

个人有意识地用某种外在标志把自己体验的情感传达给别人，而别人被这种情感所感染，同时也体验着这种情感。”[①]“伟大的艺术作品之所以伟大，正因为它是通俗易懂的。约瑟的故事译成中文后，能感动中国人，释迦牟尼的故事同样能感动我们。建筑物、图画、雕像和音乐亦是如此。所以，如果说艺术不能感动人，便不能说这是由于受众不理解的缘故，而可以由此断定：这或是一种拙劣的艺术，或根本不是艺术。”[②]雨果则曾针对诗人说过这样的话：“当他攫住了你，你便被他俘虏了。你不要期待他有什么慈悲之心。他总要用残酷的方式来感动你。”[③]“诗人在他的作品里活动就像上帝在他的作品里活动一样；他使人感动、使人惊奇、对人加以鞭挞，或者把你扶起来，或者把你击倒，经常出乎你的期待一下子把你整个灵魂都掏出来。”[④]不仅于此，他还说过这样的话：“你们说，诗神是为了歌唱、为了爱、为了信仰和祈求而生的。这话也对，也不对。让我们来讲讲这个道理。歌唱什么？歌唱虚无吗？爱什么？爱自己吗？信仰什么？信仰教条吗？祈求什么？祈求偶像吗？这样说就不对。应该是这样的：歌唱理想，热爱人类，信仰进步，祈求永恒。”[⑤]这说明，雨果已经认识到艺术不仅应该能够激发人们的情绪与情感，而且还应该能让其所激发的情感指向合适的对象。

以上说法其思想和观点是非常直接与明显的，另外还有许多人，虽然他们的艺术定义不含情绪与情感的概念，甚至他们还反对把艺术定义为情绪与情感的激发，然而，他们也都强调艺术要能够激发人的情绪和情感而且也必须能够激发人的情绪和情感。世界上有谁不

① 列夫·托尔斯泰著：《艺术论》，张昕畅 刘岩 赵雪予译，中国人民大学出版社，2005年9月版，第41页。

② 同上，第91页。

③ 维克多·雨果著：《雨果论文学》，柳鸣九译，上海译文出版社，2011年4月版，第143页。

④ 同上，第144页。

⑤ 同上，第182页。

强调艺术要能感动人呢？古今中外，有哪一本美学著作或艺术著作少得了情绪、情感、生动、感动、感染或者震撼等词语呢？少了情绪与情感概念的美学或艺术著作能算是美学或艺术著作吗？世界上有谁愿意去欣赏与分析一件不能感动人、不能激动人的作品呢？一件不能感动人、不能激动人的作品能算是美与真正的艺术品吗？最后，有一些艺术家似乎姿态很高，然而，世界上真的会有一个艺术家，他希望他的作品悄无声息、默默无闻吗？

总之，美丽的美学认为，艺术必须要能激发人的情绪与对某种事物的情感。

二、美丽的美学的艺术定义

1. 创作者的思想与艺术之间的关系

在上面，我已经列举了所有艺术品的共性，那么，我们是否可以立即为艺术下定义呢？还不行。为什么？仔细考察一下这些共性本身，我们可以发现，既然艺术是人们有意识创作出来的，这也就是说艺术总是有思想的，而艺术又必须能够激发人们的情绪与对某种事物的情感，那么，艺术到底是为表现思想还是为了能够激发人们的情绪与情感而创作的呢？另外，亚里士多德曾经说过："整个悲剧艺术包含'形象'、'性格'、情节、言词、歌曲与'思想'。"[①]那么，艺术为什么要具备这些因素或成分呢？美丽的美学对这些因素是如何看待的呢？

对于上述亚里士多德的问题，美丽的美学认为，所有这些因素或成分（还有其他一些因素或成分）都是为激发情绪和情感服务的，这正如亚里士多德说过的："恐惧与怜悯之情可借'形象'来引起，也可借情节的安排来引起，以后一办法为佳，也显出诗人的才能更高明。

① 亚里士多德著：《诗学》，罗念生译；贺拉斯著：《诗艺》，杨周翰译，人民文学出版社，1962年12月北京第1版，第21页。

情节的安排，务求人们只听事件的发展，不必看表演，也能因那些事件的结果而惊心动魄，发生怜悯之情；任何人听见《俄狄浦斯王》的情节，都会这样受感动。”①至于这些因素或成分为什么都能激发人们的情绪或情感，其实原因很简单，这就是，它们都可能与人的情绪或情感建立起一种情-物联系，因此，它们也就能够激发人们的情绪与情感。在这里，笔者就不一一对上述那些因素或成分的作用多加阐述了，下面我只想就“思想”这一重要因素或成分在艺术中的作用及其与艺术的关系谈一点看法。

首先，美丽的美学认为，思想是艺术所必需的，思想对于艺术来说是不可缺少的，没有思想的艺术是不可能的，而且，思想是艺术激发情绪与情感的很重要的因素与力量。

在实际生活中，我们每一个人都有思想，只是有的思想很伟大，有的很渺小，有的很深刻，有的很肤浅，有的具有独创性，有的只是别人的翻版，有的很健康，有的有危害，有的是正确的，有的则是错误的。人们的思想也可以以各种方式表现出来，有的人会在哲学与科学研究与著作中系统地阐述自己的思想，有的人会在艺术中表现自己的思想，而更多的人则会在日常语言与行动中表现出自己的思想。有的思想，人们会主动地、积极地去表现，但更多的思想是人们在无意识之中表现出来的。实际上，人做任何事情都是有思想的，例如，即使是家庭主妇上街买菜也是有思想的——买菜人要考虑买什么菜、菜的价格如何、新鲜度如何、吃菜人的口味怎样等。由此我们可以断定，艺术一定是有思想的。

不过美丽的美学又认为，艺术只有肤浅的思想是不够的。虽然美丽的美学认为，艺术必须能激发人们的情绪与情感，但如果艺术只是能激发没有思想的情绪与情感，那么，这样的艺术就必然像过眼烟

---

① 亚里士多德著：《诗学》，罗念生译；贺拉斯著：《诗艺》，杨周翰译，人民文学出版社，1962年12月北京第1版，第42－43页。

云一样，不会在历史上留下什么痕迹，而思想却会因为具有一般性，能够穿透时空，能够广泛而持久地激发人们的情绪与情感，并能给人们以鼓舞、启发和教育等，因此，思想能使艺术具有广泛而持久的生命力。美丽的美学完全赞同罗丹的看法："你看一看艺术的杰作吧！艺术的整个美，来自思想，来自意图，来自作者在宇宙中得到启发的思想和意图。"[①]想一想哥白尼的日心说、达尔文的进化论、爱因斯坦的相对论等曾经给人激起多么强烈而持久的情绪与情感吧，想到这些，我们就不会怀疑思想具有强大而持久的激发情绪与情感的能力。在艺术中，有大量的作品因为具有深刻的思想性而具有极其强大的激发情绪与情感的能力，如曹植的七步诗："煮豆燃豆萁，豆在釜中泣。本是同根生，相煎何太急。"雪莱的富有哲理的诗句："冬天到了，春天还会远吗？"等就都是如此。实际上，人们也需要对于思想的感动、敬畏与尊重，如果人们没有对思想的感动、敬畏或尊重，那么，人们就不需要思想，也就不会产生什么思想了。

总之，美丽的美学非常赞同王宏建的观点："在审美活动中，在艺术中，情感与思想是交融在一起的。没有情感的艺术是说教，没有思想的艺术是说梦。"[②]

其次，虽然思想对于艺术是很重要的，艺术也能表现与传播思想，但艺术的使命和最高目的并不是为了表现思想，而是为了激发人们的情绪与对某种事物的情感。其理由有如下几点：

a）如果我们认为艺术是为表现思想而创作的，那么，我们就是要让艺术与哲学和科学去争饭碗。

我们知道，哲学与科学在探求思想时，主要是运用理性思维，这就是说，哲学家和科学家的态度是严谨的，思维是严密的，方法是科

① 奥古斯特·罗丹口述　葛赛尔记录：《罗丹艺术论》，沈宝基译，广西师范大学出版社，2002年10月版，第110页。

② 王宏建主编：《艺术概论》，文化艺术出版社，2000年1月版，第108页。

学的，其结论的精确度、可信度等都很高。而艺术家呢？我们知道，他们主要运用的是形象思维、直觉思维等思维方式。我们不能说所有的艺术家都不是思想家，都没有哲学头脑，都没有科学精神，更不能说他们的思想都是错误的，但他们在艺术中所表现出来的思想，其严谨性、清晰性与精确性等无论如何都是不能与哲学和科学相提并论的。王一川在童庆炳所主编的《文学理论教程》一书中说："整个文学活动带有话语蕴藉性质。"[①]而"蕴藉"一词就是指："文学作品中那种意义含蓄有余、蓄积深厚的状况。"[②]如果艺术是为表现、反映与传达思想的，那么艺术为什么要含蓄甚至模糊呢？模糊与含混不应该是反映、表现与传达等动作与行为所具有的性质，因为这是自相矛盾的，艺术既然要想表现、反映与传达思想，那么艺术就应该在表现、反映与传达思想时做到清楚明白才行，而在实际中，对于艺术所表达的思想甚至有时就连艺术家本人也无法说得清楚。相反，模糊与含混对激发情绪与情感却是有用的，是有积极作用的。模糊不是常常能激发人们进行探究的兴趣吗？人们不也是常常要赞美朦胧美吗？（如果要举例，也许是达·芬奇的《蒙娜丽莎》最著名、最有说服力了）。实际上，艺术家把艺术的思想与意义（含义）表现得含蓄与模糊一点，这常常能激发人们的探究兴趣，并且这还有可能会引起人们的佩服，而如果艺术在表现、反映与传达思想时做得十分清楚明白，那么，这样的艺术就常常没有什么"味道"而为人们所鄙视。因此，思想与其他因素一样，是艺术的一个组成部分，是用来指导、组织艺术创作和激发人们的情绪与情感的，而并不是只用来表现的，如此而已。如果我们认为艺术是为表现思想而创作的，那么我们会得出一个非常荒谬的结论，这就是，艺术是艺术家对自然、对现实、对生活等进行观察与思考的报告或是另一种形式的论文或论著。这是多么让人难

---

① 童庆炳主编：《文学理论教程》，高等教育出版社，1998年4月第2版，第73页。
② 同上，第72页。

以接受啊。

实际上，正如上面已经说过的，人做任何事情都是有思想的，然而，难道我们可以说人都是为了表现思想而去做事的吗？显然不是。对于艺术，我们同样不能认为艺术是为表现思想而创作的。

艺术不是为了表现思想意识而创作的，我们也可以从桑塔耶纳那里得到证明："当然，艺术这种工具是公共的财产，任何人都有自由把它们应用于新的用途。假如时至今日艺术仅仅被用作记录科学观念和个人忏悔的方法，文化的发展就颇耐人寻味了。不过，此种实验并没有成功，而且也很难成功。要阐明真理，还有更简单、更清楚、更令人满意的方法。一个真正研究历史或哲学的人，永不能满足于诗歌的含糊而片面的启示，更不用说造型艺术的默默无声的暗示了。他将立刻奔向艺术即使能体现却也不能表达的那些原理，一旦获得那些原理，艺术作品，如果它们除了暗示原理以外别无其他价值，就被他淡忘。形式将让位于公式，正如象形文字已经让位于拼音文字一样。"[①]当然，桑塔耶纳也并没有完全否定艺术表现真理的作用："真理的表现可以参与审美力量的作用，而且赋予艺术再现一种价值，没有这个价值，则这些作品就会使人反感。"[②]

b）艺术在激发人们的情绪与情感的时候可以同时表现思想，用激发情绪与情感来定义艺术符合简单性原则，而用表现思想来定义艺术不符合简单性原则。

我们知道，情绪与情感有积极的和消极的之分，而情感又是有对象的，因此，如果艺术能够激发人们对具有正面价值的事物的积极的情感，而对具有负面价值的事物能够激发人们的消极情感，那么，艺术的思想性就表现出来了，或者说艺术能够激发人们的情感就包含

---

① 乔治·桑塔耶纳著：《美感——美学大纲》，缪灵珠译，中国社会科学出版社，1982 年 12 月版，第 158 页。

② 同上。

了能够表现思想这一个重要的职能。相反,如果我们说艺术是专门为了表现思想而创作的,那么,我们就无法解释艺术为什么要激发人们的情绪与情感,也无法解释在艺术中为什么有大量的作品其思想很平庸却仍大受欢迎这种现象。关于思想与情绪、情感之间的关系,美丽的美学非常赞同朱光潜的观点:"诗人与哲学家究竟不同,他固然不能没有思想,但是他的思想未必是有方法系统的逻辑的推理,而是从生活中领悟出来,与感情打成一片,蕴藏在他的心灵的深处,到时机到来,忽然迸发,如灵光一现,所以,诗人的思想不能离开他的情感生活去研究。"①总之,思想与情绪、情感的不对称性只能使我们认为,在艺术中,思想是为激发情绪与情感服务的,而不是相反,即激发情绪与情感是为表现思想服务的。艺术虽然可以表现和传播思想,但艺术家不应该只为表现和传播思想而创作,艺术家如果要表现或传播思想,可以有很简单的方式,而不必借助于创作艺术这种很辛苦的方式。

c) 把表现思想作为艺术的定义不能通过音乐艺术这一关口。

对此,周海宏为我们强调得非常清楚:"音乐的本质属性决定了,它仅能在联觉对应关系规律的基础上,使人产生关于某种思想或戏剧性对象所包含的具体感性特征的联觉,而不能直接传达思想概念与戏剧情节本身。"②"音乐表现的本质在于表现人对外界与自身的感受与体验,而不在于力图再现视觉性对象或传达思想认识。某些仅以传达某种观念为核心目的的现代音乐作品,或以再现某种现实对象为核心目的的作品(如圣—桑《动物狂欢节》中的'钢琴家')之所以在艺术上是失败的、缺乏审美价值的,其美学上的根本原因正在于此。"③因此,从艺术的创作实践来看,正是由于许多人是为表现某种

① 朱光潜著:《诗论》,广西师范大学出版社,2004 年 11 月版,第 199 页。
② 张前主编:《音乐美学教程》,上海音乐出版社,2002 年 2 月版,第 130 页。
③ 同上,第 132 页。

思想或观点而创作的，他们没有认识到艺术是为激发人们的情绪与对某种事物的情感而创作的，结果他们的作品就只能是概念化的作品，是图说式的作品。对于这样的平庸甚至拙劣的作品，我们见得还少吗？我们愿意去欣赏这样的作品吗？

总之，思想对于艺术正如当代美国人类学家弗朗兹·博厄斯在《原始艺术》一书中所说的那样："单纯地想要表现某些事物，或用绘画形式传达思想其本身不能视为艺术，正像一句话或一个手势能表达思想，却不能算为艺术一样。"[①]艺术的欣赏者与创作者不应该把思想、意义、含义、意蕴等作为艺术的终极目标，取而代之的应该是情绪与对某种事物的情感。在艺术中，思想、意义、含义、意蕴等都只是艺术的配角，而不是艺术的主角，它们可以作为艺术家达到艺术终极目标的手段，但它们不能主次不分而喧宾夺主。

2. 普适的艺术定义

在上面，我已经对各种艺术品的共性做了一个仔细的搜寻，虽然我所用的实例很有限，但这并不妨碍我们得出艺术的定义，因为，被我们称为艺术的艺术品可以说是无限的，如果我们用归纳法来归纳艺术的定义，那么，无论我们用多少实例都实在做不到完全。实际上，我在归纳艺术的定义时，我是尽可能多地考察过各种艺术品，这其中包括音乐、舞蹈、文学、绘画、雕塑、戏剧、电影等，包括各种原始艺术、宗教艺术、传统艺术、现代与后现代艺术等，包括中国的与外国的艺术等，甚至我也考察过除了人之外的其他动物们的"艺术"。那么，美丽的美学为艺术所下的定义是什么呢？

综合我为各种艺术品的共性所作的分析，我们可以为艺术下这样的定义，这就是：艺术是人有意识、有目的创作出来的一种含有信息的结构，这种结构是专门用于通过人体内的情-物联系来应构人的情绪与对某种事物的情感的。这就是美丽的美学关于艺术的定义，

---

① 弗朗兹·博厄斯著：《原始艺术》，金辉译，贵州人民出版社，2004年12月版，第41页。

我称之为艺术的定义原理，它也是美丽的美学之第三个基本原理。

为了使各位读者能够准确地理解美丽的美学关于艺术的定义，下面我再对这个定义作一些简单的说明。

(1) 在前面我为艺术品所概括的几个共性中，其中任何一个都不是艺术品所独有的，一切人造事物都是人有意识、有目的地创造或制作出来的，也都有结构，有许多也都能激发人的情绪与对某种事物的情感，但只有这几个共性的结合才是艺术品所独有的，即只有人有意识、有目的地创造出来、专门用来应构人的情绪与对某种事物的情感的结构或事物才是艺术，而只有其中的一个因素或缺少其中的任何一个因素的结构或事物都不能被称为艺术。

(2) 美丽的美学把艺术定义为一种结构，这种结构是专门为应构人们的情绪与对某种事物的情感而创作的，但美丽的美学并不认为艺术只是为迎合与唤起人们的情绪与情感而创作的，美丽的美学认为，艺术还能让人们在欣赏过艺术之后认识与建立起新的情-物联系(情-物联系具有隐蔽性且是可以建立与改变的)，而这正是艺术的各种功能特别是一些重要的功能如审美功能、教育功能、认识功能等的基础(参见下一章)。实际上，“在某种意义上，艺术品是个性解放的见证。通常，我们的情感受到约束和压抑，而当我们凝神观照一件艺术品时，情感即刻得到宣泄。但这不仅仅是一种情感宣泄过程，而且是一种情感的强化、紧张化和升华过程。”①

(3) 美丽的美学之艺术定义告诉我们，艺术不应该仅仅是追求产生某种情绪，更重要的是应该能够进一步使人产生对某种事物的情感，而且情感可以是各种各样的，情感的对象也可以指向任何事物，甚至可以指向艺术本身(例如，前面我多次提到的杜尚的《喷泉》就是如此。按照美丽的美学之艺术的定义，杜尚的《喷泉》是一种名副其实的艺术)。艺术只有使人产生了对某种事物的情感，艺术才能

---

① 郝伯特·里德著:《艺术的真谛》,王柯平译,辽宁人民出版社,1987年8月版,第20页。

真正算是尽了她的义务与职责，这就如美国舞蹈理论家约翰·马丁在《舞蹈概论》一书中所说的："显而易见，舞蹈演员或其他艺术家的目的不在于简单地去唤起我们泛泛的感情，去让我们没完没了地激动，而在于使我们对某种特定的事物或场合产生特定的感情。"①

（4）在美丽的美学之艺术的定义中，有一点是需要特别指明的，这就是"人的"一词是指哪些人。笔者认为，这个词主要是指他人，但也包括艺术创作者自己。

在20世纪60年代，在德国诞生了一种美学理论叫接受美学，这种理论至今也还很有影响。接受美学的代表人物之一姚斯是从文学史的角度来阐述接受理论的，他说过："艺术作品的历史本质不仅在于它再现或表现的功能，而且在于它的影响之中。"②文学作品从根本上讲注定是为接受者而创作的③。周宁、金元浦在《接受美学与接受理论》一书的译者前言中说："与本文中心论相对，接受美学提出读者中心论。这不但在理论焦点上区别了接受美学与'新批评'，还标志着接受理论与后结构主义的反中心理论也有不同。强调读者的能动作用、阅读的创造性，强调接受的主体性，实际上是大众人道主义的觉醒；把文学'生产'从某些个人手中解放出来，这不仅是方法论的革新，还是一种新的理论成就。"④

考虑到接受美学的对艺术接受者作用的认识，美丽的美学也就注意到了艺术对他人的影响。又由于艺术创作具有主体性，在某种程度上还有自娱性，因此，在考察艺术的定义时，美丽的美学也就特别使用了"人的"这一限定词，这个词主要是指他人，但也包括艺术创作者自己。

---

① 约翰·马丁著：《舞蹈概论》，欧建平译，文化艺术出版社，2005年3月版，第51页。

② H·R·姚斯 R·C·霍拉勃著：《接受美学与接受理论》，周宁 金元浦译，辽宁人民出版社，1987年9月版，第19页。

③ 同上，第23页。

④ 同上，译者前言第2页。

(5) 由于结构总是贮存着信息的，因此，艺术就总是有内容的。这些内容有事件、情节、人物形象与命运，有创作者的思想与意识、创作方法、创作风格等，但美丽的美学认为，艺术中的内容是由于应构而为人所了解与知道的，且内容也是为应构人的情绪与对某种事物的情感而服务与存在的。另外，由于艺术的结构是很复杂的，是多层次的，艺术欣赏者对于艺术的应构过程是极其复杂的，人体内的情-物联系也是极其多样与复杂的，因此，不同的艺术欣赏者从艺术中获得的信息是不会完全相同的，人们从艺术中获得的体验也是不会完全相同的。

(6) 从美丽的美学关于艺术的定义我们可以看出，艺术的目的是专门用来应构人的情绪与对某种事物的情感的(如果艺术家通过其所创作的结构及我们体内的情-物联系对我们应构出艺术家想要应构的情绪与情感，那么，我们可以说，我们与这个艺术家发生了“共鸣”——美学中的共鸣)，由此，我们就可以判定什么是艺术，什么不是艺术，可以把艺术与其他一切人造事物与人类活动如哲学、科学、政治、经济、宗教、军事、技术、教育、体育、普通意义上的劳动等区别开来，因为，这些活动与产品的目的都与艺术的目的不同，艺术的目的是人专门创作出来用以应构人的情绪与对某种事物的情感，而其他任何人类活动或产品的目的都不是如此。

有一种人类的活动或产品倒是值得与艺术区别一下，这种活动或产品就是游戏。游戏活动或游戏产品能不能被称作艺术呢？答案是不能。虽然艺术与游戏都能激发人的情绪与情感，但艺术与游戏还是有一些重要的区别的，这就是，游戏一般具有学习性，具有自娱性，游戏一般也不够严肃，游戏所激发的情感其对象常为游戏本身(即所谓的对游戏的上瘾)等。正是由于游戏与艺术有这些重要的区别，因此，游戏不能被称作艺术，设计与创造游戏的人不能被称作艺术家，同时，也正因为艺术与游戏有这些区别，人类有伟大的艺术而没有伟大的游戏。

(7) 根据美丽的美学之艺术的定义，我们还可以区分“艺术”与“用艺术”、可以区分“艺术”与“艺术化”这两组概念。

可以说人类的一切活动都可以运用艺术，但“用艺术”并不等于艺术。如果人类的某种活动是专门用来激发情绪与对某种事物情感的，那么，这种活动可称为艺术，而如果这种活动是为了其他某种目的的，那么，这种活动就不能称为艺术，尽管这种活动可能运用了许多艺术的元素与能力。例如，教学活动可以运用艺术，但教学活动本身并不能被称为艺术。

我们也可以使人类的某种活动或人造物“艺术化”，使其具有艺术性，即让人类的某种活动或人造物具有激发人的情绪与对某种事物情感的力量。这完全是有可能的，这方面的事例也是多得无法计算的，如我们可以让演讲艺术化、让教学艺术化、让节目主持艺术化、让新闻传播艺术化、让商业广告艺术化等。例如，笔者认为，美国电影奥斯卡奖的颁奖晚会与程序就具有艺术性，因为，主持人在颁奖过程中，总是妙语连珠，而且，他们总是把最有悬念、人们最感兴趣的奖项——最佳故事片奖放在最后颁发，整个颁奖过程很能够吸引人，并在最后把晚会推向高潮。当然，“艺术化”与艺术也不相等，因为，前者不能让激发情绪与情感的目的独立，或者让激发情绪与情感成为主要目的，而后者即艺术却可以让激发情绪与情感的目的独立或者让这个目的成为主要目的或第一目的。

(8) 根据美丽的美学之艺术的定义，我们可以为各种艺术门类划分层次，这就是：处于艺术核心层次的有诗歌、音乐、舞蹈、绘画、雕塑、戏剧、小说、电影等，它们之所以处于核心层次，是因为它们完全符合艺术的定义。这些艺术可称为是纯粹的艺术。处于艺术核心层次之外的艺术有两类：第一类是那些与人的实际需要有关的艺术或是一些依附于实用品的艺术，如建筑艺术、服装设计、装饰装潢等。这类作品虽然可以满足人们的实际需要，但人们在创作它们时，并不仅仅考虑如何让它们满足人的实际需要，还要考虑另外的与重要的东西，即如何让它们还能够激发人们的情绪和对某种事物的情感，如埃及的金字塔、中国的故宫、美国的自由女神像等就是如此——由于它们在被创作时，人们除了要考虑让它们具有实际的即物质性的功用之外，人们还考虑要让它们具有激发情绪与情感的作用，因此，它们可以说是名副其实的艺术。不过由于这一类的艺术与实际功用联系在一起，因此，有许多这类作品通常并不会被人称作艺术；处于艺术核心层次外面第二类的艺术是像杂技、魔术之类的艺术。这些艺术也是以激发人们的情绪与情感为目的的，但由于它们用于激发人们的情绪与情感时所用的题材是很专业、很狭窄的，方法是很独特的——它们仅仅是通过表现一些高难度的动作与技巧来激发人们的情绪与情感，而且情感对象也是很有限的，因此，它们可被称作艺术，但也常常不被人们称作艺术。核心艺术与非核心艺术的关系可用下列图式表示：

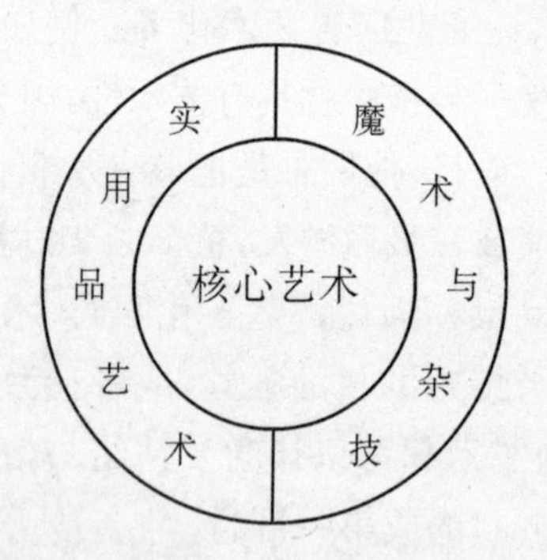

第八章

艺术的功能与价值

在上一章，我已经给出美丽的美学关于艺术的定义，她也是美丽的美学的第三个基本原理。下面我就用这个原理来考察有关艺术的其他一些问题，本章主要来考察艺术的功能与价值问题。

第一节　艺术的功能及其实现机制

众所周知，艺术是为许多人所推崇的，有人会终生以此为职业，甚至有人会不惜牺牲自己的自由、幸福与生命而在从事艺术创作，那么，这是为什么呢？另外，艺术是具有许多功能的，例如娱乐功能、审美功能、教育功能、认识功能等。那么，艺术何以具有人所周知的强大功能呢？艺术的功能又是怎样实现的呢？下面让我们先来看艺术的几个具体功能的实现机制，然后我们再来探讨艺术的一般功能。

一、艺术的几种具体功能的实现机制

美丽的美学关于艺术的定义是这样的：艺术是一种结构，是人有意识地专门为应构人的情绪与对某种事物的情感而创作的。有了这个定义，艺术的几种常见的具体功能就不难解释了。

1. 娱乐功能

就文学艺术的娱乐功能，姚文放在《文学理论》一书中说："文艺的娱乐功能始终存在着并起着重要的作用，试问有谁是专门为着受教育而走进剧场、电影院的？又有谁是特地为着接受某种思想观点和世界观体系而阅读小说、吟咏诗词的？……特别是在今天，人们的生活水平提高、生活条件改善、闲暇时间增多，特别是大众传播媒介的介入和现代科学技术的加盟，文艺的娱乐功能的重要性在诸种功能中愈发凸现出来，文艺的消遣性、休闲性乃至刺激性愈发受到人们的青睐，各种大众文化形式如武侠、言情、推理、侦探、警匪类的流行小说和畅销书，各种旅行读物和周末小报，电视小品和小品化的电视剧，还有卡拉OK、迪斯科、流行歌曲、卡通片等，都以追求娱乐性为主要宗旨，以适应人们宣泄和调整在高速度、快节奏的现代生活中所产生的复杂多变的情感之需要，因此，在文学研究中给予文学的娱乐功能以应有的重视乃是势在必行。"①

那么，艺术为什么会具有娱乐功能呢？其娱乐功能又是怎样实现的呢？在美丽的美学看来，这两个问题都很简单。在日常生活与劳动实践中，许许多多的事物都会因为这样或那样的原因与人的愉快情绪建立起某种联系，如果艺术把这些事物用特定的结构或形式应构出来，或者是直接把人的愉快情绪的诸方面特征如快慢、紧张度、强弱、高低、长度、丰富性等用特定的结构或形式应构出来，那么此时，只要艺术的欣赏者具有与创作者类似或相同的情-物联系，艺术的欣赏者就会十分自然地、没有任何困难地产生出愉快情绪。例如，许许多多的滑稽小品就有这样的功能等。艺术能够通过其结构与人体内的情-物联系应构出人的愉快情绪，这就是艺术具有娱乐功能的根本原因，而艺术一旦通过其结构与人体内的情-物联系应构出人的愉快情绪，那么，艺术也就实现了她的娱乐功能。这就是美丽的

---

① 姚文放著：《文学理论》，江苏教育出版社，2000年9月第2版，第126－127页。

美学对于艺术为什么会具有娱乐功能、其娱乐功能又是怎样实现的这两个问题的回答。

在实际中，有许多艺术品能够激发人的消极情绪，而且更让一些人觉得不可思议的是，有许多人明明知道某件艺术品能够激发人的消极情绪，如有许多人明明知道某部电影是一部悲剧、是一部灾难片甚至是一部恐怖片等，但他们仍然会走进电影院去看这部电影。这到底是怎么一回事呢？这是否与艺术具有娱乐功能相矛盾呢？不矛盾。这是由于，这时艺术激发人的情绪所采用的方式是应构的方式，是与实际需要无关的方式，因此，只要此时欣赏人还很清醒，知道艺术所激发的消极的情绪对人并没有什么危害，加上人在产生强烈的消极情绪之后，总有一种如释重负的感觉与体验，那么，此时人对这样的消极情绪的体验就具有娱乐效果了，或者说艺术的娱乐作用就这样产生了。例如，当人们在工作感到疲惫时去听听音乐、跳跳舞，或者去看一部电影等，那么，这时的艺术只要能激发出人的某些情绪与情感，使得人体内的那些已经疲劳的部分神经与肌肉等得到休息，那么，此时的艺术就会有放松功能与娱乐功能。由于人们在疲劳、紧张之余总想放松一下，因此，人们还是能够接受那些能激发人的消极情绪的艺术作品的，而如果艺术品还具有其他一些积极的功能，那么，人们喜欢这样的作品也就很自然了。

当然，艺术不仅仅只有娱乐功能，因为果若如此，艺术功能就名不副实了，艺术也就不值得许许多多的人为之着迷、推崇与努力了。下面我们再来看艺术的其他功能及其实现机制。

2. 审美功能

前面我在论述美及其有关问题时，所举的事例多数都是艺术，这足以说明艺术是有审美功能的，那么，艺术为什么会具有审美功能呢？实际上，艺术具有审美功能在美丽的美学看来是十分自然的。在美丽的美学看来，艺术是专门用来应构人的情绪及对某种事物的情感的，而从美丽的美学关于美的定义可知，如果一个物体通过其结构与欣赏者体内的情-物联系应构出欣赏者的愉快情绪及对某种事物的积极的情感，那么，这个物体就是美或美的，或者说这个物体也就具有了审美的功能，因此，只要艺术能够应构出人的愉快情绪与对某种事物的积极的情感，那么，艺术就有了审美功能与价值。这就是艺术具有审美功能与价值的原因之所在。

那么，艺术就等于美吗？现在让我们来看一看艺术与美的联系与区别。

在美学史中，把美等同于艺术或者把艺术等同于美的人是很多的。固然把艺术等同于美能为艺术的种种问题找到一个“合理的”根据，可以提高艺术的地位与尊严，然而，这终究是没有普遍性的，是不正确的。在历史上，托尔斯泰就坚决反对把艺术等同于美的做法，他认为：“尽管谈论艺术的书籍堆积如山，但至今也没有正确的艺术定义。其原因在于，以‘美’的概念作了艺术概念的基础。”①“当人们不再将‘美’，即快乐看成是艺术的目的时，人们才会认识艺术的意义。”②

赫伯特·里德对于艺术与美的关系也表示出与托尔斯泰相类似的观点：“我们之所以对艺术有许多误解，主要因为我们在使用‘艺术’和‘美’这两个字眼时缺乏一致性。可以说，我们长期以来一直滥用着这两个词。我们总以为凡是美的就是艺术，或者说，凡是艺术就是美的，凡是不美的就不是艺术，丑是对艺术的否定。这种对艺术和美的区别是妨碍我们鉴赏艺术的根本原因，甚至对于那些美感十分灵敏的人来说也是如此。此外，在艺术非美的特定情况下，这种把美与艺术混同一谈的假说往往在无意之中会起一种妨碍正常审美活动的作用。事实上，艺术并不一定等于美。这一点已无须翻来覆去地重申强调了。因为，无论我们是从历史角度（艺术的历史沿

---

① 列夫·托尔斯泰著：《艺术论》，张昕畅 刘岩 赵雪予译，中国人民大学出版社，2005年9月版，第37页。

② 同上，第36页。

革），还是从社会学角度（目前世界各地现存的艺术形态）来看待这个问题，我们都将会发现艺术无论在过去还是现在，常常是一件不美的东西。”①“可以说，在关于艺术的讨论中，之所以出现混乱，正因为未能把美学与艺术明确地区别开来。”②“艺术与美之间并无必然的联系。”③

我国台湾的汉保德对艺术与美的不同则认识得更加具体、全面与深刻：“文学与艺术的价值不限于美，而美的存在又不限于文学与艺术。两者好比相交的圆圈，固然有相叠的地方，但更有不相叠的地方。其实相叠处远不如不相叠处多。”④“艺术不是只为美服务。”⑤“为美服务的艺术是西方艺术古典传统的末流。认真的艺术家对于19世纪欧洲的‘美’术是不当艺术看的。正因为美，艺术界反而看不起它们。这种情形在中国的艺术中也是存在的。中国的书画如果因笔墨技术纯熟而呈现美感，就会被评为甜俗而被认为艺术的成就不高。可见艺术与美的价值未尽重合。”⑥“不具备美感的艺术有其他的精神价值。”⑦

那么美丽的美学是如何看待美和艺术的关系的呢？答案就是，从美丽的美学关于美和艺术的定义可知，艺术并不等于美，艺术既不等于名词美，更不等于形容词美。实际上，当我们用美来赞扬某些艺术作品时，这也就意味着其他某些艺术作品并不会是美的。就艺术与名词美的关系而言，艺术与名词美仅仅是交叉关系，而不是从属关系——艺术既不从属于美，美也不从属于艺术，只有那些能够激发出

---

① 郝伯特·里德著：《艺术的真谛》，王柯平译，辽宁人民出版社，1987年8月版，第4页。
② 同上，第7－8页。
③ 同上，第3页。
④ 汉宝德著：《美，从茶杯开始：汉宝德谈美》，广西师范大学出版社，2006年10月版，第13页。
⑤ 同上，第14页。
⑥ 同上，第15页。
⑦ 同上，第18－19页。

人们的愉快情绪与对某种事物的积极情感的艺术才是美——艺术美或是美的艺术。

艺术不等于美，我们不仅能从理论上得到说明，而且也能得到实践的证明。我们不是常常批评某件艺术品是平庸的甚至是丑陋的吗？前面提到的杜尚的《喷泉》不是说已经被认为是一件艺术品吗？然而到底有多少人认为这件艺术品是美的呢？再如，“据说，乌干达的原始部落的人曾在他们的女人的嘴唇上放置木制的圆片，使她们变得丑些，以免敌人会把她们抢走。一幅政治漫画，也许是想要激起人们对画中表现的人或思想的愤恨和厌恶，而不是为了要引起人们对漫画本身感到愉悦或赞赏。”①而在宗教中，许多宗教艺术作品如宗教建筑、宗教雕塑等，它们并不能被人们称为是为人们审美而创作的，它们应该是为了激发人们的神秘感、恐惧感或敬畏感而创作的，例如我国的乐山大佛雕像就是如此。由晁方方、高卉民主编的《中国美术欣赏》为我们介绍道：

乐山大佛为唐代彩绘雕刻，是世界上最大的石刻弥勒佛坐像。它是依山壁凿岩而成，佛像总高 71 米。头高 14.7 米，头宽 10 米，肩宽 28 米，手指长 8.3 米。佛像体形魁伟高大，比例匀称，双目微睁，远眺峨眉，近瞰乐山，面容端庄慈祥，形神兼备，巨细和谐，令人叹为观止。据载，佛像由海通禅师于唐玄宗开元年间开凿，海通圆寂后，由川西节度使韦皋主持，继续兴造。前后持续了 90 年，完成时米勒佛坐像，彩绘全身，并修建宽 60 米、7 层 13 檐的大佛阁保护它。大佛阁宋时称凌云阁、天宁阁，于明时毁圮。虽经千年风雨，大佛依旧基本完好，大佛造型精美，刀法洗练，粗犷豪放，体面严整，线条遒劲，成为雕塑史、佛教史的

---

① 托马斯·门罗著：《走向科学的美学》，石天曙 滕守尧译，中国文联出版公司，1985 年 1 月版，第 450 页。

一大奇迹。

从三个角度观赏大佛，会有不同之感。

泛舟江中，会看到大佛坐于青山绿丛中，与周围环境融为一体。此时恰好印证了“山如佛，佛如山”的俗语。

如果在山顶看大佛，首先入眼的是大佛头上的1 021个发髻，再就是旁边的3.3米长的眼睛、5.6米高的鼻子和7米大的耳朵。在这里，人与大佛同处一个视点，远处是三峨秀色，下面是波光云影，耳边是松涛竹韵。

若是顺栈道而下，可以下到大佛的脚旁。大佛的脚面可围坐百十余人，抬头仰面，大佛高俊巍峨，与云为伴，让人敬畏不已。①

乐山大佛是供人们审美的吗？我想，凡是对宗教（这里是对佛教）怀有敬畏之心的人都是绝对不敢说是的。

总之，尽管有许多艺术品看起来是美的，然而，也有许多艺术品并不能让人感受到美，就是说这些艺术品并不都是专门为了审美而创作的，并不都是专门为了激发愉快情绪与积极情感而创作的，而是专门为激发人们的其他某些情绪与情感而创作的。在实际中，有时如果我们仅仅从美的角度来评判艺术，这不但不会增加艺术的价值，甚至反而会降低艺术的价值，因为我们知道，艺术的价值并不是美能完全囊括的，艺术的价值是有其独立的评判标准的（参见后面的内容）。我们再也不能认为美等同于艺术或认为艺术等同于美了，如果我们还继续认为艺术等同于美或美等同于艺术，那么我想上帝会发笑甚至会发怒的。

上述美（名词）与艺术之间的关系可用如下图式来表示：

---

① 晁方方　高卉民主编：《中国美术欣赏》，辽宁美术出版社，2006年6月版，第51页。

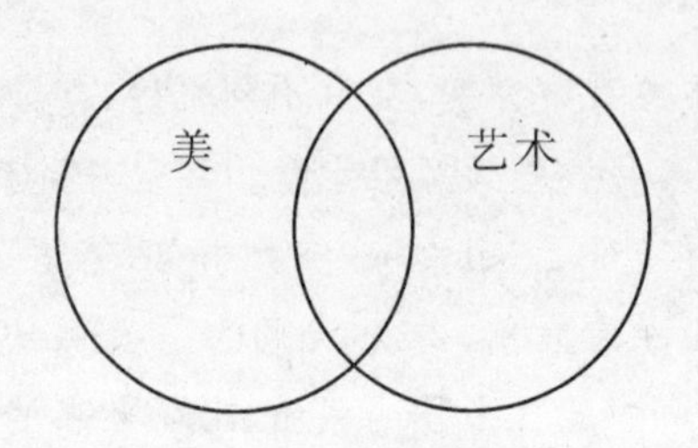

在上面的关系图中，美所在的圆圈与艺术所在的圆圈有一部分是重合的，重合的部分表示艺术美或美的艺术，而不重合的部分，在“美”这一方有自然美、社会美等，而在“艺术”这一方则有不美的艺术等。

当然，艺术虽与美不同，但艺术却为人们提供了一个极为重要的美的来源。虽然美在自然界中、在人类社会中是到处都可能有的，但艺术却为人们欣赏到更多的美、更强大的美提供了可能性。借助于艺术，人们可以欣赏到各种各样的美。不仅如此，艺术还可以很方便地把人们的美感指向特定的对象，使人们对特定的对象产生诸如爱、兴趣、崇敬、追求等积极情感，从而能有目的、有意识地为人们向和谐的、合理的、高尚的与幸福的目标迈进提供精神动力。

3. **教育功能**

在现代社会，我们时刻都处在艺术的包围之中，我们会听音乐，会看到美术，会看电影，会阅读诗歌与小说等，而就在这些接受艺术的过程中，我们每时每刻都受着艺术的影响，随时随地受到艺术的熏陶与教育，这就是艺术的教育功能。那么，艺术何以具有教育功能呢？艺术的教育功能又是怎样实现的呢？

按照美丽的美学之艺术定义，艺术的教育功能很好解释，即艺术的教育功能是与艺术所激发的情绪与情感有积极与消极之分、情感的对象有伟大与渺小、高尚与卑鄙、纯洁与污浊、进步与落后之分等有关的，如果艺术能够激发我们对高尚的、纯洁的或先进的事物以积极情感，而对一切不合理的、卑鄙的或邪恶的事物能产生消极的情感，那么，艺术的教育意义就显示出来了。由于艺术所激发出来的情感总与一定的事物或对象联系在一起，并会以新的情-物联系暂时或永久固化在人体中，因此，这些情感会在人的日常生活或劳动实践中流露出来，具体表现就是这种情感会影响他的思想与行为，而艺术所激发的情绪与情感在影响了人的思想或行为之后，我们也就可以说艺术实现了她的伟大的教育功能。例如，龚妮丽的《音乐美学论纲》一书就告诉我们："贝多芬著名的《第九交响乐》、冼星海的《黄河大合唱》都是震撼人心的音乐精品，它们使人们从情感上接受了诸如团结、凝聚、忘我、奋进的精神品质。音乐将和谐完整的形式与丰富多样的情感内容结合，陶冶人们的心灵，一旦这种和谐、整体的观念变成人的纯理性的能力，人就会自觉地克服和战胜那些基于生理本能的自然感性和非理性的情绪，而不计个人得失，为实现善的最高理想贡献自己的才智。"①再如，当我们在阅读了高尔基的《海燕》之后，在读到"让暴风雨来得更猛烈些吧"的时候，我们会斗志昂扬，我们会对前途、对命运充满必胜的信心，这难道不就是《海燕》的一个很好的教育效果吗？另外，当我们读过莫泊桑的《项链》之后，在我们感慨女主人公的虚荣心之时，这不就表明我们已经受到某种教育了吗？

需要说明的是，如果我们先不谈教育的性质或后果，那么我们就可以说，只要艺术能够激发人们的情绪与情感，艺术就总是对人有一定的影响，艺术就总是具有一定的教育意义或功能的。正是由于这个原因，所以，千百年来就有无数的、伟大的思想家、哲学家、美学家、艺术家、教育家等都特别强调艺术的教育功能，并要求艺术千万不能对人产生消极的影响。例如，笔者认为，美国和其他一些国家对电影实行分级，这是很科学、很合理的，因为，这可以允许电影大胆地进行探索与表现，又可以防止电影对某些人如对儿童产生不良的教育作

① 龚妮丽著：《音乐美学论纲》，中国社会科学出版社，2002年12月版，第183页。

用。由此，艺术家在创作时一定要注意艺术的教育功能与后果，千万不能忽视艺术所潜在的教育功能，这应是一个负责任的艺术家所应具备的基本常识与素质之一。我们不仅要注意避免艺术对人所产生的消极的教育作用，我们还应该充分利用艺术的教育功能，发挥艺术的积极意义与作用。“说教目的本身并非坏事。现代小说家对说教这一危险避之犹恐不及，结果往往变得奇怪地不真实了。有时，他对艺术至上主义的纯洁信仰也变得毫无吸引力了。在现代小说家中，最勇敢者仍冒险给人们以教谕，他们并不怕使用宗教、科学、哲学和政治字眼。”[①]美国文学家索尔·贝娄曾经如是说道。

两千多年前，贺拉斯曾要求艺术“寓教于乐”，他认为：“诗人的愿望应该是给人益处和乐趣，他写的东西应该给人以快感，同时对生活有帮助……戏剧……如果是一出毫无益处的戏剧，长老的‘百人连’就会把它驱下舞台；如果这出戏毫无趣味，高傲的青年骑士便会掉头不顾。寓教于乐，既劝谕读者，又使他喜爱，才能符合众望。这样的作品才能使索修斯兄弟赚钱，才能使作者扬名海外，留芳千古。”[②]从此，“寓教于乐”就成了许多艺术家与艺术理论家对艺术的一个很重要的标准与要求。

美丽的美学非常赞同贺拉斯的主张，不过美丽的美学认为，艺术并不会仅仅能寓教于乐，艺术也能寓教于悲，寓教于爱，寓教于恨，寓教于美，寓教于丑，总之，艺术能寓教于情，而且也主要是寓教于情的，在我们欣赏过那些伟大的艺术品时，我们总是能在激发出一些情绪与情感之后受到相应的与正面的教育，这正如维克多·雨果所说的：“一个有才智的人是什么？就是哺育众生的人。诗人生来既是

① 宋兆霖主编，雨林编：《诺贝尔文学奖文库创作谈卷》，浙江文艺出版社，1998年5月版，第331页。

② 亚里士多德著：《诗学》，罗念生译；贺拉斯著：《诗艺》，杨周翰译。人民文学出版社，1962年12月版，第155页。

为了威吓也是为了给予。他使压迫者产生恐惧心理，使被压迫者心情安稳、得到慰藉。使刽子手们在他们血红的床上坐卧不宁，这便是诗人的光荣。经常总是由于诗人，暴君才惊醒过来这样说：'我又做了一场噩梦。'所有的奴隶、被压迫者、受苦者、被骗者、不幸者、不得温饱者，都有权向诗人提出要求；诗人有一个债主，那便是人类。"① "诗人负担着灵魂的责任，不应该让群众没有得到一些辛辣而深刻的道德教训就走出戏院。所以，他真正希望，愿上帝帮助，在舞台上永远只演出富有教育和劝诫作用的东西（至少在我们所处的严肃时期都应该如此）。"②艺术应该要让人们爱应该爱的，恨应该恨的。当然，艺术不应该仅仅教人们爱和恨。

4. 认识功能

艺术具有认识功能首先是因为艺术能激发我们的情绪及对某种事物的情感，在艺术激发了我们的情绪及对某种事物的情感之后，艺术就让我们首先能够从情绪与情感上肯定了什么、否定了什么，接受了什么、拒绝了什么。艺术的认识功能和娱乐功能、审美功能、教育功能一样是天生的。例如，我们可以从裴多菲的《自由与爱情》诗："生命诚可贵，爱情价更高；若为自由故，二者皆可抛。"（殷夫译）中，认识和接受自由、爱情和生命的价值及其顺序等，而这些事物的价值大小，如果我们用讲道理、摆事实的方法来说明，那么它们恐怕是很难说得清楚的，从而也就很难让人信服。另外，在艺术激发出人的情绪与情感之后，人们会产生思考的兴趣，如在欣赏过一部悲剧之后，人们会思考和讨论悲剧发生的原因，而不管思考的结果正确与否，这也应该算是艺术具有认识功能的表现。

其次，通过艺术我们可以了解一些关于艺术家的思想、观念、倾

---

① 维克多·雨果著：《雨果论文学》，柳鸣九译，上海译文出版社，2011年4月版，第198页。

② 同上，第106－107页。

向、态度、风格与创作方法等。艺术是由艺术家有目的、有意识地创造的，因此，艺术总是或多或少地反映了艺术家的一些思想、观念、倾向、态度、风格与创作方法等。当然，艺术并不是为了直接反映这些内容而创作的。另外，一件艺术品也不能反映艺术家全部的思想、态度等，而且也不能清晰地反映艺术家的思想或态度等，但不管怎么说，我们总还是可以从艺术所激发的情感的性质与情感的对象上，看出艺术家的情感取向与思想脉搏等的。

再次，通过艺术我们可以了解一些关于现实的情况。在很早很早以前，艺术家们就发现，在生活与各种劳动实践中有许多人物、事迹或事件等是相当动人的，是能够激发人们的情绪与对某种事物的情感的，因此，把这些天生就具有艺术潜力的素材用到艺术中就是创作艺术的非常好的与非常方便的方法之一。运用这种方法进行创作的艺术门类或艺术品是很多的，如文学、绘画、雕刻、戏剧、电影等。通过这些艺术品，我们的欣赏者不能从中了解一些客观现实的情况根本是不可能的，这正如姚文放所说的："人们通过阅读文学作品，往往可以了解到各个时代的社会生活风貌，获得丰富的历史知识、社会知识和人生经验"①，因此，从这里看，艺术具有认识功能也是非常自然的。

需要说明的是，艺术并不等于现实，不等于历史，为了达到艺术的效果，即激发情绪与情感的效果，艺术中充满了变形、夸张与虚构等，因此，艺术所提供的认识知识需要甄别，需要考证，而不能盲从甚至是迷信。事实上，艺术如果不能激发人们的情绪与情感，那么谁也不会去从艺术品中获得什么知识与经验。当然，我们也不能就此就否定艺术，否认艺术的生存权利，因为，艺术的目的不在反映什么，反映仅仅是创作艺术的一种方法而已(参见下一章)。艺术的目的是激发人们的情绪与对某种事物的情感，这个目的是艺术所独有的，但也

① 姚文放著:《文学理论》,江苏教育出版社,2000年9月第2版,第117-118页。

是有极高的功能与价值的。

接着，艺术能够培养人们的想象力。

想象力无论是对于艺术还是对于科学研究都是十分重要的，甚至可以说是不可缺少的，爱因斯坦曾经说过："想象力比知识更重要。"既然想象力很重要，那么想象力该如何培养呢？培养想象力的方法有很多种，而通过艺术来培养想象力是其中的好方法之一。

在文学中，虽然语音和文字本身并不能直接给我们以人物或事物的形象，我们只能借助于想象才能理解和欣赏文学作品，然而这样也就够了，因此，阅读和欣赏文学作品的过程也就是培养想象力的过程。

在绘画中，德国启蒙运动时期的戏剧家莱辛在《拉奥孔》一书中曾经说过："既然在永远变化的自然中，艺术家只能选用某一顷刻，特别是画家还只能从某一角度来运用这一顷刻；既然艺术家的作品之所以被创造出来，并不是让人一看了事，还要让人玩索，而且长期地反复玩索；那么，我们就可以有把握地说，选择上述某一顷刻以及观察它的某一个角度，就要看它能否产生最大效果了。最能产生效果的只能是可以让想象自由活动的那一顷刻了。我们愈看下去，就一定在它里面愈能想出更多的东西来。我们在它里面愈能想出更多的东西来，也就一定愈相信自己看到了这些东西。在一种激情的整个过程里，最不能显出这种好处的莫过于它的顶点。到了顶点就到了止境，眼睛就不能朝更远的地方去看，想象就被捆住了翅膀，因为，想象跳不出感官印象，就只能在这个印象下面设想一些较软弱的形象，对于这些形象，表情已达到了看得见的极限，这就给想象划了界限，使它不能向上超越一步。"①这段话很清楚地告诉我们，绘画对培养人的想象力是大有帮助的。

音乐虽不能直接描绘事物的形象，但音乐同样可激发人们的想象，这是因为，一方面声音的一些特征可以使人产生对某种人物或事

① 莱辛著：《拉奥孔》，朱光潜译，安徽教育出版社，2006年8月第2版，第19－20页。

物的联觉，另一方面音乐在激发了人的某种情绪或情感之后，人会反过来利用情-物联系来产生一些想象。例如，当我们在听阿炳的《二泉映月》时，我们会回忆起我们曾经经历过的磨难，而当我们在听何占豪与陈钢的小提琴协奏曲《梁山伯与祝英台》时，我们又会想起我们曾经有过的甜蜜而苦涩的恋爱经历等。

同样，如果艺术不能激发人们的情绪与情感，那么，我们也不会用艺术来培养什么想象力。

最后，艺术还能够培养人的创造力。在科学中，知识具有相对的稳定性，其创造性在形式上与在内容上都显示得不太明显，而艺术就不同了，艺术的创造性显得非常明显，在短时间内，我们会很容易地体验到艺术的创造性，例如，就绘画而言，我们就很容易发现艺术风格与技艺的变化与发展，从而体验到艺术的创造性。因此，艺术对于培养人的创造意识、创造精神与创造能力是大有帮助的。另外，由于艺术能够培养人的想象力，这对于培养人的创造力也是极为有利的。当然，如果艺术不能激发人们的情绪与情感，那么，人们也不会用艺术来培养创造力并从中获得创造力了。

二、艺术的一般功能

在前面，我已经解释和阐述过艺术的几种常见的功能与实现机制，那么，艺术的一般功能是什么呢？

在美丽的美学看来，艺术是专门用来激发人的情绪与对某种事物的情感的（包括消极情绪与消极情感），艺术的作用与功能是与人的情绪与情感的作用与功能息息相关的，艺术有其种种作用与功能是与人的情绪与情感对人有着重要的作用与功能分不开的，因此，如果艺术实现了她的本来目的，那么，艺术就具有了一般功能，并从而使艺术具有了种种具体的功能。美丽的美学认为，艺术的一般功能就是艺术能够激发人的情绪与对某种事物的情感。

现在我们可以知道人类为什么广泛地需要艺术了。正是由于艺术具有上述的一般功能，艺术才有那么多的具体功能，艺术对人类也才是必需的，正是由于情绪与情感对个人、对社会、对人类有着不可估量的作用与功能，因此，艺术对个人、对社会、对人类也就有着不可估量的作用与功能：正是因为艺术能够激发人的情绪与情感，艺术才有了娱乐功能、审美功能、教育功能、认识功能；正是因为艺术能够激发人的情绪与情感，艺术才还具有其他一些功能如陶冶功能、宣传功能，甚至是医疗功能等的；正是因为艺术能够激发人的情绪与情感，艺术才可用于颂扬或批判等（如果艺术能够激发人对所要颂扬的事物的积极的情感，那么艺术就起到了颂扬的作用，反之，如果艺术能够激发人对所要批判的事物的消极的情感，那么艺术就起到了批判的作用）；正是因为艺术能够激发人的情绪与情感，艺术也可以用来表示疑问与回答问题、可以使人们发生思考等；正是由于艺术是能够激发人的情绪对某种事物的情感的，而情绪与情感可以对任何人发生作用与影响，因此，任何人都可以利用艺术，即利用艺术所激发的情绪与情感的力量来达到人所要达到的目的，艺术也才被广泛应用在人类的各种活动之中，如被广泛应用在政治中（如《国际歌》、各国国歌等）、经济中（如工业设计、服装设计、建筑设计等）、宗教中（如教堂、寺庙、佛像、圣歌等）、军事中（如各国与各军种的军歌等）、科研中（如爱因斯坦具有很好的音乐才能）、教育中（如校歌等）、体育中（如体育舞蹈中的配乐等）、医疗中（如音乐疗法等）、劳动中（如劳动号子等）、游戏中（如多媒体游戏等）与生活中（如日常生活用品的美化等）。正是由于艺术能够激发人的情绪对某种事物的情感，因此，艺术可以为创作者自己服务（如向恋人写情诗、唱情歌等），也可以为他人服务，可以为少数人服务（如“为艺术而艺术”活动等），也可以为多数人服务，可以为某一政党或统治阶级服务，也可以为广大的老百姓服务，可以为一个国家或民族服务，也可以为全人类服务。自然，在美丽的美学看来，理想的艺术应该是能为所有的人服务的，是能为全人类服务的，因为“诗不仅仅面向某一专制主义的臣民、某一寡头政治的议员、某一共和国的公民、某一民族的土人;他所面向的是人、所有的人"[①]。

实际上,即使我们不谈情绪与情感对人类其他活动的积极意义与价值,而只就人之为人及人的成长与发展而言,那么,人类也是需要情绪与情感从而也需要艺术的。请问,人若没有情绪与情感,人还能够是人吗?人不也就成了机器人了吗?世界上有谁愿意成为没有感情的、冰冷的机器人呢?另外,从人的成长与发展这个角度来看,人若没有情绪与情感,人能够顺利成长与发展吗?因此,若从人的成长与发展这个角度来看,艺术对人类来说也是必需的。艺术可以促进人性的发展与完善。

总之,正是因为艺术能够激发人的情绪与情感,艺术才有了生命,才有了一切,艺术才为所有的人所喜爱与推崇。

应该要指出的是,虽然艺术因为具有一般功能从而具有许多具体的作用与功能,但艺术绝不是只为了某一种具体功能而存在的,如艺术绝不是只为娱乐而存在的,不是只为审美而存在的,不是只为教育而存在的,不是只为认识而存在的,也不是只为表现和传播创作者的思想而存在的,这正如我国著名文学家巴金所说的:"文学有宣传的作用,但宣传不能代替文学;文学有教育的作用,但教育不能代替文学。"[②]某一件艺术品可能具有某种具体的功能(一件艺术品不可能具有全部艺术品所具有的功能,任何两件艺术品也不可能具有完全相同的功能),但如果我们过分强调艺术的某一种具体功能,那么,我们就可能会忽视艺术的其他的具体功能,就会犯以偏概全的错误。

在历史上,人们对于艺术的功能曾有两种极端的态度,一种是极力提防艺术的功能,如柏拉图在《理想国》一书中就借苏格拉底的口说道:"说句知心话,你可千万不要告诉悲剧诗人和其他摹仿者们,

---

① 维克多·雨果著:《雨果论文学》,柳鸣九译,上海译文出版社,2011年4月版,第98页。

② 巴金著:《随想录》第一集,人民文学出版社,1980年北京6月版,第39页。

在我看，凡是这类诗对于听众的心灵是一种毒素，除非他们有消毒剂，这就是说，除非他们知道这类诗的本质真相。”[①]他认为，艺术至少有两方面害处，第一，“从荷马起，一切诗人都只是摹仿者，无论是摹仿德行，或是摹仿他们所写的一切题材，都只得到影像，并不曾抓住真理。”[②]第二，“摹仿诗人既然要讨好群众，显然就不会费尽心思来摹仿人性中理性的部分，他的艺术也就不求满足这个理性的部分了；他会看重容易激动情感的和容易变动的性格，因为它最便于摹仿。”[③]“我们现在理应抓住诗人，把他和画家摆在一个队伍里，因为他有两点类似画家，头一点是他的作品对于真理没有多大价值；其次，他逢迎人性中低劣的部分……我们要拒绝他进到一个政治修明的国家里来，因为他培养发育人性中低劣的部分，摧残理性的部分。”[④]“我们亲临灾祸时，心中有一种自然倾向，要尽量哭一场，哀诉一番，可是理智把这种自然倾向镇压下去了。诗人要想餍足的正是这种自然倾向，这种感伤癖。”[⑤]

对艺术功能的另一种极端的态度是认为艺术具有至高无上的地位与无比强大的功能，艺术被寄予无限的期望，如尼采在《悲剧的诞生》中说到：“艺术是生命的最高使命和生命本来的形而上活动”[⑥]，“希腊人深思熟虑，独能感受最细腻、最惨重的痛苦……他们的大胆目光直视所谓世界史的可怕浩劫，直视大自然的残酷，陷于渴求佛教涅槃的危险之中。艺术拯救他们，生命则通过艺术拯救他们而自救。”[⑦]而在《快乐的知识》中，尼采则说过这样的话：“没有诗，人什么

---

① 柏拉图著：《文艺对话集》，朱光潜译，人民文学出版社，1963年9月版，第66页。

② 同上，第76页。

③ 同上，第84页。

④ 同上。

⑤ 同①，第85－86页。

⑥ 尼采著：《悲剧的诞生——尼采美学文选》，周国平译，生活·读书·新知三联书店，1986年12月版，第2页。

⑦ 同上，第28页。

也不是；有了诗，人几乎就成了上帝。”[①]“我要在此为功利主义者美言几句，他们鲜有获得人们怜恤的权利！在产生诗歌的古代，人们就看中了诗歌的功用，那异乎寻常的大功用：那时，当人们让韵律进入言语，强行对句子成分作重新安排，赋予思想以新的色彩，并使其变得晦涩、怪异、疏离，这自然就形成了一种迷信的功利！人们发现，记住一首诗比记住即席的演说词容易，于是，便借助韵律把人的热切心愿深深地烙铸在上帝的心版上；同时，人们觉得通过韵律节奏可以让更远的人听见自己的声音；有节奏的祈祷似乎能使上帝听得更为真切。人们首先企望获得的功用就是听音乐时所体验的那种被音乐彻底征服的功用。韵律是一种强制，它迫使人产生不可遏制的乐趣，一种协和的乐趣；非但脚步而且心灵也紧随节奏；人们也一定推想，上帝的心灵也是紧随节奏的！所以，他们试图用韵律去征服上帝的心灵，对其施加强力，献上一首诗就是给上帝抛出一个魔力圈套。”[②]

对于艺术的功能，海德格尔则认为，艺术(诗)能够使“贫困的人类”诗意地栖居、本真地栖居，“做诗是本真的让栖居(Wohnenlassen)。”[③]“做诗建造着栖居之本质。做诗与栖居非但并不相互排斥。毋宁说，做诗与栖居相互要求着共属一体。”[④]“栖居本质上是诗意的。”[⑤]

对于上述两种极端的态度，美丽的美学是怎么看的呢？美丽的美学认为，艺术既不是只有消极功能，也不是具有无所不能的功能，艺术的一般功能是艺术能够激发人的情绪与对某种事物的情感并由此而具有种种具体的衍生功能。若只就艺术的功能而言，则人与人

---

① 尼采著：《快乐的知识》，黄明嘉译，中央编译出版社，2009年5月版，第80页。

② 同上，第78-79页。

③ 海德格尔著：《海德格尔存在哲学》，孙周兴等译，九州出版社，2004年9月版，第244页。

④ 同上，第260页。

⑤ 同上。

类的情绪与有对象的情感，其功能与作用有多大，艺术的功能与价值就有多大。对于柏拉图等人的态度，笔者认为，由于柏拉图等人没有能认识到情绪与情感的积极意义与作用(情绪与情感当然也具有消极意义与作用)从而导致他没能准确认识到艺术的功能与作用。而对尼采与海德格尔等人，美丽的美学则认为，艺术并不能拯救人类，至少并不能完全拯救人类，例如，荷马拯救人类了吗？莎士比亚拯救了吗？曹雪芹拯救了吗？贝多芬拯救了吗？罗丹拯救了吗？托尔斯泰拯救了吗？卡梅隆拯救了吗？统统没有。实际上，拯救人类需要全人类的共同努力，需要人类各种活动的共同发展，即需要政治、需要经济、需要科学、需要艺术、需要教育、需要体育，甚至也需要宗教等的共同发展(注意：只靠这其中的任何一种活动都不能使人类得到拯救，例如，只靠政治、只靠经济或只靠宗教等都并不能拯救人类等)。另外，艺术并不能让人与人类永久地诗意地栖居，为什么？原因很简单，因为，人类时刻面临着许多问题，例如动荡、饥饿、疾病、自然灾害等，人不能只靠艺术生存与生活。

实际上，艺术对人类的确不仅仅是有积极作用的，而且也是有很大的消极作用的，这正如门罗所指出的那样："实际上从史前时期起，艺术就被教堂和国家、公共教育和私人机构用来控制和影响人类的思想和行为了，不管这种使用的结果是好是坏。甚至某位艺术家个人，当他把他的小说、歌曲或绘画公诸于世时，他也是在对人类的经验和性格施加或好或坏的影响，而不管他本人是否愿意这样做。"[①] "艺术当然可以用于邪恶的目的；可以用来使人颓废和受奴役，例如用来进行咄咄逼人的军事宣传和独裁统治。它也可以用于利己的、平庸的或欺骗的目的，例如，用于某些商业广告中。艺术还能通过影响人们的思想和态度，成为一种既能服务于善的目的，也能

---

① 托马斯·门罗著：《走向科学的美学》，石天曙 滕守尧译，中国文联出版公司，1985年1月版，第235页。

服务于邪恶目的的工具。艺术所具有的这种潜在的力量是无限的,但是人们还几乎未认识到这一点。"①"从政治上讲,用艺术影响人们思想的主张使人联想到一种特殊的艺术使用或滥用——被世袭的特权和军事力量用来作为使自己能够永远存在下去的手段。在近代,又是那些较为暴虐和压制性的社会思想——如法西斯的思想,一直在最积极、最系统,甚至最科学地使用艺术,经常通过灌输和宣传使艺术成为巩固自己权力的一种手段。"②"在另外一些时候,艺术也可给人们提供奢侈品和过分讲究的东西,从而使人们变得软弱。"③

看了上述文字,也许有人会不高兴,特别是艺术家(含文学家与诗人)和那些力挺艺术功能的理论家们尤其会如此,不过美丽的美学仍然坚持自己的看法。实际上,在美丽的美学看来,不仅艺术的功能很强大但很有限,人类的任何活动与产品其功能与作用都很强大但也都很有限。不仅如此,人类的任何活动与产品(包括艺术)不仅只有积极意义与作用,人类的任何活动与产品也还都可能具有消极意义与作用。美丽的美学是一门科学(至少她想成为一门科学),美丽的美学不想向人们提供美丽的谎言,更不想向人们提供虚妄的保证,美丽的美学只想依赖冷静、客观的事实提供冷静与客观的看法。美丽的美学愿意接受任何事实的证伪与考验,美丽的美学只想为人们提供科学的真理从而为人们指明前进的方向。

话又说回来,虽然美丽的美学认为,艺术不能让人与人类永久地诗意地栖居,但艺术却可以让人与人类拥有诗意栖居的美妙时刻,拥有与上帝、与诸神交会的幸福时光;只靠艺术人类也不能完全拯救

---

① 托马斯·门罗著:《走向科学的美学》,石天曙 滕守尧译,中国文联出版公司,1985 年 1 月版,第 234 页。
② 同上,第 237 页。
③ 同上,第 371 页。

自身，但在拯救人类的活动与行为中，艺术还是能起相当大的作用的，艺术对于人类还是具有不可估量的功能与价值的。艺术是人类社会与活动的一个天然的与重要的组成部分，人类不能缺少艺术，正如人类不能缺少政治、经济、科学、教育、体育甚至宗教等一样，艺术“不仅有审美的功能，而且有生物学方面的功能”①。“艺术同样也有助于人类的生存。”②只要人体内还有情绪与情感的生理机制、只要情绪与情感对人类还具有积极的功能与价值、只要势利（最广义的含义）的人类为了自身的利益（也是最广义的）而不惜利用人类的情绪与情感，那么人类就会永远地需要艺术，艺术就不会消亡而会永远地存在下去。

第二节　艺术价值的评判标准

如前所述，艺术是具有功能的，这也就是说，艺术对人类来说是有价值的，这正如赫伯特·里德以绘画为例所说的：“在任何一件绘画杰作中都会发现一个由科学形式和精神价值组成的完整的价值系统。”③那么，评判艺术价值的标准是什么呢？在考察过艺术功能的实现机制之后，下面让我们来看艺术价值的判定标准。

美丽的美学之艺术的定义是这样的，艺术是人有意识地为应构出人的情绪与对某种事物的情感而专门创作的结构，由此可见，艺术与美一样是有物质价值和精神价值的。那么，要判定艺术价值的大小，其标准应是什么呢？按照美丽的美学之艺术的定义，要判定艺术

---

① 托马斯·门罗著：《走向科学的美学》，石天曙 滕守尧译，中国文联出版公司，1985 年 1 月版，第 371 页。

② 同上。

③ 郝伯特·里德著：《艺术的真谛》，王柯平译，辽宁人民出版社，1987 年 8 月版，第 144 页。

的价值与大小，我们似乎应考察艺术结构本身。然而，由于任何事物都是有结构的，艺术又不仅仅是一种结构，因此，实际上如果我们仅仅考察结构本身，我们并不能得出艺术价值的判定标准。打个比方，例如，如果我们要比较自行车与汽车的功能与价值，那么，我们仅仅考察与比较自行车与汽车的结构很显然是不够的，甚至可以说是根本行不通的，因为，我们不能说自行车的结构是不好的，是没有价值的，而汽车的结构是好的，是有价值的。怎么办呢？要比较和判定自行车与汽车的功能与价值，我们只有考察和比较它们在实际中的用途与性能。与此类似，如果我们要判定艺术的价值，我们就不能只考察艺术的结构，我们应该考察艺术对于人的实际效果，例如，我们不能说长篇小说一定比短篇小说优秀，格律体诗一定比自由体诗优秀，油画一定比水墨画优秀，有声、彩色影片一定比卓别林的无声、黑白影片优秀等，反之亦然，要比较它们的价值，我们只能看它们的效果。由此，我们就有了下列艺术价值的判定标准。

有了艺术的定义，我们不仅可以判定什么是艺术，什么不是艺术，而且可以确定艺术价值的评判标准。重新考察一下美丽的美学关于艺术的定义我们不难看出，要判定艺术的价值，我们需要看：1. 艺术所激发的情绪与情感的性质及情感的对象的价值的绝对值（仿自数学中的“绝对值”概念）；2. 艺术所激发的情绪与情感的强度；3. 艺术所激发情绪与情感的广泛度与持久度。如果我们要评定艺术的价值，那么，我们应该依据这三个标准，而如果艺术家们要提高艺术品的价值，那么，美丽的美学认为，艺术家们也应该要参考这三个标准。

首先，艺术的价值要看艺术所激发的情绪与情感的性质及情感对象的价值的绝对值。关于这一点，我们可以从德国文学家赫尔曼·黑塞关于艺术价值的判定标准中得到佐证：“一切艺术都诞生于爱。

每一部艺术作品的价值与境界首先取决于艺术家的爱心程度。”[①]“诗人的职责并非向人们指点道路，而首先是唤醒人们内心的渴望。”[②]那么，这是为什么呢？原因很简单，这就是，艺术是为激发人的情绪与情感而创作的，而其中又以情感最为重要，由于情感总是有一定的对象的，因此，艺术的价值与情感性质及情感对象的价值有关系了。我们常常要求艺术家及其艺术要具有崇高或深刻的品质，那么，艺术家与艺术在这里是能够做到这一点的——如果艺术作品能够对具有普遍性或重大的事物激发出人们的相应的情感，那么，艺术家及其艺术的崇高性与深刻性就会显现出来。在这里，我们可以找到许多事例来证明这一点，这样的伟大的艺术家及其作品是不胜枚举的，例如，鲁迅先生的《狂人日记》、《孔乙己》等就能强烈地激发人们对我国的封建制度等产生诸如愤恨、厌恶、害怕等消极情感，而斯陀夫人的《汤姆叔叔的小屋》则能激发人们对蓄奴制的种种消极情感等。再如，艺术中的爱情描写、裸体雕塑与绘画跟色情描写、色情图片就有显著的区别，前者往往能激发我们对美好事物的向往与追求，而后者则往往对人产生不良影响，同时，也正是这个原因，对于后者，我们还往往宁愿不把它们称为艺术，以免这玷污了艺术的好名声。“惟有把兽性升华为人性，人才得以成为人。仅从这一角度观察，色情文学不会有任何前途。”[③]2009 年中国中央电视台春节联欢晚会上，小品《不差钱》曾同时给数以亿计的观众带来过许多笑声，但它并不是一件崇高的艺术品，更不是一件伟大的艺术品，而且永远也不会是。为什么？原因就是它不能激发人们对重大事物或现象的相应的情感。

---

① 宋兆霖主编，雨林编：《诺贝尔文学奖文库创作谈卷》，浙江文艺出版社，1998 年 5 月版，第 85 页。

② 同上，第 88 页。

③ 同上。

其次，由于艺术是人有目的地创造出来、专门用以激发人的情绪与对某种事物的情感的结构，因此，要判定艺术的价值，就要看艺术所能激发的情绪与情感的强度。

再次，艺术的价值要看艺术所能激发的情绪与情感的广泛度与持久度。一般说来，流行性艺术如流行音乐具有极强的广泛度，而经典艺术则具有很强的持久度。

总之，艺术不应该仅仅能激发人的情绪，而且也应该能够激发人的有对象的情感。不仅如此，对那些对人类有正面价值的事物，艺术应能激发人们的积极情感，且强度越大、越广泛、越持久越好；而对于对人类有负面价值的事物，艺术应能激发人们的消极情感，且强度越大、越广泛、越持久越好。一切伟大的艺术，对美好的事物都能激发人们强烈的、广泛的与持久的积极情感，而对丑恶的东西则都能激发人们强烈的、广泛的与持久的消极情感。

关于艺术价值的判定标准，各位读者也可参阅前面提到的美的价值的判定标准。

关于艺术价值的评判标准，其他人有其他人的看法，“笛卡儿主义者杜博斯神父在《诗歌和绘画批判思考》(*Reflexions Critiquws Suria Poesie Et La Peintres*)一书中强调了在艺术品鉴赏中感情的重要性，他认为这种感情在评判画卷和精神产品时可能比理智更不容易犯错误。”[①]上田敏说：“不从智力方面着眼，而在情绪的感动或发表上估计艺术的价值，才是不错的。”[②]而门罗则认为：“时代、社会背景和特定的偶然事件不同，人们赋予每一类艺术的重要性或分量也就大不相同。确定某一艺术家或某件艺术作品‘伟大’与否，是同许多可以争辩的问题直接有关的，例如：他(它)的‘独创性’或‘历史

① 马克·西门尼斯著：《当代美学》，王洪一译，文化艺术出版社，2005年3月版，第132页。

② 上田敏著：《现代艺术十二讲》，丰子恺译，湖南文艺出版社，2004年1月版，第42页。

的优先创造权'等，同时，也取决于该艺术家或艺术作品是否能使连续许多代的优秀人物都对其尊敬和感兴趣。"[1]至于在我国，人们都一般认为在艺术价值的评判标准中应含有思想标准。

很显然的是，美丽的美学关于艺术价值的评判标准包括了情绪与情感标准及思想标准——思想标准包含在艺术所激发的情感的性质及情感的对象之中。由此可见，美丽的美学关于艺术价值的评判标准具有一般性、统一性、和谐性与简单性等。

① 托马斯·门罗著：《走向科学的美学》，石天曙 滕守尧译，中国文联出版公司，1985 年 1 月版，第 160 页。

第九章

美和艺术的创作

在科学领域，科学与技术永远是联系在一起的，而且科学与技术永远是互相影响、互相促进的，一方面，科学指导着技术，科学会引发新的技术，如法拉第在发现电磁感应现象与规律后就制成了世界上第一台发电机。另一方面，技术又为科学的进步与发展提供了保障与可能性。科学与技术就这样互为动力，互相促进，有力地促进了科学与技术的发展。在本章，我把美学当作科学，把美和艺术的创作当作是与技术相对应的部分，从美丽的美学的几个原理出发，来探讨美和艺术的创作的本质与方法——首先，我会根据美丽的美学的基本原理，给出美丽的美学关于美和艺术创作的本质与方法，然后，我会用美丽的美学的基本原理来解释美与艺术的创作过程。

不过在讨论美和艺术的创作本质与方法之前，我首先要说明的一点是，本章所讨论的"美"是一个名词，是指能够应构出人的愉快情绪与对某种事物的积极情感的结构，而所谓美的创作，就是指这样一个结构的创作。至于艺术的定义，这里就不再重复了。

第一节　美和艺术创作的本质与方法

在美学中讨论美和艺术的创作本质与方法是非常冒险的，要知道，就连康德、黑格尔等美学大家对美和艺术的创作本质与方法都不敢深入讨论，然而，门罗所说的下列一段话却让笔者不得不冒险前行："'美学是哲学的一个分支，它仅仅作为一种知识而存在，并不是作为实践的指南。'这样一种传统的信条曾经是许多空谈家的护身符，使他们逃过了自己的空洞理论被揭露时的震惊。任何一种理论，如果不是为了指导实践，就不能算是可靠的理论，也不可能提供真正的解释。"①

关于美和艺术的创作方法，历史上曾有许多种说法，如有灵感说、游戏说、想象说、摹仿说、表现说、反映说等，但笔者发现，这些说法都不是太清晰、太全面，甚至可说是不正确的。在这里，我不想一一来反驳这些观点，这里，我只想结合美丽的美学关于美和艺术的定义，给出这个问题的答案。在下面，我主要以艺术为代表来考察美和艺术创作的本质与方法——先考察美和艺术创作的本质与一般方法，然后，考察一些美和艺术创作的特殊方法，接着再作一个小结。

一、美和艺术创作的本质与一般方法

要考察美和艺术创作的本质与一般方法，让我们先来考察一下艺术与世界等有关因素之间的关系。

美国康奈尔大学 M·H·艾布拉姆斯教授在其名著《镜与

---

① 托马斯·门罗著：《走向科学的美学》，石天曙 滕守尧译，中国文联出版公司，1985 年 1 月版，第 23 页。

灯——浪漫主义文论及批评传统》一书中说："每一件艺术品总要涉及四个要点，几乎所有力求周密的理论总会在大体上对这四个要素加以区辨，使人一目了然。第一个要素是作品，即艺术产品本身。由于作品是人为的产品，所以，第二个共同要素便是生产者，即艺术家。第三，一般认为作品总得有一个直接或间接地导源于现实事物的主题——总会涉及、表现、反映某种客观状态或者与此有关的东西。这第三个要素便可以认为是由人物和行动、思想和情感、物质和事件或者超越感觉的本质所构成，常常用'自然'这个通用词来表示，我们却不妨换用一个含义更广的中性词——世界。最后一个要素是欣赏者，即听众、观众、读者。作品为他们而写，或至少会引起他们的关注。"①

那么，艺术与各有关因素之间的关系是什么呢？这个关系早已由刘若愚、叶维廉等人总结出来了②，这是一个网状的复杂的关系，不过，笔者在这里作了一点修改与简化。结合美丽的美学关于艺术的定义及实际的艺术的创作与接受过程，我们不难发现这个关系就是下列图式所表示的关系：

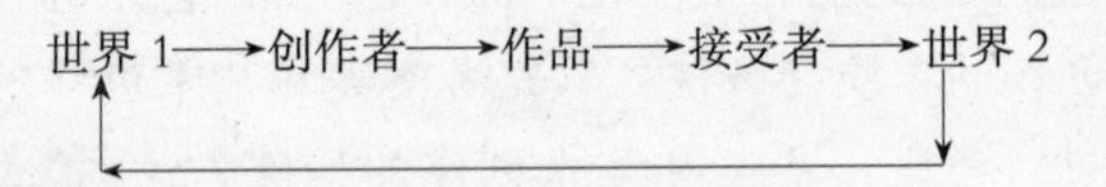

在上述图式中，一：世界 1 是指原来的世界，世界 2 是指在艺术的接收者受到艺术的影响之后而发生了改变的世界。世界 2 又会通过反馈而回到世界 1，从而会再次影响创作者的创作。当然，即使没有人创作美和艺术，世界也会自行发生改变。二：在现代有些表演性艺术作品中，艺术的接收者同时也会参与创作，但这与上述图式并

① M·H·艾布拉姆斯著：《镜与灯：浪漫主义文论及批评传统》，郦稚牛 张照进 童庆生译，北京大学出版社，2004 年 1 月版，第 4 页。

② 胡经之著：《文艺美学论》，华中师范大学出版社，2000 年 6 月版，第 4 页。

不矛盾。

上述图式告诉我们，世界、艺术的创作者、艺术产品、艺术的接受者或欣赏者是紧密联系在一起的，它们组成一个生生不息而良性循环的系统，使得艺术的创作水平及人们对艺术的欣赏水平都在不断地得到发展和提高。实际上，艺术的创作与欣赏就是这样在历史的长河中滔滔不绝、奔涌向前。

现在让我们来看美和艺术创作的本质与一般方法。

结合美丽的美学关于美和艺术的定义，从上述艺术与世界等有关因素的关系图式我们可以看出，艺术的直接来源不是世界而是创作者，这正如赫尔曼·黑塞所说的，“一切艺术都是从内心涌出的。”[①] 雨果也说过类似的话：“人类的心好像大地；可以在它上面播种、栽树，建造起人们愿意建造的东西；但它却并不因此而少生长出青草、花朵和天然果实；也不论是鹤嘴锄还是钻孔机都只能挖掘到一定的深度；大地仍然是大地，同样，人心终究是人心；人心是艺术的基础，就好像大地是自然的基础一样。”[②]“要毁灭艺术，首先就要先毁灭人心。”[③]

那么，艺术到底是怎么从内心涌出来的呢？一般地说答案就是，艺术是由创作者有意识地对大脑里的外界反映物、想象物、创造物等或是对大脑体验和认识到的情绪与情感由内向外的应构而创作出来的，目的是为了使人能够由外而内地应构出人的情绪与情感。如果创作者创作出来的结构能够由外而内地应构出人的愉快情绪与对某种事物的积极的情感，那么这样的结构也就还是美。笔者认为，这就是美和艺术创作的本质与一般方法（由于美丽的美学认为，美和艺术

---

① 宋兆霖主编，雨林编：《诺贝尔文学奖文库创作谈卷》，浙江文艺出版社，1998年5月版，第87页。

② 维克多·雨果著：《雨果论文学》，柳鸣九译，上海译文出版社，2011年4月版，第98页。

③ 同上。

的创作本质是人有意识的对大脑里的外界反映物、想象物、创造物等,或是对大脑体验和认识到的情绪与情感由内向外的应构,目的是为了使人能够由外而内地应构出人的情绪与情感,又由于这是对所有的美和艺术的创作而言,因此,笔者认为,美丽的美学关于美和艺术创作的本质也就是美和艺术创作的一般方法)。

下面让我以电影艺术的创作为例来考察一下美和艺术创作的本质与一般方法。之所以以电影为例,是因为这种艺术非常直观、非常典型、非常有说服力。

我们知道,电影是一种光影艺术,而电影的一般制作过程是:剧本——导演研读与创造——演员表演——摄像——剪辑——定型——放映。在这个过程中,导演首先是对剧本进行研读与创造,这时的剧本可以说是导演的剧本。在此基础上,导演选择演员表演,再指挥摄像师拍摄,然后,再要求剪辑师按效果剪辑,并综合制作从而使作品定型,之后,影片就可以放映了。在这里,我们可以看出电影艺术创作者的外部的与可视的应构过程:演员的表演是对导演心目中的剧本的应构,所摄图像是对表演进行应构的产物,剪辑是对结构的完善,而定型就是得到一个完整的与稳定的结构,到电影放映时,人们只要用光照射胶片就可以得到相应的、终极的光影结构——电影。由于这一切都是按照导演的意图进行的,因此,上述过程(除了原初的剧本创作之外)完全可以看作是导演的应构过程——有意识、有目的的由内向外的应构,他人的工作是导演的应构过程的可视的部分。当然,电影创作的其他参与者是可以有创造性的,但这也要经过导演的认可才行。总之,电影确实是导演按照美丽的美学所说的创作程序、在大体上是按照时间的顺序逐渐应构出来的。

需要说明的是,电影艺术创作实践中的另一个现象也证明了美丽的美学关于艺术的定义与艺术创作过程观点的正确性,这就是,由于电影是一种光影结构的艺术,而这种光影结构并不必须由演员的表演应构而来,因此,人们可以想到用其他方法也能获得这种结构,众所周知，现在这样的方法有动画技术、数字技术等。

实际上，对于关于美和艺术的一般的创作方法早就有人提出粗略的看法了，例如，我国的周宪就曾说过："一团杂乱无形的泥胎，在雕塑家手里，变成栩栩如生的各式形象；形状各异的树根，经根雕艺术家发现和整理，变成风格独特的造型艺术品。这些艺术家有什么化腐朽为神奇的秘诀？从原初的混乱无序状态，到形式完美的艺术品，其间发生的变化有何根源可以追寻？"[①]那么，这个问题的答案是什么呢？这就是，"从美学上看，艺术的创造过程是从艺术家对现实世界的观察感悟，到内心酝酿和构思，再到诉诸艺术的表达。是一个由外至内，再由内到外的过程，如果选用一个中国美学的传统术语来描述，'赋形'这个概念也许是最准确不过的了。艺术就是一个赋形的过程，从散乱无形的泥胎到造型完美的雕塑，从混乱的树根到完整的根雕艺术品，都是这样的赋形过程。艺术就是一个构形的过程，是无形到有形、从混乱到秩序、从杂多到统一的构造过程。因此，所谓艺术家，在这个意义上也就是形式的发现者和构造者。"[②]

对于美丽的美学关于美和艺术创作的本质与一般方法的看法，我们还可以从我国清代著名画家郑板桥的"三种竹子"的观点得到说明："江馆清秋，晨起看竹，烟光日影露气，皆浮动于树枝密叶之间。胸中勃勃遂有画意。其实胸中之竹，并不是眼中之竹也。因而磨墨展纸，落笔倏作变相，手中之竹又不是胸中之竹也。总之，意在笔先者，定则也；趣在法外者，化机也。独画云乎哉！"[③]这段话很明白地告诉我们，画家画出来的竹子与画家胸中的竹子是不同的，而画家胸中的竹子又是与画家眼中所看到的竹子不同的，那么，画家最后是怎么画出作为绘画的竹子呢？答案只能是应构。首先，是画家看到竹子，

---

① 周宪著：《美学是什么》，北京大学出版社，2002 年 1 月版，第 161－162 页。

② 同上，第 162 页。

③ 同上，第 119 页。

或者说外面的竹子先在画家的眼中形成一个像，我们知道，这个像会被画家记住。接下来，由于画家会记住很多的像，因此这些像在经过画家的选择、重新组合甚至是创造之后就会成为胸中之竹。最后，如果画家对他的胸中之竹感到很满意了，那么，他就会运用画笔准确地把胸中之竹应构出来，这样，他就得到了他的作为绘画的竹子。很显然，这时的画上之竹是不能等同于画家的胸中之竹的，更与画家在某一时刻、某一地点所看到的竹子大不相同了。

另外，桑塔耶纳关于想象力的作用的看法也能佐证美丽的美学关于美和艺术创作的本质与一般方法的观点："想象既能创造又能抽象；它有所观察，有所取舍又有所组合；不过它也有所梦想。自然而然的综合形象在想象中出现；它们不是想象从感觉得来的各种形象的数学平均数；它们是感觉遗留在脑海中的兴奋扩散的结果。这些兴奋不断花样翻新，而且偶或取得如此美丽的一种形式，以致心灵以其慧眼看到举世无双的美而惊叹不已。如果这种慧眼是昭然若揭始终如一的，我们就获得一种审美的灵感，一种创造的才能；如果我们又能够掌握相当的艺术技巧，我们就会抓紧去体现那灵感，去实现某个理想。这个理想将逐渐被视为无上之美，其理由正如这对象如果曾经显现在现实世界里，也会被视为无上之美一样；因为，虽然它体现了一个熟悉的形式之典型——也就是说，一个普通的人、动物或植物——但是它在非常高度上具有那些惊心夺目的直接魅力。"①

总之，艺术家是艺术作品之母。如果我们把创作者创作出来的艺术比作一个婴儿的话，那么，创作者的大脑就是孕育婴儿的子宫，创作者的口、手、身体等以及诸如笔、乐器、画笔、凿刀、摄像机等就是这个婴儿的产道，而创作者的口、手、身体及其所用工具的活动则是分娩或生产。

---

① 乔治·桑塔耶纳著：《美感——美学大纲》，缪灵珠译，中国社会科学出版社，1982 年 12 月版，第 123 页。

艺术的创作是一种应构，而人们对艺术的接受与欣赏过程也是一种应构，那么，艺术创作这种应构与其他的应构过程有什么区别呢？很简单，这就是，首先，艺术的创作这种应构过程是由内向外的应构（当然，在艺术创作的前期阶段，也即是积累阶段，艺术的创作者也要经过许多由外向内的应构过程，但实际上这已包括欣赏或根本就是一种欣赏过程了），而欣赏者对艺术的欣赏则是由外向内的应构，欣赏者的情绪与对某种事物的情感是由外在事物（即艺术品）经过欣赏者的理解、想象、联想等应构过程而产生的。其次，人类的一切有意识、有目的或有计划的活动与行为都可称为是由内向外的应构，但艺术的创作这种应构其目的是专门为了接下来能应构出人的情绪与对某种事物的情感，而其他的应构，其目的就都不是这样的了。这个区别足以把艺术创作这种应构跟其他的应构区分开来。

这里还有一个问题是非常值得说明一下的，这就是，美丽的美学一直自称是唯物主义的，那么这里宣称美和艺术的创作本质是人对大脑里的外界反映物、想象物、创造物等或是对大脑体验和认识到的情绪与情感由内向外的应构，这是不是陷入了唯心主义从而使得美丽的美学陷入了自相矛盾的境地呢？不会的，因为美丽的美学认为，大脑与大脑的活动是物质性的，人脑对外界的反映物、人脑的想象与创造等都是大脑内有关细胞活动的结果，仔细追究下去我们可以认为，被创作出来的美或艺术是与人脑的这些活动与结果相对应的。由此可知，即使美丽的美学认为美和艺术的创作本质是人对大脑里的外界反映物、想象物、创造物等或是对大脑体验和认识到的情绪与情感由内向外的应构，美丽的美学也仍然是唯物主义的。情况难道不是这样吗？

在阐述过美和艺术创作的本质与一般方法之后，下面让我来作一个大胆的预言，这就是，在将来的某一天，美和艺术的创作者拥有了足够大的力量与能量，他们能够移动星球，甚至是星系，那么，他们将会创造出一种新的艺术——宇宙艺术来激发人们的情绪与对某种事物的情感，包括美化我们的星空、美化我们的宇宙。笔者认为，这个预言是可以实现的，而且，这个预言一旦在将来的某一天被某个美和艺术的创作者实现了，那么，那时候人们也许有时候会把天空中的星星当作是焰火的火花，同时，美丽的美学到时也将会得到最有力的证明。

二、美和艺术创作的特殊方法

1. 美和艺术的创作有哪些特殊方法?

以上讨论的是美和艺术创作的本质与一般方法，下面让我们来看美和艺术创作的一些具体而特殊的方法。

在美学和艺术的历史中，我们可以看到许多冠以“主义”的艺术思潮与流派，如古典主义、浪漫主义、现实主义、批判现实主义、印象主义、后印象主义、抽象主义、自然主义、超现实主义、魔幻主义、象征主义、表现主义、立体主义、未来主义、意识流等等。这些艺术思潮与流派都有自己独特的创作手法与要求，如古典主义就如吕景云所说的：“古典主义在创作上有许多严格的要求和‘法规’，如按照‘三一律’创作剧本，即故事必须发生在同一地点，同一情节，限于二十四小时之内；采用诗的语言，即把文体和语言分为雅俗两种，粗词俗字不能出现在悲剧中，等等。”①除了各种艺术流派创造了许多种新的创作方法以外，其他还有许多有名有姓的创作方法，如前苏联著名作家、文艺理论家与批评家什克洛夫斯基就提出过“反常化”方法（也叫“陌生化”方法），在我国古代，人们也早就提出过“赋”、“比”、“兴”、“写意”等方法。此外，常用的方法还有比喻、拟人、夸张、虚构、塑造典型、悬念设计、矛盾或冲突的设计、心理描写等，在后现代则还有拼贴、戏仿、解构（暗中偷渡着建构）等方法。实际上，美和艺术的创作历史与实践表明，美和艺术的创作方法可能是无穷的，这正如吕景云

---

① 王宏建主编：《艺术概论》，文化艺术出版社，2000 年 1 月版，第 357 页。

所说的："在古今中外的艺术史上曾经出现并还将继续出现多种创作方法。"①

那么，我们应如何看待各种各样的创作方法呢？答案是，我们应该欣然接受任何一种美和艺术的创作方法。

让我们先来看一些美和艺术的创作需要具体的创作方法的例子。例如，一个物体倒下时情况会怎么样？答案是，这可能会应构出人的情绪与情感，但也可能不会。假如我们是在拍一部电影，那么我们在选择拍摄距离与拍摄角度就是大有讲究的，这也就是说，这时我们要讲究拍摄的方法。如果拍摄距离与拍摄角度不好，那么，这样拍出来的镜头就没有激发情绪与情感的能力，而如果我们能选择一个很好的拍摄距离与拍摄角度，那么，这样的镜头就会具有激发情绪与情感的能力。从这个很简单的例子，我们足以看出美和艺术的创作方法对美和艺术的创作是多么的重要。再如，我们知道，毕加索的《格尔尼卡》的创作方法是很特别的，他并没有采用通常的写实方法，但如果毕加索仍然采用通常的写实主义的方法来创作这件作品呢？我想他就很难使这件作品在世界美术史中占有她现在所具有的影响与地位。

实际上，由于美和艺术的创作方法，特别是新的创作方法能为他人的创作提供启发，为他人创作出更多、更好的美和艺术作品带来了极大的可能性与便利性，因此，美和艺术的创作者若忽视创作方法的研究与练习，这是非常不明智的，这正如边平恕在胡经之主编的《西方文艺理论名著教程》一书中，在评价意识流方法时所说的："正如对于唯心主义哲学也不能简单地一笔抹煞，对于意识流理论和创作，我们同样要采取分析态度。弗洛伊德的潜意识学说以生物学观点来观察人类及其意识，忽略了人的经济地位、阶级关系对于人的意识和行为的决定作用。但是，我们承认在人的心理活动中，除了自觉的意

---

① 王宏建主编：《艺术概论》，文化艺术出版社，2000年1月版，第352页。

识外,确还存在着潜意识;意识在人的脑海中连绵不断、泥沙混杂;每一个心理状态都与每个人所独有的其他心理经验联系着。伍尔芙等意识流作家强调表现的也就是人的意识的这种复杂性和连贯性。这种观点引导人们以一种新的角度和方法去观察人们的内心世界,从而使文艺作品的心理描写有更多的层次、更为深入和细微。同这种观点相一致的表现手法,如关于'叙述的角度',以内心独白来代替作者的叙述,以及时序颠倒、时空转换等,对于我们也不无借鉴的价值。所以,在伍尔芙、乔伊斯、福克纳之后,虽然正统的意识流小说几乎绝迹,但它的一些具体的艺术表现手法,却为以后各种流派的文学家所吸收,由小说渗透到戏剧、电影、电视等领域,并且出现意识流方法渗入到现实主义文学的情况。如海明威(1899—1962)的作品基本上是现实主义的,但他的著名的短篇小说《乞力马扎罗之雪》,在写实的文学中穿插了五段意识流描写。在我们的创作中,由于借鉴意识流的方法和技巧,也出现了一些较为成功的作品。"①因此,我们对各种各样的美和艺术的创作方法应持欢迎的态度。

需要说明的是,在实际中,一部或一件由人所创作出来的美和艺术作品常常包含了多种创作方法,是多种方法相互结合的产物,不仅如此,实际上人们也必须要借助于多种方法才能创作出满意的美和艺术作品来(科学研究也常常要运用多种研究方法才能取得成果),因此,我们不能随意只肯定一种方法而排斥另一种方法,虽然只用一种创作方法并不必然导致失败,但这毕竟是不符合实际的,是作茧自缚的,是不明智的。例如,对于叙事类美与艺术作品,我们就不能只注意形象塑造而不注意情节设计,因为,虽然形象可以应构出人们的情绪与情感,但美和艺术若只有形象这一个因素,则其应构情绪与情感的力量往往是不够的,叙事类美和艺术作品本是可以借助于故事情节来推动情绪与情感的发展的,忽视情节的设计无疑不是聪明的

① 胡经之主编:《西方文艺理论名著教程》(下),北京大学出版社,1989年11月版,第195页。

做法。我们不能片面强调其中的某一种方法，使它达到创作的本质的高度。我们不能迷信某一种方法，每一种方法都不是万能的，同时，我们也不能排斥某一种方法，不能说某种方法是绝对无效的，因为，方法作为方法“每种都有它特殊的长处”①。

2. 摹仿、表现、反映对于美学的意义

在前面，笔者曾否定了艺术是摹仿、是表现、是反映等观点，而这些观点占据了美学的相当一部分领域，否定了这些观点就无疑几乎是否定了整个美学。然而，难道摹仿、表现、反映等概念就真的一无是处吗？具有连绵不绝的影响的摹仿论、表现论、反映论等难道就真的没有任何道理吗？不是。实际上，美丽的美学并没有完全否定摹仿论、表现论与反映论等，美丽的美学所反对的仅仅是把摹仿、表现、反映等当作是美和艺术的本质与定义。美丽的美学认为，摹仿、表现、反映等都不是美和艺术的本质，而只是美和艺术创作的方法，而且仅仅是一些特殊而具体的创作方法。

摹仿为什么能够作为创作美和艺术的方法？对此，亚里士多德曾经有一个很好的说明，他说：“人从孩提的时候起就有摹仿的本能（人和禽兽的分别之一，就在于人最善于摹仿，他们最初的知识就是从摹仿得来的），人对于摹仿的作品总是感到快感。经验证明了这一点：事物本身看上去尽管引起痛感，但惟妙惟肖的图像看上去却能引起我们的快感，例如尸首或最可鄙的动物形象。”②正是由于摹仿有可能激发人们的情绪与情感，因此，摹仿才成为一种重要的、特殊的、也是最简单易行的美和艺术的创作方法。当然，摹仿并不限于形象，例如龚妮丽就说过：“音乐中的音响，虽然没有表意功能，但它的长短、高低、快慢、刚柔、轻重，与人的情绪的某种状态相吻合。音乐可

① 狄德罗著：《狄德罗论绘画》，陈占元译，广西师范大学出版社，2002年12月版，第57页。

② 亚里士多德著：《诗学》，罗念生译；贺拉斯著：《诗艺》，杨周翰译。人民文学出版社，1962年12月版，第11页。

以以运动的形式模仿人类情感的各种表现形态。”①

由于并不是所有的摹仿都能激发人们的情绪与情感，更不一定能够激发人们的愉快情绪与对某种事物的积极的情感，另外，摹仿本身有时也会使人产生厌恶，因此，美和艺术的创作者在使用摹仿方法时一定要注意，创作者要进行有创造性的摹仿，而且要摹仿事物的能够激发人们的情绪与情感的那一部分，全盘摹仿、毫无目的的摹仿常常会引起人们的反感。除非美和艺术的创作者要有意引起人们的反感，否则，全盘摹仿、毫无目的的摹仿在美和艺术的创作过程中一般是不允许的，是要失败的。

表现情绪与情感是另一个特殊而具体的美和艺术创作的方法，这种方法之所以可行，这是因为美和艺术都要能激发他人的情绪与情感，而美和艺术的创作者在表现情绪与情感时，只要他把他的情绪与情感用合适的结构应构出来，他人也与美和艺术的创作者有相似或相同的情-物联系及应构过程，那么，这些抒情性的美和艺术作品一般也就能激发他人的情绪与情感了。一般来说，音乐、抒情性诗歌等主要就是采用表现情绪与情感的方法而被创作出来的。

从心理学上来看，情绪与情感总是具有一定的感染性的，或者说人总是具有同情心的。亚当·斯密曾就人类的同情心有过精彩的论述：“不论你可以认为人是多么的自私，然而，在他的天性里都明显地有着某些天性，使他关心他人的命运，使他需要他人的幸福，尽管他从他人的幸福中得不到任何东西，除了看了感觉愉快以外。属于这一类的天性就是怜悯或同情。它是当我们极其生动地看到或生动地想象到他人的痛苦时，我们所感受到的一种感情。我们时常由于看到他人的悲伤而悲伤，这是一个无需任何例证的十分明显的事实。因为，这种情感像人类天性中所有的其他原始感情一样，它决不局限于有道德的和仁慈的人。尽管他们也可能感受得最深刻和最细腻。

① 龚妮丽著：《音乐美学论纲》，中国社会科学出版社，2002年12月版，第37页。

即使是最大的恶棍、最冷酷的罪犯也并不是全然没有一点同情心。”[1]“不仅仅是造成痛苦或悲伤的那些情况会唤起我们的同感。不论当事人对任何对象所产生的是什么激情，每一个细心的旁观者一想到他的处境心中就会升起相同的情感。”[2]当然，亚当·斯密也十分清楚，“这一点并不是绝对的，或者说对任何一种激情都是这样。有些激情，它们的表露就不能激起任何的同情，在我们了解那些激情产生的原因之后，它们反而使我们见了就感到厌恶和反感。”[3]

那么，人为什么会有同情心呢？或者说为什么情绪与情感会有感染性呢？在美丽的美学看来，这两个问题用情-物联系与应构这两个概念很好解释，例如，如果一个人因为某种原因或某种事物而感到悲伤，而另一个人与这个人具有相似或相同的情-物联系，且这种原因或事物对另一个人也产生了相似或相同的应构过程，那么这种原因或事物自然就会引起这另一个人的悲伤情绪。人类的同情心或情绪与情感具有感染性就是基于人与人之间具有相似甚至相同的情-物联系。同时，在美和艺术的创作过程中，如果创作者表现了某种情绪或情感，那么，美和艺术的欣赏者就会由于同情、由于情绪与情感具有感染性、由于与创作者具有相似或相同的情-物联系而产生与创作者相似甚至相同的情绪与情感。人类的同情心（广义的同情）在美和艺术的欣赏过程中，特别是在抒情性的美和艺术作品的欣赏过程中起了关键性的作用。

反映客观物质世界也是美和艺术的创作方法之一。其之所以可以是美和艺术的创作方法，一方面是因为在客观物质世界中，有许多事物本来也就是美的或是能激发情绪或情感的，把这些本来就是美的或是能激发人们的情绪或情感的事物反映在美或艺术作品中，借

① 亚当·斯密著：《道德情感论》，谢祖钧译，陕西人民出版社，2004年7月版，第3页。
② 同上，第5页。
③ 同上，第6页。

助于这些事物与情绪或情感之间的联系，他人也就可以应构出相应的情绪或情感。另一方面用反映现实的方法来创作美或艺术，可以把美或艺术所激发的情感有一个现实的对象。再一方面就是便于人们理解与接受。一般说来，那些被称为现实主义的作品可被认为是采用反映方法而被创作出来的。当然，在美和艺术的创作过程中，要运用反映法来创作美或艺术，首先其所反映的事物一定要能激发人们的情绪与情感，否则那将是徒劳的。美或艺术中的反映在这一点上与科学中的反映区别开来，科学中的反映不是为了能激发人们的情绪与情感，尽管科学中的反映也常常能激发人们的情绪与情感，而美与艺术中的反映却是专门为激发人们的情绪与情感而进行的。科学中的反映是否正确是以客观、真实为其标准的，而美或艺术中的反映是否恰当却是以能否激发人们的情绪与情感为其标准的。总之，反映只能作为科学的本质而不能作为美或艺术的本质，或者说，反映对于科学来说是本质，而对于美和艺术来说，反映却只能作为一种特殊而具体的创作方法。

不把摹仿、表现、反映等作为艺术的本质而只作为艺术创作的具体而特殊的方法，这有什么积极意义与好处呢？好处是很明显的，这就是，可以使美和艺术的创作者在进行创作时，不会拘泥于摹仿、表现或反映等创作方法，可以使美和艺术的创作者积极探索与创造新的创作方法。这倒不是鼓励美和艺术的创作者要为美而美或是为艺术而艺术，这实在是因为人类的情绪与情感、人们的情-物联系会不断地发生变化，人们也会不断地发现新的能够激发情绪与情感的事物，发现新的能够应构出情绪与情感的方法。另外，旧有的创作方法尽管可能在过去创造过伟大的美和艺术作品，但由于任何一种创作方法都不是万能的，因此，艺术需要创造新的方法。再者，创造性如果作为观念，其本身也能激发人们的情绪与情感。总之，美和艺术的创作者在创作方法上要有强烈的意识，否则，美和艺术的创作者所创作出来的作品很可能会没有什么效果，或者不会使作品的效果达到最大。当然，美和艺术作品能否成功，不能只看创作方法，只有那些能够应构出人的情绪与情感的美和艺术作品才会是成功的作品。

3. **美和艺术创作的特殊方法与一般方法之间的关系**

在前面，我曾给出美和艺术创作的一般方法，之后，我又阐述了美和艺术的创作的几种具体而特殊的创作方法，美丽的美学还鼓励艺术家要积极探索和创造新的创作方法，那么，美和艺术的创作为什么在有了一般的创作方法之后还需要有各种各样具体而特殊的创作方法呢？有了一般方法不就行了吗？下面让我们来看美和艺术创作的特殊方法与一般方法之间的关系。

由于美和艺术可以由最简单的一个点、一个线条、一种色彩、一个文字、一个声音、一个动作、一个画面等组成，也可以由这些最简单的构成元素构成复杂的结构，因此，美和艺术从构成上看，一方面可以很简单，就像种种抽象艺术所表现出来的情形一样，但另一方面也可以很复杂，就像种种非抽象性艺术所表现出来的情形一样。由于美和艺术的任何一个构成元素都可以与人的情绪与情感之间形成一定的情-物联系，因此，这些简单元素同样可以形成美或艺术。当然，这些简单的构成元素也可以先应构出一定的想象或联想，然后，再由想象物或联想物应构出人的情绪与情感。这就是抽象主义的艺术得以存在的原因，同时，这也是通常所说的形式美存在的原因。但是，由于在实际情况中，人们的情绪与情感可以是由复杂的事物应构出来的，美和艺术的创作者在创作时也不可能都从结构的最基本的元素开始进行构思，因此，其他各种各样的具体而特殊的创作方法也就可以成为美和艺术的创作方法了，只要这些方法所创作出来的结构能够应构出人的情绪与情感就行。这就是说，美和艺术可以是抽象主义的，但不可能永远是抽象主义的，美和艺术可以是具象的、可以是叙事的、可以是抒情的等。实际上，当人们采用具象的、叙事的或抒情的方法来创作美和艺术作品时，人们可以集中许多因素和力量来达到美和艺术所应该达到的效果。笔者认为，这就是各种美和艺术的创作方法得以并存的原因之所在。

然而，我们又都已经知道，上述那些方法都不是美丽的美学所说的美和艺术创作的一般方法。那么，一般地说来，美和艺术创作的各种各样具体而特殊的创作方法与一般方法，这两者之间是什么关系呢？

美丽的美学认为，名词美是一种结构，如果某种结构能够应构出人的情绪与对某种事物的积极的情感，那么，这种结构就是美——名词美，而艺术也是一种结构，是由创作者有意识地对大脑里的外界反映物、想象物、创造物等或是对大脑体验和认识到的情绪与情感由内向外的应构而创作出来的，目的是为了使人能够由外而内地应构出人的情绪与情感，如果创作者创作出来的结构能够由外而内地应构出人的愉快情绪与对某种事物的积极的情感，那么，这样的结构也就还是美。笔者认为，这就是美和艺术创作的本质，同时也就是美和艺术创作的一般方法。而美和艺术创作的特殊方法呢？笔者认为，所谓美和艺术创作的诸多特殊方法都不过是人们从作品内各要素的之间的关系或是从作品与外界事物之间的关系出发，对作品创作所运用的手段或途径进行归纳与小结的结果，例如，摹仿与反映就是由于人们发现一些美和艺术的内容与现实很相似，因此摹仿与反映就被一些人认为是美和艺术创作的本质与方法，而对于情感表现，由于美和艺术的创作一般需要创作者情绪与情感的推动，因此，就有许多人认为情感表现是美和艺术创作的本质与一般方法，等等。很显然，这样的归纳与小结都只是美和艺术创作的具体而特殊的方法，是创作美和艺术的构思方法、构形方法或孕育方法，但都不能适用于所有的美和艺术的创作过程与作品，因而都不具有普遍性或一般性。实际上，对于其他各种各样的具体而特殊的创作方法我们只能称之为辅助方法，我们可以运用这些具体而特殊的方法来构思美和艺术作品。当我们怀着能够应构出人的情绪与对某种事物的情感之目的、恰当地运用各种美和艺术的创作方法在大脑里先构思出一个结构（这可以称为克罗齐表现阶段)，然后再运用美丽的美学所认为的一般方法把这个结构应构出来，那么，我们就会得到一件美或艺术作品。当然，如此创作出来的美或艺术作品，其价值到底有多大就要看接受者的体验与评判了。

笔者把自己所总结出来的美和艺术的创作方法称为一般方法，这是否是笔者高度亢奋、目空一切的自我标榜呢？的确，任何人都可以把自己所倡导的方法称为一般方法而把其他方法称为特殊方法。那么，对于这个问题我们应如何看待呢？我想，这只能看两个方面：一是看美和艺术理论的一般性，二是看是否符合实际。正是由于美丽的美学认为自己的理论具有一般性并且是符合任何实际情况的，因此，美丽的美学才认为自己所推论出的创作方法是一般方法，而他人所总结或推论出的创作方法则是具体而特殊的方法并且都只能作为一般方法的辅助方法。这绝不是美丽的美学高度亢奋、目空一切、自我标榜的表现，而是美丽的美学自然而然的结论。当然，美丽的美学还需要接受更严格的理论与实践的检验。

第二节　美丽的美学对美和艺术创作过程的解释

下面让我对美和艺术创作过程中的一些关键要素作一点具体的解释。

一、美丽的美学对美和艺术创作过程的解释

美和艺术的创作有时是在很短的时间内完成的，但更多的美和艺术的作品是经过很长时间才得以完成，有的甚至是经过几年直至一生的时间才得以完成的。不过，尽管美和艺术的作品千差万别，多种多样，美和艺术的创作过程有长有短，且复杂多样，但美和艺术的

创作过程在宏观上还是表现得具有共同性的，这就是，美和艺术的创作过程都可以一般地总结为积累——构思——物化这样一个程序，如吕景云就说："一般地说，艺术创作过程可分为生活体验、艺术构思和意象物化三个重要阶段。在这三个阶段中，都充分地表现出创作主体所起的决定作品命运的重要作用。"①当然，任何美和艺术的创作过程并不都是单线的，不都是一气呵成的，更多的作品是经过多次重复上述过程才得以完成，只有那些通过即兴创作的方法创作出来的作品，其创作过程才可能是单线的，甚至还可能缺少中间环节。但不管怎么说，任何美和艺术的创作过程都可以包含在上述程序之中。

以上所说的美和艺术的创作方法或程序只是宏观的，那么从微观角度来看，美和艺术创作为什么要经过上述三个程序？各环节存在的理由是什么？在创作的第一阶段，美和艺术的创作者为什么要积累？要积累什么？怎样积累？在第二阶段，美和艺术的创作者为什么要进行构思？要构思什么？又怎样进行构思？在第三阶段，美和艺术的创作者为什么要把所构思的东西物化出来？应怎样进行物化？等等。对所有这些问题，我们不能仅仅满足于描述，我们要能从理论上对它们进行解释与说明，因为一个只有描述而没有解释的理论永远都不会是一个理论，更不会是科学的理论，而美丽的美学根据其原理与推论是不难解释美和艺术的创作过程的。

首先，因为美和艺术是一种物质性的结构，因此美和艺术的创作必然要经过"物化"这一阶段，人们只有在创作出特定的、能够应构出人的情绪与对某种事物的情感的结构之后，人们才能得到美或艺术。

其次，由于美或艺术一般不是只让自己欣赏的，而是要让他人接受与欣赏的，因此，美和艺术的创作者要对自己所感受的事物或情绪与情感重新进行组织与安排，以求自己的作品能达到预期的与最大的效果，这就需要构思的作用了。

---

① 王宏建主编：《艺术概论》，文化艺术出版社，2000年1月版，第296页。

在创作的构思阶段，创作者的意识、理智、思想、想象力、创造力、情绪、情感、灵感等都是非常重要的。

美和艺术的创作活动是人的有意识活动，人的思想与意识会在其所创作的作品中流露出来。思想与意识，在第一方面是作为创作的组织者（艺术家要激发人们对什么对象的情感以及如何激发，这些都需要艺术家的思想与意识参与才行），在第二方面也可以被用来激发他人的情绪与情感，在第三方面思想与意识可能会被当作情感的对象。无力的思想与意识、不健康的思想与意识都会导致创作的失败，这样的例子太多了，大量平庸的、昙花一现的作品的存在就是明显的例证。这些作品往往是思想肤浅，格调低下，不是引人反感，就是让人过目即忘。当然，美和艺术创作的目的并不是为了表现思想，而是激发人们的情绪与对某种事物的情感，这正如狄德罗早就说过的："使德行令人生爱，使邪恶招人憎恨，使滑稽的事引人注目，这是每一个拿起笔杆、画笔或凿刀的正直的人的意图。"①

根据美丽的美学的第一、三两个原理我们可以知道，作为名词的美与艺术在本质上都是一个物质性的结构，如视觉结构、声音结构等，而作为名词的美除了有一些是天然形成的之外，其余的美及所有的艺术品就都是人有意创造出来的了。那么，这些由人所创造出来的美和艺术具体又是怎么来的呢？答案就是，它们是通过应构而得来的，这也就是说，如果人们把那些能够激发人的情绪与情感的事物的结构用特殊的物质应构出来，或者直接把人的情绪与情感用特殊的物质对应地应构出来，那么，人们就会得到美或艺术，如当我们用油墨写出文字、用色彩画出图画，用乐器奏出声音、用人体做出造型与动作、用光构造画面等就会分别得到文学作品、绘画作品、音乐作品、舞蹈作品、电影作品等，只要这些作品与能够应构出人们的情绪

① 狄德罗著：《狄德罗论绘画》，陈占元译，广西师范大学出版社，2002年12月版，第123页。

与对某种事物的情感的事物相对应，或直接与人的情绪与情感相对应就行。如果这些作品能够应构出人们的愉快情绪与对某种事物的积极情感，那么这些作品也就还是美。

由上可知，作为美和艺术创作的结构之源有两个，一个是事物，另一个就是人的情绪与情感。事物又分为客观存在的事物与创造性的或想象性的事物，而不管是什么事物，它们总是有结构的，如果某个事物能够激发人们的情绪与情感，那么，当我们把这个事物用特殊的物质应构出来，我们就会得到美或艺术。人的情绪与情感也是有结构的，如有长度、强度、节奏、紧张度、共存性，有产生、发展、高潮、平息等阶段，因此，如果我们直接把人的情绪与情感用特殊的物质如声音（包括旋律、和声、节奏等）应构出来，那么，我们也能得到美或艺术。文学和艺术可分为叙事（包括人物形象的塑造、景物描写、心理描写、情节设计等）与抒情两大类，其原因就在这里。

作为美和艺术创作的应构之源之一是事物，但美和艺术的创作者除了可以直接对客观存在的外在事物进行应构之外，也可以对存在于大脑中的事物进行应构，这就需要创作者有高度的想象力了。罗马时期希腊作家和批评家斐罗斯屈拉特曾借别人的口说："想象比起摹仿是一位更灵巧的艺术家……摹仿只能造出它已经见过的东西，想象却能造出他所没见过的东西。用现实作为标准来假设，摹仿有惊惶失措的时候，想象却不会如此，它会泰然升到自己理想的高度。"[①]姚文放则概括得更为明白："在形象思维中，想象因其精骛八极，心游万仞的神奇特点而具有重要的作用，一方面，想象可以填补生活经验链条中的缺环……另一方面，想象可以突破现实生活中不能逾越的时空界限而自由翱翔。"[②]当然，想象也可以激发人们的情绪

① 北京大学哲学系美学教研室编：《西方美学家论美和美感》，商务印书馆，1980年5月版，第52页。

② 姚文放著：《文学理论》，江苏教育出版社，2000年9月第2版，第211页。

与情感，当头脑中想象出某种事物，而这种事物又与一定的情绪或情感有联系，那么，此时的想象就可以激发人们的情绪与情感。如果此时美和艺术的创作者直接用一定的物质性的构成元素把想象物或把与想象相联系的情绪与情感应构出来，那么，这就可以得到美或艺术。

除了绘画和雕塑可以直接对客观存在的事物进行描摹之外，其他所有的艺术都需要借助于想象，实际上，即使是绘画和雕塑也在很大程度上要借助于想象，因此，可以说，如果没有想象，没有想象提供形象或情绪与情感，那么美和艺术的创作也就没有了应有的基础，美和艺术就是一座空中楼阁，美和艺术的创作就是一句空话。当然，对于美和艺术的创作者来说，并不是任何想象都是有价值的，只有那些能够激发情绪与指向特定对象的情感的想象才是有价值的，因为，对于美和艺术的创作者来说，想象也是为能够激发人们的情绪与情感服务的。当美和艺术的创作者产生了具有激发人们的情绪与情感能力的想象、并把这些想象物或把与这些想象物相联系的情绪与情感准确地应构出来时，美和艺术的创作者就会完成他的创作，从而得到他所梦寐以求的美或艺术。

为了达到能够达到激发人的情绪与情感的目的，美和艺术的创作者只能进行回忆性的想象是远远不够的，美和艺术的创作者还要能进行创造性想象。其理由很简单，这就是，一方面回忆性的想象并不都能激发人们的情绪与情感，简单的摹仿是不行的，另一方面，有许多创造性想象又都能激发人们的情绪与情感，如理想的生活、虚构的浪漫爱情等就具有很强的激发情绪与情感的力量。另外，创造性想象还可以集中许多因素与力量来激发人们的情绪与情感或用来增强激发情绪与情感的效果。

至于创作者的情绪与情感，其在美和艺术的创作中的作用就更加重要了。一方面，创作者的情绪与情感是美和艺术的创作的重要的动力，如巴金在回忆《灭亡》的一些章节的创作情况时就说过这样的话:“我有感情必须发泄,有爱憎必须倾吐,否则我这颗年轻的心就会枯死。所以我拿起笔,在一个练习本上写下一些东西来发泄我的感情、倾吐我的爱憎。”①当然,情绪与情感也可能是人的其他许多思想与行为的动力,但这与情绪与情感是艺术创作的动力并不矛盾。在人类的其他活动中,情绪与情感的功能与它们在艺术中的功能,并不完全相同,在美和艺术创作中,创作者的情绪与情感还具备以下的功能:

创作者的情绪与情感对于美和艺术的创作在第二方面的功能是,创作者的情绪与情感可以作为创作美和艺术的应构之源,如对于音乐,苏珊·朗格就说过这样的话:“我们叫作‘音乐’的音调结构,与人类的情感形式——增强与减弱,流动与休止,冲突与解决,以及加速、抑制、极度兴奋、平缓和微妙的激发,梦的消失等等形式——在逻辑上有着惊人的一致……音乐是情感生活的音调摹写。”②

第三方面,创作者的情绪与情感可以帮助他选择创作题材、选择应构对象、选择合适的形式与结构,选择合适的应构方法等,只有那些能够激发情绪与情感的题材、形式、方法才是合适的。

再一方面,由于美和艺术的创作者是自己所创作的作品的第一个感受者与体验者,因此,创作者的情绪与情感也是其作品的检验者。不管美和艺术是由情绪与情感应构而来的还是由某种事物应构而来的,都首先需要接受创作者自己的情绪与情感的检验,如果自己的作品不能激发自己的情绪与情感,要指望自己的作品能激发他人的情绪与情感,那将是十分滑稽可笑与可疑的,而不能应构出他人的情绪与情感的作品永远都不会被人称为美或被人所称道或被人所应用。

由于人们对美或艺术的感受或欣赏总有一个过程,因此这里的情绪与情感分为两种,一种是过程中的情绪与情感,另一种是最终的

---

① 巴金著:《随想录》第一集,人民文学出版社 1980 年 6 月版,第 40 页。
② 苏珊·朗格著:《情感与形式》,刘大基 傅志强 周发祥译,中国社会科学出版社,1986 年 8 月版,第 36 页。

情绪与情感。过程中的情绪与情感，一方面是艺术的目的本身，另一方面则是为了人们能够对美或艺术的感受或欣赏持续进行下去而激发的，是为美或艺术能够激发最终的情绪与情感服务的。

总之，美和艺术创作者的情绪与情感是他们进行创作的推动者与应构之源，是题材、形式与方法的选择者和作品的检验者。美和艺术的创作者如果没有情绪与情感，那么，他就无法进行创作，也无法检验自己的作品能否取得成功。

在前面，我曾经否定了艺术是情感的表现这种定义，现在我又说情绪与情感是美和艺术创作的应构之源之一，那么，这是否自相矛盾呢？当美和艺术的创作者直接以情绪与情感作为美和艺术创作的应构之源，我们不就可以认为美或艺术就是情绪或情感的表现吗？美丽的美学关于情绪与情感是美和艺术的创作的应构之源的说法是什么意思呢？实际上，美丽的美学一方面强调美和艺术的创作者要有情绪与情感，另一方面也强调美和艺术的创作者要善于控制自己的情绪与情感。如果美和艺术的创作者在创作时，一方面他有十分强烈的情绪与情感，另一方面，他又有十分强烈的自控能力，那么，他就可以对情绪与情感直接进行应构而得到美或艺术；而如果美和艺术的创作者在创作时，他的情绪与情感过于强烈，那么，他就不能进行创作。但由于情绪与情感是有结构的，美和艺术的创作者应该对情绪与情感的结构能够记忆犹新。当美和艺术的创作者在适合创作的情况下对记忆中的情绪与情感的结构进行应构时，创作者也会得到美或艺术。苏珊·朗格说艺术所表现的情感是艺术家所“认识到的人类情感”[1]（着重号为笔者所加），这是有一定道理的。另外，情感的表现仅仅是创作美和艺术的一种方法，但不是惟一的方法。这些内容就是美丽的美学关于情绪与情感是美和艺术的创作的应构之源的准确含义。

由于美和艺术的结构得来之不容易，因此灵感、直觉、无意识（潜

---

① 苏珊·朗格著：《艺术问题》，滕守尧译，南京出版社2006年1月版，第30页。

意识)的价值就不言自明了。当然,尽管在美和艺术的创作过程中,种种非理性的因素起了很大的作用,但创作者的理性因素如理智、冷静等同样是不可缺少的,因为,美和艺术终究是要给他人感受与欣赏的,毫无理性的想象、情绪与情感等只能给自己以享受,而对别人可能是毫无意义的。另外,美和艺术的创作者在创作过程中要有想象、情绪与情感等非理性因素,但从生理学与心理学角度来看,人的理智是可以对这些非理性因素进行控制的,如果美和艺术的创作者不能对这些非理性因素进行控制,那么,美和艺术的创作实际上是无法进行的,这正如苏珊·朗格所说的:“一个专门创作悲剧的艺术家,他自己并不一定要陷入绝望或激烈的骚动之中。事实上,不管是什么人,只要他处于上述情绪状态之中,就不可能进行创作;只有当他的脑子冷静地思考着引起这样一些情感的原因时,才算是处于创作状态中。”[①]由于现在的人们对灵感、直觉、无意识(潜意识)这些概念的机制还不完全清楚,因此,这里也就不再多言了。

最后,尽管直接作为美和艺术创作的应构之源的结构存在于人的大脑与身体中(外界事物只有先在大脑中有一个反映物才能作为美和艺术创作的应构之源),但这些结构的根本来源仍然在于或来源于外界的客观事物,因此,美和艺术的创作者也就有必要在平时要多观察、多研究、多思考、多体验、多实践、多积累情-物联系、多积累专业技能了。没有了积累,没有足够的对事物的观察,没有足够的情-物联系,没有强大的专业技能,美和艺术是不可想象的。

前面我曾多次提到,艺术与科学是不同的,但美丽的美学认为,艺术家也可以像哲学家与科学家那样去研究、分析、观察、思考、探索与总结,研究不应该仅仅是哲学家与科学家们的事,艺术家可以而且也必须要研究。在具体创作一件美和艺术作品时,创作者们一般至少要研究三个问题:1. 主题,即要研究让艺术激发什么情绪及对什

① 苏珊·朗格著:《艺术问题》,滕守尧译,南京出版社 2006 年 1 月版,第 28 页。

么事物的什么情感；2. 内容，即要研究用什么内容来实现艺术的主题；3. 形式，即要研究用什么形式比较合适、比较有效果。这里要注意的是，形式一方面是用来应构内容的，另一方面也是可以用来应构情绪与情感的。另外，这三个方面的研究可以分开进行，也可以混合进行，可以按照一定的顺序进行，也可以打乱顺序进行，可以在创作时进行，也可以在平时就进行。还有，美和艺术的创作者在观察与研究时千万不要忘了，创作者自始至终都应有情绪与情感的参与，都要用情绪与情感来进行检验。

具体说来，艺术家需要研究哪些东西呢？答案就是，艺术家需要研究社会（如果创作者不研究社会，他能写出一部让社会的人所接受的作品吗?）、需要研究自然（自然界里蕴含着无数好的题材，如大海星空、风花雪月、地震、海啸、火山爆发等，忽视这些题材无疑是愚蠢的）、需要研究时代（艺术是为当时与后代的人们欣赏的）、需要研究环境、需要研究种族、需要研究宗教（宗教的力量很大，内容也很丰富）、需要研究风俗、需要研究历史（历史中也像自然中一样具有无穷的题材）、需要研究未来（艺术要经典、要伟大必须要考虑未来）、需要研究政治（如在国家危亡关头，爱国诗歌与作品就能发挥很大的积极的作用）、需要研究经济（经济内容也能吸引人心）、需要研究事物、需要研究人的意识与精神（实际上，人类的心理世界是艺术的直接来源）、需要研究科学（至少科幻作品如科幻小说、科幻电影等是需要研究科学的）、需要研究技术（引起全球轰动的电影《阿凡达》就使用了3D 技术）、需要研究创作的技艺与方法等。美和艺术创作者可以作出对事物的本质与规律的发现并用这些发现指导创作。不会研究的人不会发现有价值的素材，不会让情感指向合适的对象，不会进行应构与创作，不会让作品的效果达到最大，从而就永远不会成为艺术家，更不会成为伟大的艺术家。美丽的美学非常赞同高尔基的“文学是人学”的观点，只是美丽的美学认为，美和艺术的创作者不应该只研究人，而应该研究一切。当然，美丽的美学又认为，美和艺术的创作者不应像哲学家、科学家那样以探究和发现事物的本质与规律为目标，而应以能激发人的情绪与对某种事物的情感为目标，美和艺术的创作者所做的一切研究都应是为能激发人的情绪与对某种事物的情感而进行的。美和艺术的创作者的研究与科学家、哲学家的研究至少有三点不同：一是目的不同，前者以激发情绪与有对象的情感为目的，后者以发现与揭示事物的本质与规律为目的；二是方法不同，前者需要观察与思考，但要加上情绪与情感的体验才行，而后者则不需要情绪与情感的体验，尽管在科学与哲学研究中也常伴随着情绪与情感的体验；三是研究结果的表现形式不同，前者表现为艺术品，而后者则表现为论文或论著。

以上所说能不能得到他人的证明？能的，例如，“人们在开始作画，或者做诗，或者谱曲之前，为什么就一定不是一位学者，一位信仰主义者，或一位仪式主义者呢？换言之，假如他有着坚定的头脑，为什么就应该将任何权力的手段置之一旁呢？”[①]爱尔兰文学家威廉·巴特勒·叶芝曾经这样责问过。再如，智利文学家巴勃鲁·聂鲁达则说过这样的话：“我信奉有引导的自发性。为此，诗人的口袋里必须永远有储备，以便应急。首先，要储备通过观察事物的外表、本质、语言、声音、形状等等获得的印象，即观察像蜜蜂那样从你身旁掠过的那些东西。必须立刻捕捉住它们，并且藏到口袋里去。我在这方面是很懒的，不过，我知道我提供的是个好建议。马雅可夫斯基有个小笔记本，不断往本子上记东西。也可以储备激情。激情如何保存？办法是当激情产生时，我们就要意识到它；然后面对稿纸，我们就能比激情本身更鲜明地在脑海里重现我们的那种意识。”[②]

① 宋兆霖主编，雨林编：《诺贝尔文学奖文库创作谈卷》，浙江文艺出版社，1998年5月版，第30页。

② 同上，第270页。

二、艺术的诸元素为什么要统一？

美丽的美学认为，艺术是专门用来通过人体内的情-物联系来应构人的情绪与对某种事物的情感的结构，而结构是由多种元素构成的，是有层次的，而且结构是能贮存信息的，因此，接下来自然的结论就是，要使艺术的结构能够达到艺术的目的与效果，构成艺术的诸元素就必须要协调一致，必须要统一。下面让我们从艺术的形式与内容这个角度来考察这个问题。

形式和内容本是一对哲学概念，是为任何事物所具有的。形式本可以与另一个词语——结构进行换用，但由于形式总是与内容联系在一起，结构总是与事物联系在一起，因此，人们还是把形式与结构在使用上进行了区分，在涉及内容时用形式一词，在涉及事物时用结构一词。至于内容一词，美丽的美学认为，它就是指贮存在形式或结构中的信息。对自然事物而言，它的结构就是它的形式，它的内容就是结构的组成及其所遵循的规律等，如太阳系这个事物，其以太阳为中心的结构就是太阳系所具有的形式，而太阳系中太阳与各行星所遵循的规律等就是其中的内容。对人造事物如与艺术品而言，其形式仍然是指事物的结构，而内容则是指制造者或创造者所赋予其中的内涵、意蕴、思想等。举个例子，如罗丹的《思想者》，其外形就是结构，而这种结构让我们认为，有一个人正在为人类的前途进行着紧张而深刻的思考等，那么，这就是这尊雕塑的内容。那么为什么美丽的美学要用结构与信息这两个概念来替代形式与内容呢？原因很简单，这就是，形式与内容这两个概念太抽象，而且这两个概念不能让人们知道，人们到底是如何从形式获得内容的，而结构与信息这两个概念就不同了，一方面，结构与信息对应着形式与内容，另一方面，由于结构可以通过应构来传输信息，因此，结构与信息这两个概念可以让我们对人们从形式获得内容的过程有一个很清晰的了解与认识。

“在西方美学史上，深刻地论述了内容与形式的辩证关系的是黑格尔”[①],他对内容与形式的定义为:“内容非他,即形式之转化为内容;形式非他,即内容之转化为形式。”[②]但是,在美丽的美学看来,黑格尔在《美学》中关于内容与形式的理论是含糊不清的,其具体表现是:1. 内容与形式为什么要统一? 2. 内容与形式怎样才算达到了统一? 3. 怎样让内容与形式实现统一? 对于这些问题,黑格尔并没有给我们以明确的答案。

实际上,在美学与艺术领域,强调形式与内容的有机统一、强调艺术是一个有机的统一体,这种观念由来以久,如亚里士多德早就有了这样的思想,不仅如此,丹纳还认为:“一幅画、一个雕像、一首诗、一所建筑物、一曲交响乐,其中所有的效果都应当集中,集中的程度将决定作品的地位。”[③]“别的方面都相等的话,作品的精彩程度取决于效果集中的程度。”[④]“杰作总是一切效果集中的产物。”[⑤]科学的与美丽的美学也要求形式与内容的效果的集中,只是科学的与美丽的美学所说的效果是指能够激发人们的情绪与对某种事物的情感。

那么,事物的形式与内容为什么要统一、为什么要效果集中呢?这主要是因为,物质的直接刺激或满足与不满足人的需要可使人产生强烈的情绪或情感,然而,人们在审美活动或艺术欣赏中,人们的情绪或情感一般却不是由事物直接刺激或由满足与不满足需要而产生的,而是由事物的形式与内容应构出来的,因此,要使人们在审美活动或艺术欣赏中的情绪或情感强烈而持久,审美对象或欣赏对象

---

① 刘叔成 夏之放 楼昔勇等著:《美学基本原理》,上海人民出版社,2001 年 7 月第 3 版,第 84 页。

② 同上。

③ 丹纳著:《艺术哲学》,缩译彩图本,曾令先 李群编译,重庆出版社,2006 年 8 月版,第 259 页。

④ 同上,第 263 页。

⑤ 同上,第 273 页。

的形式与内容就一定要统一、其效果就一定要集中了。这就是美丽的美学对审美对象或艺术欣赏对象的形式与内容为什么要统一这个问题的回答。相信这也一般地回答了形式与内容怎样才算统一以及怎样让形式与内容达到统一这两个问题。

美丽的美学关于艺术的诸元素要相统一的观点有人会为此作辅证，童庆炳在《文艺审美特征论》一书中说："作品的内容不是独立于形式而存在的，而是贯穿、溶解于特定的形式中，内容是表现在形式中的内容，形式是表现着内容的形式，两者不可分离。某个内容变换了或离开了特定的形式，作品的美感和艺术感染力也就立刻消失。从心理学角度看，任何艺术作品都引导读者的情绪向两个方面展开，一方面是由内容引起的情绪，一方面则是由形式引起的情绪。"[①]从中我们可以看出形式与内容为什么要统一——既然艺术作品会在形式与内容两个方面都会引起人们的情绪与情感，因此为了使整个艺术作品的效果达到最大，艺术作品的形式与内容就应该相统一了。美学范围内，如果事物的形式先应构出一定的内容，然后内容与形式又一起来激发出人们的某种情绪与对某种事物的情感，那么，我们就说事物的形式与内容达到了统一。而如果形式与内容所应构出来的情绪是愉快的，对某种事物的情感是积极的，那么这时我们就可以说这个事物是美或美的。

上面虽然是就艺术的形式与内容而言，但美丽的美学认为，艺术诸元素的统一并不仅仅是指内容与形式的统一，艺术诸元素的统一是指艺术的一切构成元素的效果的统一。

下面让我们来看一个具体的元素统一、效果集中的事例。在前面我所提到的马致远的小令《秋思》中，第一、二、三句都是由三个形象（分别是枯藤、老树、昏鸦；小桥、流水、人家；古道、西风、瘦马）构成的。为什么要这样？这样做有什么效果？如果这三句诗都只有一个

---

① 童庆炳著：《文学审美特征论》，华中师范大学出版社，2000年6月版，第108页。

形象,那么,这三句还有原来那样的效果吗?显然没有。为什么?是效果不集中(这三句诗中的九个形象如果单独呈现,它们对不同的人或对不同场合下的同一个人一般会产生多种不同的效果)。但由于每一句中的三个形象有相似之处,对人会产生相同的效果,而现在每一句诗分别把三个会产生相同效果的形象叠加在一起,因此这三句诗的效果也就出来了,而且效果很明显、很强烈。

让我们再来看另一种形式的统一,即材料与形式的统一。这里引用的是桑塔耶纳的观点,虽然其是针对美而言的,但笔者认为其一般性结论也适用于艺术:“虽然一件衣服、一座大厦或一首诗的感性材料所提供的美多么次要,但是,这些感性材料之存在是不可缺少的。形式不能是乌有的形式,所以,如果在探索或创造美的时候,我们忽略了事物的材料,而仅仅注意它们的形式,我们就坐失提高效果之良机。因为,不论形式可以带来甚么愉悦,材料也许早已提供了愉悦,而且对整个结果的价值贡献了很多东西。”[①]“没有一种形式效果是材料效果所不能加强的,况且,材料效果是形式效果之基础,它把形式效果的力量提得更高了,给予事物的美以某种强烈性、彻底性、无限性,否则它就缺乏这些效果。假如雅典娜的神殿巴特农不是大理石筑成,王冠不是黄金制造,星星没有火光,它们将是平淡无力的东西。在这里,物质美对于感官有更大的吸引力,它刺激我们同时它的形式也是崇高的,它提高而且加强了我们的感情。如果我们的知觉要达到强烈锐敏的最高度,我们就需要这种刺激。举凡不是处处皆美的东西,决不能销魂夺目。”[②]

运用美丽的美学关于艺术的诸元素要相统一的观点,我们还能解释一个让许多人感到很无奈的现象,这就是文学的衰退现象。有

---

① 乔治·桑塔耶纳著:《美感——美学大纲》,缪灵珠译,中国社会科学出版社,1982年12月版,第52页。

② 同上。

许多人为文学的衰退而痛心疾首，甚至有人认为文学将要死亡，那么事实会是怎样的呢？

所谓文学的衰退实际上是相对影视艺术而言，自从电影与电视诞生以来，文学就受到了强有力的挑战，作品的平均受众人数在逐渐减少，这是为什么呢？

美丽的美学认为，艺术是用来激发人的情绪与对某种事物的情感的，而激发的手段是应构，应构则是通过艺术的形式、内容及人体内的情-物联系来实现的。既然这样，我们就可以知道文学艺术对于影视艺术的劣势了。

首先，由于影视艺术是运用动态的画面来作为其基本的构成元素的，而一幅画面所包含的信息量相对于语言和文字则要大得多，一张光碟可以存储一部影视作品，但能存储好几本书就说明了这一点。为什么会这样？这是由于：1. 语言在媒介上是线性排列的，而影视作品中的画面是平面的和立体的（3D技术实现了这一点）；2. 影视作品可以让画面与语言、音乐、音响等一起形成结构，这样人们从影视作品会获得更多的应构途径与方式，并能从中一下子获得更多的信息。由于艺术的结构及结构所贮存的信息都能应构出人的情绪与对某种事物的情感，因此影视作品的结构只要处理得好——即效果集中——就一定会比单一的语言符号产生更强大的效果。

其次，人天生是一个文盲，文字要通过艰苦的学习才能被理解与掌握，但人天生绝不会是一个图盲或像盲，任何人从一出生就会与图像或影像接触，就会接受图像或影像，就会受图像或影像的应构和影响，儿童在识字之前能观看动画片就充分说明了这一点，这也就是说，对于文学这种艺术，至少有相当多的人不能接受，这些人就是文盲和文学水平不高的人，而对影视艺术呢？情况就简单多了，一个人可能看不了一件文学作品，但却不可能接受不了一部影视作品，影视作品的图像性与直观性可以让任何人接受影视作品，哪怕是仅仅接受了其中的一个画面。

再次，文学所能运用的用来应构人的情绪与情感的手段与方法如叙事、抒情、塑造人物、心理描写、设计情节与悬念（在美丽的美学看来，一个悬念相当于一个格式塔，可激发人的情绪与进一步阅读或欣赏的兴趣）等，影视作品也能运用自如，这就使得文学作品在表现手段与方法上占不了多大的便宜。

由于以上原因——这些原因都是内在的原因，按照辩证法的原理，这些原因也就是根本的原因——文学艺术相对于影视艺术要发生衰退就是必然的了。当然，这不是说某一部影视作品一定会比某一部文学作品优秀。

那么，文学这种艺术会不会像恐龙一样灭绝呢？绝对不会，文学可能会成为小众艺术但绝对不会灭绝，为什么？根本原因有二：1.语言不灭绝，文学就不会灭绝；2.众所周知，影视作品的基础是剧本，而剧本本身就可以被视为文学作品。另外，除了原创剧本之外，有相当一部分剧本则是来源于文学中的小说、神话、童话、传说等的。总之，文学是影视艺术的基础，优秀的影视作品必定是以优秀的文学作品为前提的。

三、真实对于艺术的意义与作用

下面让我们来考察一下真实对于艺术的意义与作用。

在美学与艺术中，有许多人都要求艺术要真实，这是为什么呢？真实对于艺术到底有什么意义与作用呢？当然，真实对于艺术是有价值的，而且价值还不小。首先，在实际中有许许多多真实的事物或现象本来就具有激发情绪与情感的力量，而艺术家真实的情绪与情感对艺术欣赏者来说也有感染作用，因而也能激发他人的情绪与情感。其次，真实能为情感提供一个中意的与现实的对象。由于完全的虚构会让情感的对象无处着落，因此，艺术必须要具有真实的内容。再次，真实有助于人们理解与接受艺术，完全的虚构，会让人如坠云雾，使人无法理解与接受艺术，更不用说从中激发情绪与情感了

（笔者认为，这也就是许多人强调艺术要按照亚里士多德所说的可然律或必然律来进行创作的主要原因）。

不过美丽的美学认为，要求艺术必须是真实的或要求艺术必须反映真实是非常荒谬的。为什么？这是因为要求艺术真实或要求艺术必须反映真实会导致一个奇怪的悖论：如果一件艺术品深深地打动了艺术的欣赏者是由于艺术反映了某种真实的情况，但由于同一件艺术品并不会对所有的人都是有效果的或是有同样的效果的，那么，这时的这件艺术品是不是就没有反映某种真实情况了呢？即同一件艺术品怎么能说既反映了真实情况又没有反映了真实情况呢？因此我们必须重新审视真实对于艺术的作用。我们怎样才能避免上述悖论呢？很简单，由于要求艺术真实或必须反映真实是艺术反映论的必然推论，因此，只要我们不再坚持艺术的本质是一种反映，我们就会避免上述理论与实践中的矛盾与尴尬。实际上，正如桑塔耶纳所说的："逼真之所以是一种艺术优点，只因为它是在这方面引起我们快感的一个因素。它与其余一切效果因素处于平等地位。"①

由于艺术不是为反映什么而存在的，而是为激发情绪与情感而存在的，又由于不是只有真实才能激发人们的情绪与情感，虚构和想象的事物也同样能激发人们的情绪与情感，因此，艺术并不要求一定是真实的，艺术是可以有虚构的。另外，由于真实的事物或情绪与情感并不一定总是能激发人的情绪与情感，因此，艺术家即使在其作品中反映了真实的情况，但艺术家为了达到艺术所需要的效果往往需要对真实情况作一些改动并进行重新组合，而这也就带来了不真实，因此，要求艺术像科学那样真实根本也是行不通的。艺术并不需要具有像科学那样的真实，要求艺术像科学那样对待真实是不切实际的，在实际中也恰恰是不符合真实情况的，在实际的艺术创作中，典

---

① 乔治·桑塔耶纳著：《美感——美学大纲》，缪灵珠译，中国社会科学出版社，1982 年 12 月版，第 15 页。

型的、虚构特征很明显的作品可以说是俯拾皆是，文学中如吴承恩的《西游记》、但丁的《神曲》等，绘画中如拉斐尔的《雅典学院》、达利的《记忆的永恒》等，其他如各种神话作品、各种魔幻作品、各种科幻作品等莫不如此。实际上，任何一件艺术作品中，我们几乎总能找到不真实的影子，例如法国文学家弗朗索瓦·莫里亚克就说过这样的话："长篇小说几乎在一切场合下都在违背自己的对象，使人变形，伪造人的生活。"[①]而赫伯特·里德则说："从广义上讲，变形可以说是无视于自然界中特定的比例关系。或者说，变形总是以非常普遍而又相互矛盾的方式存在于一切艺术之中。古希腊雕塑出于其艺术理想的考虑，甚至也存在变形问题。譬如，《米罗斯的阿芙罗蒂德》雕像上的眉毛和鼻梁，实际上没有那么直。其呈卵形的脸庞和圆润丰满的乳房在现实生活中也难以找到。"[②]

也许有人会用"艺术真实"这个概念来为虚构辩护，然而这是非常荒谬的，因为真实只有一种，这就是，艺术所描写的、所描绘的、所要告诉人们的如果与事实相符，那么，艺术所描写的、所描绘的、所要告诉人们的就是真实的，否则就是不真实，就是虚构，我们不能为了强调真实在艺术中的重要性就把艺术中的虚构称作什么"艺术真实"。如果我们为了强调真实在艺术中的重要性而把艺术中的虚构称作"艺术真实"，那么，我们是否可以在其他人类活动中如在政治、经济等活动中，也把欺骗或欺诈分别称为"政治真实"与"经济真实"呢？如果真可以这样，那么，我们这个世界将是多么的有意思啊。

不过，这里还有一个问题，这就是，既然虚构的东西是虚假的，是不存在的，那么为什么这些虚假的、不存在的东西也会应构和激发出

---

① 宋兆霖主编，雨林编：《诺贝尔文学奖文库创作谈卷》，浙江文艺出版社，1998 年 5 月版，第 121 页。

② 郝伯特·里德著：《艺术的真谛》，王柯平译，辽宁人民出版社，1987 年 8 月版，第 143 页。

人的情绪与情感呢？原因是这样的。的确，根本不存在的东西在一般情况下是不会应构和激发出人的情绪与情感的，但是，由于虚构的东西是可以以符号存在的，是可以被想象的，在大脑里是对应着特定的细胞活动的，而这些符号、想象与大脑里的一些活动是可以与一定的情绪或情感相联系的，因此，这些符号、这些想象与这些大脑活动也就可以应构和激发出情绪与情感了，这也就是说，虚构同样也能够应构和激发出人的情绪与情感。当然，这并不是说所有的虚构都能够应构和激发出人的情绪与情感。

总而言之，对艺术而言，真实和虚构都是可以的，也都是必需的，尽管真实对于艺术是非常重要的，但虚构对于艺术也仍然是不可缺少的。虚构是上帝赐予艺术的一种特殊的权利，艺术家们不应该白白地浪费这种权利。当然，艺术家们也不应该滥用这种权利。实际上，在艺术中，绝对的真实与完全的虚构都是不存在的，完全的真实是科学，而完全的虚构也只有上帝才能欣赏。

四、美和艺术的创作为什么需要创造性？

最后，让我以艺术为代表来解释一下美和艺术的创作为什么需要创造性。

在艺术的创作问题上，人们都很强调艺术的创造性，“艺术，尤其是文学，之所以非凡，之所以有别于生活，正在于它憎恶重复。在日常生活中，你可以将同样的笑话讲述三次，你每每能引发出笑声，并因此成为朋座欢迎的活跃人物。在艺术中，这种行为却被称为‘俗套’。”[①]美国文学家约瑟夫·布罗茨基曾经这样说到。那么，艺术为什么需要创造性呢？而创造为什么又是可能的呢？让我们先来看第一个问题。

---

① 宋兆霖主编，雨林编：《诺贝尔文学奖文库创作谈卷》，浙江文艺出版社，1998 年 5 月版，第 390 页。

美丽的美学认为，艺术是一种人有意识创作出来的结构，这种结构是专门用于通过人体内的情-物联系来应构人的情绪与对某种事物的情感的。本来这样的结构在自然界和人类社会中有很多，但这些天然的结构因为是漫无目的、稍纵即逝的，它们所激发的情感其对象是难以指向合适的目标的，因此，它们并不能完全满足人类的需要，这样人类就必然需要创作一些结构来达到自身的目的。笔者认为，这就是人类需要艺术和艺术必须具有创造性的最根本的原因。

具体在一件艺术品中，艺术的创造性首先表现在形式上，原因很简单，因为，艺术首先是一种结构，人们首先接触和感觉到的也是艺术的结构(尽管可能人们并不会意识到)，而结构及结构中的各组成元素本身就可以与人的情绪与情感有一定的联系，因此，形式本身也就具有应构人的情绪与情感的能力，在美术作品中，存在着抽象主义的一类作品就充分说明了这一点。只不过由于形式是无限多样的，效果也是各种各样的，只有合适的形式或结构才有可能是符合人的目的的，这就需要艺术的创作者不断地进行探索和创造了。另外，美丽的美学还认为，艺术用来应构情绪与情感的不仅仅是形式而是也包括内容，而内容必须有合适的形式才行，因此，内容的变化也需要形式的变化与创新。

艺术的创造性其次是表现在内容上。古往今来，常见的艺术内容有神话、宗教、爱情、战争、伦理、死亡、传奇，现在还有武打、科学幻想、灾难、惊悚等。很显然，这些内容由于种种原因而具有极强的激发情绪与情感的力量，因此，这些内容也就一直出现在人类的各类艺术品中，人类对它们也一直是乐此不疲。当然，艺术的内容不可能只有这些，人们也可以把这些内容进行任意的组合而得到艺术。另外，人类还可以挖掘和发现新的内容并把它们用到艺术中，在今天，由于人类关注的现象与问题越来越多，因此，艺术的内容也在不断更新，如现在人们就发现，同性恋的内容、自然生态的内容等就可以用到艺术中，这些内容能够让有关的人感兴趣，而这些内容也会让更多的人们注意这些问题，等等。实际上，人们也常常为艺术能开发出新的表现内容而表示赞赏，这也是艺术必须开发新的表现内容的动力之一，例如，好莱坞电影就因为开发出许多种类型片而受到人们的欢迎。

艺术的创造性再次是表现在创作方法上。每隔一定的时间，无论哪种艺术其创作方法都要发生一次革命性的变化，而一种新型的创作方法往往就标志着一个新的艺术流派甚至是一个新的艺术时代的诞生，人们也常常为艺术中出现新的创作方法而欢欣鼓舞，并对其加以充分赞扬，为此，有许多人还产生了"为艺术而艺术"的思想。那么，艺术为什么需要不断探索新的创作方法呢？美丽的美学认为，其理由主要有如下几点：

1. 若把创造性（包括对创作方法的创新）作为一种观念或一种理念，那么，其本身就具有极其强大的激发情绪与情感的能力，特别是在一个特别重视创造的氛围里更是如此。

2. 由于激发情绪与情感的具体方法是无限的，人们也不能一下子穷尽所有应构情绪与情感的方法，因此，探索新的艺术创作方法就是很有必要的，而一旦有了新的创作方法，人们就可以根据新的创作方法来创作出更多的艺术作品。对此，笔者认为，桑塔耶纳对于艺术表现媒介作用所说的一句话也很能证明笔者的观点："如果从任何一出悲剧，譬如从《奥赛罗》中除去表现媒介的魅力，把这悲剧化为单纯的事实和谈话之记载，像报纸的每日报道那样，悲剧的崇高和美就完全失掉了。余下的只是一项使人沮丧的人类愚行而已，它可能仍然引起好奇心，但是它与其说是净化了毋宁说是玷污了我们欣赏它的心灵。"①

3. 因为艺术是一种结构，而艺术激发人们的情绪与情感是通过其结构、结构所贮存的信息与人体内的情-物联系来实现的，但由于

① 乔治·桑塔耶纳著：《美感——美学大纲》，缪灵珠译，中国社会科学出版社，1982年12月版，第153页。

人体内的情-物联系是时刻在不断发生变化的，且是会因人而异的，人们也会发现新的情-物联系，因此，如果人们的情-物联系发生了变化，人们也发现了新的情-物联系，而我们仍采用原来的创作方法或过去的创作方法，那么，我们就有可能不会有什么好的结果。

众所周知，美和艺术的创作一般都需要有一定的素材或题材，这些素材或题材有客观事物与现象、神话与民间传说、人的主观意识与感受、人类的想象与梦境、人的情绪与情感等，所有这些素材或题材本身都有可能激发人们的情绪与对某种对象的情感，但也有可能不能，因此，如何对待这些素材或题材，如何处理这些素材或题材，以及如何让这些素材或题材达到最大的效果等，就需要美和艺术的创作者的刻意思考与追求了，而这种刻意思考与追求其总的表现就是美和艺术的创作方法。美和艺术的创作者为了达到自己创作的目的必须用合适的与最好的方法，包括自己所创造的方法来对待和处理那些无处不在的创作素材与题材。反之，如果美和艺术的创作者不注意创作的方法或创造新的方法，那么这有可能：a)使原来的素材或题材丧失激发情绪与情感的能力；b)不能放大素材或题材激发情绪与情感的能力；c)不能使整个作品的效果达到最大化。总之，由于人体内的情-物联系总是在不断地发生变化，人们感受事物的方式是非常复杂的并也总在不断地发生变化，人们也会不断发现新的事物与现象能激发情绪与情感，因此，这就为美和艺术的创作者不断探索新的表现事物与情绪、情感的方法提供了必要性与可能性。美丽的美学在美学范围内允许任何一种构成和获得结构的方法，并且认为，如果这种结构是专门用来应构人的情绪与对某种事物的情感的，那么，这种结构就是艺术，而如果这种结构能够应构出人的愉快情绪与对某种事物的某种积极的情感，那么，这种结构也就还是美。

当然，尽管创造性是艺术的不可缺少的一个因素，尽管创作美和艺术的方法是多种多样的，并且人们还可以创造种种新的方法，但有一点还是值得再次提醒的，这就是，美和艺术并不是因为有独特的创作方法才存在的，而是因为能够激发人们的情绪与情感才得以存在与发展的，在美和艺术的创作过程中，方法也是为激发情绪与情感服务的，我们要积极探索美和艺术的创作方法，但我们又不能为方法而方法，也不必为方法而方法，如为了摹仿而摹仿、为了表现而表现、为了反映而反映等。凡是不能为美和艺术的创作增加效果的方法都是不可取的，因为，在实际中，人们只承认有效果的方法。我们应该为了能够激发人们的情绪与情感而进行探索与创作。在艺术史中，"为艺术而艺术"的观点是有一定的价值的，因为，这种观点有助于人们去积极探索新的艺术创作方法，但是，我们不能沿着这种观点走向极端，认为艺术的目的就是不断探索新的创作方法。实际上，艺术的目的不在于追求什么新奇的创作方法，而在于应构人们的情绪与对某种事物的情感。艺术是为应构人们的情绪与对某种事物的情感而创作的，而艺术的创作方法也永远都是为艺术的这一目的服务的。当然，艺术也是可以让人们关注艺术和关注艺术的创作方法本身的。最后，旧方法也不等于不能有好的效果，例如，比喻是一种人人都很熟知的方法，在美与艺术创作过程中（主要是在文学创作过程中），我们就可以用这种方法来达到激发情绪与情感的效果。总之，"一位为了客观地表现个人内在感受的艺术家，不管运用什么样的法则，他必须拿出成果，创造出一件具有强大艺术魅力的作品来。"①

实际上，艺术需要创造性可以说是人人皆知的，然而，按照美丽的美学之美与艺术的定义，美和艺术应该能够激发人们的情绪与情感，因此，这里就来了一个新的问题，这就是，新的事物或创造物为什

---

① 郝伯特·里德著：《艺术的真谛》，王柯平译，辽宁人民出版社，1987 年 8 月版，第 143 - 144 页。

么也能够应构出人的情绪与情感呢？前面我在论述美、美感与艺术这些概念的时候曾提到，人在审美与艺术欣赏中所产生的情绪与情感是由事物的结构所应构出来的，这似乎是说，只有为人所熟悉的事物才能激发人们的情绪与情感。

我们已经知道，人体内的情-物联系是以神经联系为基础的，而人体内的神经联系却是无限复杂的，并且会因为种种原因而发生改变，人也会因为种种经历或劳动与实践活动而产生种种新的神经联系。美丽的美学认为，无限的神经联系、新的神经联系为新的事物和创造物能够应构出情绪与情感打下了坚实的物质基础，正是因为人体内的神经联系无限复杂且经常要发生变化，或发生生长或发生关闭，因此，虽然熟悉的事物可以应构出人们的情绪与情感，但是，新的事物、为人所不熟悉的事物也能够应构出人们的情绪与情感就有了极大的可能性。笔者认为，这就是为什么在美和艺术品中，新事物与创造性的事物也能够激发人们情绪与情感以及美与艺术的创作者可以进行创造的最根本的原因之所在。

尊敬的各位读者，美丽的美学对美和艺术的创造性问题的解释是不是很合理与很自然？

从上述分析中我们还可以知道，艺术是无限的。由于情-物联系具有隐蔽性，通常我们并不能知道什么样的事物或结构能应构出什么情绪与对什么事物的什么情感，这就需要美和艺术的创作者不断地进行体验、练习与总结了。“我们来赞美大师们吧，但不要模仿他们。还是让我们别出心裁吧，如果成功了，当然很好，如果失败，又有什么关系呢？”①“啊，诗人们，第一排的座位永远是虚位以待的。让我们把一切妨碍大胆创造、妨碍展翅高飞的东西都排除掉；艺术就是一种勇气，否认出人意料的后起之秀能与先行的天才匹敌，那就是否认

---

① 维克多·雨果著：《雨果论文学》，柳鸣九译，上海译文出版社，2011年4月版，第88页。

神的持续的力量。”[①]“艺术和文化创作不能像过去一样继续把自己封闭在一个狭小的空间内，不能像过去一样继续不管世界兴衰都受到保护，而是应该形成面向未来的行动计划，并且在严酷的艺术现实中披荆斩棘地前行。”[②]让我们高举创新的大旗勇敢前行吧，没有创造是死路一条，对科学是这样，对艺术也同样如此。

① 维克多·雨果著：《雨果论文学》，柳鸣九译，上海译文出版社，2011年4月版，第136页。
② 马克·西门尼斯著：《当代美学》，王洪一译，文化艺术出版社，2005年3月版，第51页。

第十章

美和艺术的起源

在前面，我已经分别阐述了美丽的美学关于美、美感、艺术等问题的观点，在本章，让我们来考察一下美学中的另外一个重大的问题，这就是美和艺术的起源问题。

美丽的美学关于美和艺术的起源的观点在逻辑上也是前面几个原理的推论，是美丽的美学怀揣着基本原理，沿着时间的隧道逆向行驶，在美和艺术的历史源头进行探寻的结果。美和艺术起源于什么？它们起源的原因和动力又是什么？这种原因和动力会停止发生作用吗？美丽的美学关于美、美感和艺术的定义对那些远古时代的人适用吗？除了人有美感与艺术之外，动物也有美感和艺术吗？当我们要考察美和艺术的起源时，这些问题会一股脑地向我们袭来。这些问题，每一个都有探究的意义与价值，每一种美学都必须对这些问题作出正面回答，因为从美学这门学科的建立来看，这些问题也是对美学学科的考验。

不过，在探讨美和艺术的起源之前，有一点是必须交代清楚的，这就是，本章探究美的起源，主要是探究美感与审美观念的起源。这是因为，按照美丽的美学的观点，美有两种含义，一种是指能够应构出人的愉快情绪与对某种事物的积极情感的结构。这样的结构，一部分在人类诞生之前就已经大量地存在着，探讨这些结构的起源在美学中是没有什么意义的，而另一部分美，它们的来源是人，因为，这部分美是由人创造的，探究这部分美的起源无疑需要探究人类的美感与审美观念的起源。美的第二种含义是指事物的一种性质，而这种性质是主观的，是在事物应构出人愉快情绪与对某种事物的积极的情感之后，由人所赋予事物的一种性质，因此，形容词美的起源也应该与人类美感与审美观念的起源有关。总之，我们要探讨美的起源，我们只要能弄清美感与审美观念的起源就行了。

第一节　动物们的“美感”与“艺术”

与什么是美、什么是艺术等一样，人类的美感与艺术的起源问题也有多种答案，例如，关于艺术的起源就有摹仿说、表现说、游戏说、巫术说、劳动说等。既然美丽的美学对于美、美感与艺术有自己的一套看法，那么，美丽的美学对人类的美感与艺术的起源问题是如何回答的呢？

当我们进入历史的漫漫长河、巡视到美和艺术的源头的时候，我们会发现，我们与我们的祖先打起了交道。由于人类是由动物进化而来的，因此，要探讨人类的美与艺术的起源，我们就必须从动物的“美感”与“艺术”谈起。在一般的美学著作中，动物的“美感”与“艺术”是毫不涉及的。一般人都认为，只有人类才有美感和艺术，但这种看法明显地与生物学家们的看法相反，有许多生物学家，如伟大的生物学家达尔文就认为，动物有“美感”甚至也有“艺术”。让我们来看下面的一些资料。

首先，我们必须承认，动物也是有情绪与情感的。达尔文在《人类的由来》一书中告诉我们：“低等动物，像人一样，显然也感觉到愉快和痛楚，懂得甚么是幸福，甚么是烦恼。最能表现出幸福之感的大概无过于像若干小孩似的正玩得高兴的几只小狗、小猫、小绵羊等等。甚至昆虫也懂得一起玩耍……”①“低等动物，与我们相同，也受同样的一些情绪所激动……恐怖在它们身上也像在我们身上一样起着同样的作用，足以使肌肉颤动、心跳加快、括约肌松弛，而毛发纷纷直竖。由恐惧而产生的猜疑，是大多数野兽的一大特点……谁都知道动物容易暴怒，并且表示得十分清楚。各种动物把怨气积压了很久、而突然报复得很巧妙的复仇故事是很多的，并且时常有人加以发表出来，看来未必不是实有其事。”②

对于一些较复杂情绪与情感，达尔文告诉我们：“大多数的比较复杂的情绪是各种高等动物和我们所共有的。每一个人都看到过，如果主人在别的动物身上表示太多的恩爱，一只狗会表现出何等妒忌的心情，而我自己在一些猴子身上观察到过同样的情况。这表明动物不但能爱，并且也有被爱的要求。动物也显然懂得争胜而不甘落后。它们也喜欢受到称赞。一只替它的主人用嘴衔着筐子的狗会表现高度的自鸣得意和骄傲的神情。我认为还有一点也是无可怀疑的，就是，狗也懂得羞耻……一只大狗瞧不起一只小狗的咆哮，而不与计较，这也不妨说是器量大。有几个观察家说到猴子肯定地不喜欢有人嘲笑它们；它们有时候也会假装受到委屈……狗也表现有一种可以名副其实的称为幽默的感觉，而这又和单纯地闹着玩分明不是一回事；如果主人向它丢一根小木棍或其他类似的东西，它往往会把它衔起来，跑一段路；然后蹲下来，把小木棍摆在前面地上，等上一会儿，看主人是不是走过来把棍子取走。等主人真的走得很近了，它又突然跳起来，衔上棍子，跑得远远的，大有胜利而洋洋自得之意；如是者可以重复上好几次，显然表示它的所以高兴，不是因为玩得痛

---

① 达尔文著：《人类的由来》上册，潘光旦 胡寿文译，商务印书馆，1983 年 4 月版，第 103 页。

② 同上，第 103 - 104 页。

快，而是因为它开了主人一个玩笑。”[①]“除了恩爱和同情心之外，动物还表现和一些社会性本能有联系的其他一些品质，而这些，在我们人，就配得上道德的这个形容词。而阿该西兹认为狗是具有很像我们所谓的良心这样东西的，我同意他的这个看法。”[②]

其次，我们要知道，动物也“懂得”有时要激发其他动物的情绪与情感，而其他动物也有时能受到情绪与情感的感染与影响。达尔文在《人类的由来》一书中有大量的记载：

> 阿该西兹说，“凡属有机会观察到过蜗牛求爱的人，对于这些雌雄同体的动物在准备与完成两相拥抱的过程中的种种动作与姿态所表现的媚惑的力量，是不可能再有甚么怀疑的了。”[③]
>
> 威斯特仑作出了一个有趣的发现，就是，在球腹蛛属里，有若干个种的雄性能作出唧唧之声，而雌性则不会作声……与此相关联而值得注意的是，好几位作家，包括大家所熟知的蜘蛛学家伐耳肯尼尔在内，一直宣称蜘蛛是可以受到音乐的吸引的。拿这一情况和我们将在下章中叙述到的直翅类与同翅类相比较或相类推，我们不妨有这样一个想法，就是我们几乎可以肯定这种唧唧之声的作用是在对雌性发出召唤或激发她的春情，而威斯特仑也相信这种作用。[④]
>
> 夏邦尼耶先生曾经仔细观察过在人工饲养下的中国所产的一种鱼，对雄鱼的求爱，乃至如何卖弄风情，提供过一些记录……雄鱼的颜色极为美丽，胜过雌鱼。在繁育季节里，他们要为占有雌鱼而斗；而在求爱的动作中，会把全身的鳍张开，把上面所饰的斑点和辐射形的颜色鲜艳的线纹充分地展示出来，那番光景，据夏邦尼

---

① 达尔文著：《人类的由来》上册，潘光旦 胡寿文译，商务印书馆，1983年4月版，第106－107页。

② 同上，第156页。

③ 同上，第414页。

④ 同上，第428页。

耶先生说，和雄孔雀的开屏相仿佛。然后他们，像别的鱼种一样，也会在雌鱼周围穿来射去，活跃非凡，并且看来想通过“把他们的生动的颜色陈列出来的方法，试图吸引雌鱼的注意；雌鱼对这样马术般的一番表演，看来也不是无动于衷，于是就姗姗地、若有情致地向雄鱼方向游过来，并且像是能同雄鱼在一起而感觉到怡然自乐”①。

在鸟类一纲中间……有些鸟种的雄鸟……他们用极其多种多样的声乐和器乐来魅惑雌鸟。他们的装饰品也是各式各样的，有种种不同的冠、垂肉、隆起、角、气囊、顶结、羽毛、光秃的羽干、特别长的翎羽，从身体的各个部分生长出来，大都很有几分美观。喙、头部光秃而无羽的皮肤和一些主要的羽翎往往有鲜艳夺目的颜色。有的雄鸟在进行求爱的时候，或者在地面上，或者在半空中，能作蹁跹的舞蹈，或耍些奇形怪状的把戏。至少在有一个例子里，雄鸟还会放一种麝香般的气，这在我们看来大概也是用来迷惑或激发雌鸟的春情的……总的来说，在一切动物之中，看来鸟类是最懂得审美的，人类当然不在此限，而它们的鉴赏能力和我们人的也很相近似。②

凡是在美观上、在歌唱的能力上，或在发出我所称的声乐上，雌雄鸟之间有所不同，几乎总是雄鸟要比雌鸟为强……情况总是由雄鸟，或在场地上，或在半空中，在雌鸟面前，把形形色色的富有诱惑力的东西悉心尽意地卖弄出来，有的往往还要表演一些奇形怪状的小把戏。简而言之，总是雄鸟是演员，而雌鸟是观众……因此，我们不妨得出结论，雄鸟的目的是在诱使雌鸟同他匹配，而为了这一目的，试图用各种不同的方式方法激发她，迷惑她，而这是凡属仔细研究过现有鸟类的习性的人所共同持有的见解。③

---

① 达尔文著：《人类的由来》上册，潘光旦 胡寿文译，商务印书馆，1983年4月版，第528页。

② 同上，第555－556页。

③ 同上，第619页。

动物们的“艺术”不仅仅表现在音乐、舞蹈与色彩上，甚至也表现在建筑上。“据腊姆西先生的描写，别墅鸟(regent bird)的矮小的‘别墅’是用五六种非海产的介壳类的介壳和‘各种颜色的浆果，蓝、红、黑色都有，来装点的，只要浆果尚未干瘪，看上去也很美观。此外还有一些新摘的绿叶和粉红色的嫩芽或嫩枝穿插其中，总看起来，表明这种鸟是肯定地有些审美的能力的’。古耳德先生确乎有很好的理由来作出如下的断语：‘这些装点得十分华美的大会堂，截至目前为止，不能不被看作我们所已发现的鸟类建筑术的最为奇异的例证。’而我们又看到，不同的鸟种还各有其不同的建筑风格咧。”①

不仅仅是达尔文那个时代的人知道动物有情绪与情感，知道动物会在特定的时候激发其他动物的特定的情绪与情感，现代人的许多发现也证明了这一点，如意大利的乔斯普·玛利亚·卡潘尼多在《动物的行为》一书中就告诉我们：“动物已开发出了许多求爱的方式：在许多哺乳动物中，雌雄双方像幼兽那样一起嬉戏，相互追赶、跳跃，相互轻轻地啃咬；在其他一些种类的动物中，雄性动物甚至给雌性动物赠送结婚礼物，如某些鸟类，雄鸟会叼根树枝献给雌鸟，以激励雌鸟筑巢；在有些昆虫中，如蝎蝇，雄蝇会为雌蝇送上食物以请它来交配。在一些动物中，尤其是在食草性哺乳动物中，求爱之路畅通无阻，最终以快速的交配完成。在那些拥有危险武器的好斗的动物之中，求爱过程看来更复杂些，如狮子。对于狮子来说，创造一个安静的、心平气和的氛围是非常重要的。”②

是不是动物只有在求爱的时候才“知道”要激发其他动物的愉快情绪与积极情感呢？绝对不是。例如对于鸟类，其鸣声“看来有时候也用来激发别的鸟或其他方面的恐怖，例如有些鸟雏会作嘶嘶或嘘

① 达尔文著：《人类的由来》下册，潘光旦 胡寿文译，商务印书馆，1983年4月版，第632页。

② 乔斯普·玛利亚·卡潘尼多著：《动物的行为》，吴黎明译，明天出版社，2002年8月版，第85页。

嘘之声。奥杜朋叙述到他所驯养了的一只夜鹭,一称苍鸦(night-heron),说它当一只猫走近的时候,惯于把自己藏起来,然后,'突然发作的一声怪叫,怪得真是可怕,目的显然像要把猫吓跑,而其间还有几分自鸣得意的地方。'"[①]卡潘尼多也说过这样的话:"大多数爬行动物发出嗞嗞声和其他类型的声音通常是用以威胁它们所面对的猎食者的,[②]""雌猩猩也会做出威胁的表情……它龇着牙,嘴大张着,双目圆瞪,同时发出特别的叫声。"[③]

第三、动物也有注意力、记忆力、摹仿能力、学习能力、想象力、推理能力等认识能力。对于注意力,达尔文举例说:"一只蹲在一个洞口准备着一跃而把钻出洞来的老鼠捉住的猫在这方面表现得十分清楚。"[④]对于记忆力,达尔文曾以狒狒、他自己所养的一条狗、蚂蚁为例来证明这一点。对于摹仿能力与学习能力,卡潘尼多举例说,山雀、猕猴、老鼠等动物都有摹仿与学习能力,例如他说:"老鼠的学习速度之快是它们成功的秘诀之一,而且让任何设圈套、挖陷阱、下毒药消灭它们的意图都难以实现。"[⑤]对于想象力,达尔文认为动物也是有的,他说:"狗、猫、马,以及可能所有的高等的兽类,甚至鸟类都会做生动的梦,它们在睡眠中的某些动作和所发出的某些声音就可以说明这一点。既然如此,我们就得承认它们也多少有些想象的能力,不是完全没有。"[⑥]对于推理能力,达尔文告诉我们:"在人的一切心理才能中,我敢说,谁都会承认,推理是居于顶峰地位的。动物也有几分推理的能力,对于这一点,目前也只有少数几个人提出不同的意

① 达尔文著:《人类的由来》下册,潘光旦 胡寿文译,商务印书馆,1983年4月版,第566页。

② 乔斯普·玛利亚·卡潘尼多著:《动物的行为》,吴黎明译,明天出版社,2002年8月版,第79页。

③ 同上,第73页。

④ 同①,上册,第110页。

⑤ 同②,第39页。

⑥ 同①,上册,第112页。

见。我们经常可以看到动物在行动中突然停止、然后仿佛有所沉思、然后作出决定。一件颇为有意义的事实是，对任何一种特定的动物的生活习惯进行研究的一个自然学家，研究越是深入，他所归因于推理的东西就越多，而归因于不学而能的本能的就越少。在后来的几章里，我们将要看到，有些动物，尽管在进化阶梯上的地位极低，却似乎也表现出某种分量的推理能力。"①

由于以上原因，因此，我们可以说，除了人之外的其他的动物也是有"美感"与"艺术"的。

第二节　人类的美感、审美观念与艺术的起源

用美丽的美学关于美、美感与艺术的观点来看动物，我们应该不难承认，动物也是有"美感"与"艺术"的，那么动物们的"美感"与"艺术"跟人类的美感与艺术没有区别吗？如果有，那么这些区别又是什么呢？在有区别的情况下，动物们的"美感"与"艺术"又是怎样进化为人类的美感与艺术的呢？人类的美感与艺术跟动物们的"美感"与"艺术"在进化过程中的分界点又在哪里呢？这几个问题就是我们在下文中所要着重探讨的问题。

一、人类的美感、审美观念与艺术的起源

1. 动物的"美感"与"艺术"跟人类的美感与艺术之间的区别

现在我们已经知道，动物也有情绪与情感，并且也"知道"在某些场合要激发其他动物的情绪与情感，正是由于这个原因，因此，我们也可以说动物具有"美感"与"艺术"，那么，人类的美感与艺术跟动物

① 达尔文著：《人类的由来》上册，潘光旦　胡寿文译，商务印书馆，1983年4月版，第113页。

的“美感”与“艺术”有些什么区别呢？笔者认为，具体说来，人类的美感与艺术跟动物的“美感”与“艺术”有如下几点区别：

（1）动物的“美感”及其他一些情绪与情感的获得过程很直接

在本书的第三章与第七章，我已经给美感与艺术各下了一个严格的定义，并且指出美感与人从艺术作品中所获得的情绪与情感是由审美对象与欣赏对象应构出来的。笔者认为，动物的“美感”及其他许多情绪与情感也是如此，只不过动物的应构过程是非常直接的，动物的应构过程不像人类的应构过程那样间接与复杂，其具体表现就是，动物只会对一些特定的事物与形式有直接的美感，而人类的应构过程则往往要经过联想、想象、理解，有时还有观念的参与等。关于动物的“美感”与人类的美感的这一个区别，达尔文说得非常清楚：“有人宣称过，审美的观念是人所独具的。我在这里用到这个词，指的是某些颜色、形态、声音，或简称为色、相、声，所提供的愉快的感觉，而这种感觉应该不算不合理的被称为美感；但在有文化熏陶的人，这种感觉是同复杂的意识与一串串的思想紧密的联系在一起的。”①

（2）动物的“美感”与“艺术”目的，其范围都很小

从达尔文的有关动物的“美感”与“艺术”的论述中我们可以看到，动物的“美感”与“艺术”目的，其对象要么是求爱对象，要么是它的竞争对手或天敌。这也就是说，动物的“美感”与“艺术”目的，其范围都很小。首先，动物的“美感”范围绝没有人类的美感那样广阔与无限，“显而易见的是，夜间天宇澄清之美、山水风景之美、典雅的音乐之美，动物是没有能力加以欣赏的；不过这种高度的鉴赏能力是通过文化才取得的，而和种种复杂的联想作用有着依存的关系，甚至是建立在这种种意识联系之上的；在半开化的人，在没有受过多少教育

---

① 达尔文著：《人类的由来》上册，潘光旦 胡寿文译，商务印书馆，1983年4月版，第135－136页。

的人是不享有这些欣赏能力的。"[①]其次，动物的"艺术"，其目的也只是为了激发求爱对象的愉快情绪与积极情感，或是为了激发它的竞争对手或天敌的恐惧感，动物的"艺术"绝不像人类的艺术那样，具有无比广大的功能。

(3) 动物的"美感"与"艺术"其表现形式都极其简单

动物一般只会对它的求爱对象产生"美感"，而这种"美感"是直接的，是简单的，而人类的美感除了有直接的与简单的之外，还有许多复杂的与间接的，如人类可以由欣赏悲剧而获得美感等；由于动物还不会制造复杂的工具，因此，它们也不会创造更复杂的艺术。动物只能通过展示自己的身体来表明自己的"艺术"，而自己的身体及自己身体上的一些造型与色彩、自己的发音器官与音色等又是通过遗传与自然选择而获得的，这也就是说，动物的"艺术"是缺乏创造性的；另外，动物有时也"知道"要在合适的时间与合适的场合激发其他动物的情绪与情感，但我们知道，这种"知道"多半是本能使然。

2. 美丽的美学关于人类的美感、审美观念与艺术的起源的观点

在上面，我已经指出了动物的"美感"与"艺术"跟人类的美感与艺术之间的区别，那么，动物的"美感"与"艺术"为什么会跟人类的美感与艺术有区别呢？实际上，对于人的美感与动物的"美感"存在差别的原因，达尔文在一百多年以前就已经在《物种起源》一书中作了一个天才的猜测："最简单形式的美感，就是说对于某种色彩、声音或形状所得到的特殊的快感，最初怎样在人类及低等动物的心理发展的呢？这确实是一个很难解答的问题。假若我们要问，为什么某些香气和味道可以给予快感，而其他的却会引起不悦之感呢？这是同样难以解答的问题。在这一切情形里，习惯似乎在一定程度上发挥作用；但在每个物种的神经系统的构造方面，必定还有某种基本的

① 达尔文著：《人类的由来》上册，潘光旦 胡寿文译，商务印书馆，1983年4月版，第137页。

原因。"[1](着重号为笔者所加)

在前面我已经说过,人的美感与从艺术中所获得的情绪与情感是事物通过其结构与人体内的情-物联系应构出来的,其中情-物联系又是以人体内的神经联系为基础的。本书认为,正是由于人体内的特别是人脑里面的神经联系丰富而复杂,才导致了人类的美感与艺术跟动物的"美感"与"艺术"有天壤之别,正是因为人脑的形成与发展才导致了人类的美感、审美观念与艺术的诞生。

人脑的形成为人类的美感、审美观念与艺术的形成打下了坚实的物质基础。随着人脑内的神经联系日益丰富与复杂化,人体内积累了越来越多的情-物联系,人类的智力与认识能力也慢慢地得到了提高,终于,人类的美感对象不再局限于有限的事物与形式,动物的"美感"慢慢进化成了人类的美感;人类也终于认识到愉快情绪与积极情感的获得方式可以是多种多样的,情感的对象是十分丰富的,并且对自己产生愉快情绪与积极情感的原因形成了一些看法,人类的审美观念也就这样慢慢形成了;同时,人类也逐渐认识到情绪与情感的作用,并因此而会主动地、有意识有目的地创造一些艺术来激发他人的情绪与情感,艺术也就这样诞生了。简言之,美丽的美学认为,正像人类是由动物进化而来的一样,人类的美感与艺术是由动物的"美感"与"艺术"进化而来的,动物的"美感"与"艺术"是人类的美感与艺术的基础。在动物具有初步的"美感"与"艺术"的基础上,人类的美感起源于人体内的情-物联系的丰富与复杂化,人类的审美观念起源于人类对愉快情绪与积极情感产生原因的思考与总结,而人类的艺术则起源于人类对情绪与情感作用的认识与运用。这就是美丽的美学关于人类的美感、审美观念与艺术起源的观点。

3. 人类艺术起源的外因

上述关于艺术起源的观点实际上表明的只是艺术起源的内因。

---

① 达尔文著:《物种起源》,舒德干等译,陕西人民出版社 2001 年 1 月版,第 212 页。

唯物辩证法告诉我们，任何事物的发生与发展都有内因和外因两种原因，毛泽东曾经说过："唯物辩证法是否排除外部的原因呢？并不排除。唯物辩证法认为外因是变化的条件，内因是变化的根据，外因通过内因而起作用。鸡蛋因得适当的温度而变化为鸡子，但温度不能使石头变为鸡子，因为二者的根据是不同的。"[①]那么，艺术起源的外因又是什么呢？如果艺术的创作者认识到情绪与情感的重要性并能创作出激发情绪与情感的艺术品，但他人并没有认识到情绪与情感的作用，并不需要艺术来激发情绪与情感，那么艺术还会存在和发展吗？显然是不能。因此，美丽的美学认为，艺术起源的内因（内在动力）是人认识到了情绪与情感的作用，而外因（外在动力）则是他人对情绪与情感的需要。

二、天赋美权——人类天生拥有美的权利

下面让我们稍微详细一点地来看几个与美有直接关系的起源问题。

人们在日常生活甚至是在专业的美学著作中常说，爱美之心人皆有之，人的审美能力是天生的等，例如郝伯特·里德就说得很明白："当我们对原始民族进行一番分析之后，会发现多数民族，不论其文化水平如何，都生来具有美感（这种美感也表现在平民百姓对周围事物的那种无意识的审美鉴赏中，譬如对不作为'艺术品'观赏的新型六缸凯迪拉克牌汽车，漂亮的楼房或机器等）。"[②]那么，这是怎么回事呢？为什么人人会有爱美之心呢？人类的审美能力为什么又是天生的呢？过去，我们常用爱美之心人皆有之，人的审美能力是天生的等来解释其他有关美的现象与问题，然而，它们本身却也还是需要

---

① 毛泽东著：《矛盾论》，《毛泽东选集》第一卷，人民出版社，1966 年 7 月横排本，第 277－278 页。

② 郝伯特·里德著：《艺术的真谛》，王柯平译，辽宁人民出版社，1987 年 8 月版，第 45 页。

解释的，这正如桑塔耶纳所要求的："美的艺术，虽然看来是美感最纯粹的所在，但决不是人类表现其对美的感受的惟一领域。在人类的一切工业品中，我们都觉得眼睛对事物单纯外表的吸引特别敏感；在最庸俗的商品中也为它牺牲不少时间和功夫；人们选择自己的住所、衣服、朋友，也莫不根据它们对他美感的效应。最近，我们甚至知道，许多动物的外貌也是因两性选择悦目的颜色和形状所残留的遗迹。所以，我们的天性中必定有一种审美和爱美的最根本最普遍的倾向。任何心理原理的阐述，如果忽略如此显著的一种能力，都是极不恰当的。"①

那么，我们该如何解释上述问题呢？可喜的是，运用美丽的美学关于美的观念的起源的观点，我们可以很容易地解释上述问题。

美丽的美学认为，在事物通过其结构与人体内的情-物联系应构出人的愉快情绪与对某种事物的积极情感之后，人就会认为这个事物是美或是美的；由于动物是有情绪与情感的，因此，动物也是有"美感"的；由于人是由动物进化而来的，因此，人类的美感就是由动物的"美感"进化而来的；由于人类会对自身的愉快情绪与对某种事物的积极情感的产生原因进行思考，因此，人类的美的观念也就随之产生了；由于以上原因，因此，人天生就具有审美的能力；又由于愉快情绪与对某种事物的积极情感对人具有积极的功能与价值，因此，人人也就天生都具有爱美之心了。这就是美丽的美学对以上两个问题的回答。

运用美丽的美学关于美的观念的起源的观点，我们不仅可以解释人为什么天生会爱美、为什么天生具有审美的能力，我们甚至还可以得出一个颇具哲学和宗教意味的结论，这就是天赋美权，即人天生拥有美的权利。当然，在笔者看来，这里的"天"是指大自然。

从美丽的美学关于美的全部观点来看，天赋美权具有三个方面的含义，即：1. 人人有权利追求美；2. 人人有权利让他人认为是美

---

① 乔治·桑塔耶纳著：《美感——美学大纲》，缪灵珠译，中国社会科学出版社，1982年12月版，第1页。

的;3. 人人有权利创造美。由于人人天生具有情绪与情感的生理机制,其中的情绪与情感包括愉快情绪与对某种事物的积极情感,因此,人们追求美是非常自然的,追求美是人的天性;由于愉快情绪与积极情感具有交流的价值,对自己和他人是有益的,因此,人人都有权利让他人认为是美的;由于前面两个原因,因此,人人都有权利创造美。

值得注意的是,由于美有价值但却是有等级之分的,因此,1. 人们应该努力追求更高层次的美,努力追求更深刻、更崇高的美,人类有权利追求梦想,人人有权利追求理想;2. 人们应该努力让他人认为具有崇高的美与伟大的美;3. 人们应努力创造崇高之美、创造伟大之美。我们不仅可以创造美的形象、美的语言、美的环境、美的生活,我们还可以创造美的思想、美的行为、美的品德、美的艺术、美的人生,可以创造美的灵魂。

总之,上天赋予人类美的权利,人类的美的权利是天赋的,人类天生拥有美的权利。实际上,美引领着人类。现在我们终于知道古今中外为什么会有无数人在为理想、为事业等不辞劳苦、孜孜以求,甚至不惜牺牲生命、幸福与自由了,原来这些理想、这些事业在这些追求的人看来是非常美的。让我们大胆地向往美、大胆地追求美吧,对于美的追求会让我们、让我们人类生活得更加美好。

当然,美丽的美学并不能具体地给人们指出,美的观念首先起源于哪一个人、哪一个时刻与哪一个地点,美的对象首先是指向哪一个事物等,不过,美丽的美学不仅能够轻易地解释一些美的起源问题,而且还能够为人们在今后继续研究美的起源问题指明了新的可能的方向,这就是,我们还可以从微观的神经生理结构方面来研究有关美的起源问题。

三、天赋艺才——人类天生拥有艺术的禀赋

1. 人类的艺术在起源时的一些状况

接下来,让我们稍微详细一点地来看人类艺术的起源,让我们先

来看一些原始艺术的资料，这些资料都能证明美丽的美学关于艺术起源的观点。

德国著名艺术史家格罗塞在《艺术的起源》一书中，曾就原始人的人体装饰这样写道："原始民族的画身，主要目的是为美观；它是一种装饰，并非像有些人所说的，是一种原始的衣着。"[①]"诱使人们将自己装饰起来的最大的、最有力的动机，无疑是为了想取得别人的喜悦。"[②]在谈到原始服饰所用的颜色时他说："红色——尤其是橙红色——是一切的民族都喜欢的，原始民族也同样喜欢它，我们只要留神察看我们的小孩，就可以晓得人类对于这颜色的爱好至今还很少改变。在每一个水彩画的颜料匣中，装朱砂红的管子总是最先用空的。'如果一个孩子对某一颜色表示特别喜爱时，那一定是灿烂的红色。就以成人而论，虽则现代人的色感是非常的衰颓荒谬，却仍然能够感到红色的引人。'歌德在他的《色彩论》(Farbenlehre)中称赞橙红色在情感上所发生的无比的力量，自然是表示一般的印象。"[③]

在谈到服饰的起源时，格罗塞所说的话对美丽的美学更具有强大的证明力量："原始性器官部分的掩蔽物不过是腰带的一种附属装饰，并不是用来衣蔽，只是用来装饰。为什么原始人类要觉得必须掩蔽他们的性器官呢？兽类对于这些东西是完全不觉得羞耻的；人类又是从哪里学来的呢？一位正统派哲学家对此一定会用羞耻之心是跟各人的有生俱来的话头来解答。如果这位哲学家说的话是对的，那么，对于我们的小孩子的行为又将作何解释呢？……事实上，那种掩蔽人体是与生俱来的断语，和说戴大礼帽是英国人天生的需求同样的不合理的……卫斯特马克(Westermarck)对于这件事说得很对：'一个大家都通行裸体的地方，裸体是不足为奇的，因为我们

---

① 格罗塞著：《艺术的起源》，蔡慕晖译，商务印书馆，1984年10月第2版，第47页。
② 同上，第80页。
③ 同上，第47页。

每天看见的东西，就不会有特殊的印象。但当男女们一用光亮的流苏加在上面时，不论是一对斑驳的羽毛、一串小珠、一簇叶子或一个发亮的贝壳，就不能逃避同伴们的注意，这小小的衣饰，实做了很强烈的可以设法引起的性感的刺激物。'如果性部的掩蔽真是由与生俱来的羞耻引起的，那就可惜用的手段太差了，因为，这样遮掩并不适于转移这个部分的注意，倒反容易引起对于这个部分的注意。事实上也真不能怀疑原始人的使用性器官掩饰物，除了故意引人注意之外还有其他什么目的。这样说，我们才能说明那些平常老是裸体的澳洲妇女为什么会在参加显然企图激起性感的猥亵的跳舞时，要穿起羽制的围裙；同时也能说明为什么明科彼妇女在赴同样目的的舞会时，要装一张特别大的叶子。这许多的装饰显然不是要掩藏些什么而是要表彰些什么。总之，原始身体遮护首先而且重要的意义，不是一种衣着，而是一种装饰品，而这种装饰又和其他大部分的装饰一样，为的要帮助装饰人得到异性的喜爱。”①如果我们对动物们的求偶行为有所了解的话，那么，我们甚至可以把人类用于求得异性喜欢的这类艺术称为“两栖艺术”——从动物的“艺术”向人类艺术过渡的一类艺术。

原始人不仅在日常生活中发现了情绪与情感的重要性，而且也在劳动中发现了情绪与情感的重要性，并能够用艺术来激发人们的情绪与情感以提高劳动效率与兴趣。毕歇尔曾经写道：“拜尔顿说，在他所知道的非洲黑人那里，音乐的听觉发展得很差，但是他们对于节奏却敏感得令人吃惊：‘划桨人配合着桨的运动歌唱，挑夫一面走一面唱，主妇一面舂米一面唱。’卡沙里对于他做了很好研究的巴苏陀部落的卡斐尔人也是这样说的。‘这个部落的妇女手上戴着一动就响的金属环子。她们往往聚集在一起用手磨自己的麦子，随着手臂的有规律的运动唱起歌来，这些歌声是同她们的环子的有节奏的

① 格罗塞著：《艺术的起源》，蔡慕晖译，商务印书馆，1984年10月第2版，第71－72页。

响声十分谐和的'。"[1]这段文字所说的节奏，其激发情绪与情感的作用与效果在前面第三章，我曾有过详细的论述。这说明，原始人类已经认识到了节奏的作用并会主动地把节奏应用于艺术，然后，再把艺术应用于劳动（请不要认为人们对于节奏作用的认识一定是起源于劳动的，因为节奏在人的呼吸、心跳及性交活动中，其作用都是很明显的。）

由于艺术能够激发人们的情绪与情感，因此，艺术可以应用于恋爱、应用于日常生活、应用于劳动、应用于战争等，又由于原始人类不是唯物主义者，因此，艺术还被原始人类广泛应用于另一个重要活动中，这个活动就是巫术。法国社会学家列维-布留尔在《原始思维》一书中，谈到原始社会集体的谋取食物的行动如狩猎和捕鱼时说："在这里，成功决定于若干客观条件……可是，对于原始人的思维来说，这些条件虽是必要的，但绝不是足够的。还需要其他条件。如果这些其他条件没有得到满足，那么，不管猎人或渔人有多么灵巧，不管使用什么工具和方法，仍然不能达到目的。在原始人看来，这些工具和方法必须拥有巫术的力量；在对它们举行了特殊的仪式以后，它们必定是赋予了神秘的力量，因为，原始人所感知的客观因素是包括在神秘的复合中。没有这番巫术的行动，最有经验的猎人和渔人也会碰不到野物或鱼；即便碰到了，它们也会避开他的圈套、陷阱或渔网、钓钩。或者是他的弓箭失灵，枪击不中。即便击中了猎物，猎物仍然不会受伤；或者即使受了伤，也会隐失得让猎人找不到它。"[2]

那么，到底应该怎样运用巫术才能保证狩猎的成功呢？用艺术来激发猎物的情绪与情感就是其中的好的手段之一。对此，列维-布留尔为我们描述道："要确保动物出现，最重要的是必须获得它的好感。例如，在苏兹人那里，'熊舞……在出发去打猎以前一连

---

① 王宏建主编：《艺术概论》，文化艺术出版社，2000年1月版，第196－197页。
② 列维-布留尔著：《原始思维》，丁由译，商务印书馆，1981年1月版，第220页。

不断地跳几天……所有的参加者都唱一支歌，这支歌是对‘熊神’唱的，他们认为，熊神是看不见的，不知住在什么地方。在出发去打猎以前，如果指望获得某种成功，就必须请教这个熊神，使它对自己发生好感……’”①

在谈到捕鱼这种行为时，列维-布留尔说：“最后，在捕鱼完了以后，如同在狩猎完了以后一样，巫术仪式也是必要的，这些仪式的目的是要安抚动物（及其种族）的‘灵’，平息它的愤怒，重新获得它的友谊。伯阿斯说：‘每捕一条鲟鱼，渔人立刻唱歌，用这支歌来安抚那跳动着随后屈服了并让自己被杀死的鲟鱼。’希尔·陶特（C. Hill Tout）对萨利斯族和其他部族的研究，使他得出结论说，这些仪式永远是安抚性的。‘它们的目的是要安抚鱼（或植物或水果等）的灵，以便能保证丰足的食物储备……’”②

在“人类学之父”爱德华·泰勒的《原始文化：神话、哲学、宗教、语言、艺术和习俗发展之研究》一书中，我们也能找出一些类似的事例：“科里亚克人杀死熊或狼之后，剥下它的皮，穿在一个猎人身上，人们围着他跳舞唱歌，在歌中对野兽肯定地说，这不是他们的罪过，而是某个俄罗斯人（Russians）的罪过。”③

我国的蒋述卓教授在《宗教艺术论》一书中曾说过这样的话：“人总是要祭奉鬼神，为什么？……死亡的焦虑与恐惧迫使人去想象有危害人的生命的鬼神的存在，于是要通过敬奉、祭祀鬼神的活动去讨好鬼神，因而使自己处于一种安全的境遇，以缓解心中的恐惧与焦虑。”“然而，从人生世界推及，人想象鬼世界之中仍同人一样，照样有善鬼与恶鬼的区分。善鬼会保护人，因此，对它的敬奉与祭祀就更应

---

① 列维-布留尔著：《原始思维》，丁由译，商务印书馆，1981年1月版，第222页。

② 同上，第235页。

③ 爱德华·泰勒著：《原始文化：神话、哲学、宗教、语言、艺术和习俗发展之研究》，连树声译，广西师范大学出版社，2005年1月版，第382页。

以虔诚的态度和丰盛的供品对待它，甚至还要以某种娱乐方式去取悦于它，使它喜欢。恶鬼则是给人生带来灾难与破坏的，对待它，先是讨好，但同时也要对它不客气，要利用某种仪式甚至戴上威严的面具去驱赶它……"①

至于艺术起源的外因和内因，我国伟大的文学家鲁迅对此曾有过很好的与生动的说明："我们的祖先原始人，原是连话也不会说的，为了共同劳作，必须发表意见，才渐渐地练出复杂的声音来，假如那时大家抬木头，都觉得吃力了，却想不到发表，其中有一个叫道'杭育杭育'，那么，这就是创作；大家也要佩服，应用的，这就等于出版；倘若用什么记号留存下来，这就是文学；他当然就是作家，是'杭育杭育派'。"②

顺便说一句，这里的一些资料也再一次证明，艺术并不都是为了美或是为了审美而创作的，这就如龚妮丽所说的："原始歌舞的形式是非常粗糙的，并非以审美为主要目的，或出自宗教仪式之需要，或出于经济生产的魔术行为。在希腊语中'歌唱'一词就有'迷惑人'或'祛除疾病'之类的含义。在汉字中，'巫'字就是从'舞'字演变过来的。"③因此，把艺术定义为美或者把美学等同于艺术哲学等，这些做法根本就是违背事实的。

2. 美丽的美学关于人类艺术起源的观点的应用

既然美丽的美学对艺术的起源有自己的看法，并且还自认为这个看法能得到他人的证明，那么这种看法能不能独立地解释一些具体的作品或现象呢？这确实是一个极具挑战性的问题，不过，我还是愿意面对这样一个挑战。下面请允许我用美丽的美学关于艺术起源的观点来解释一些作品和现象，第一组作品是欧洲发现的原始洞穴

---

① 蒋述卓著：《宗教艺术论》，文化艺术出版社，2005年6月第1版，第73－74页。
② 转引自海天编著：《艺术概论》，上海人民美术出版社，2005年8月版，第27页。
③ 龚妮丽著：《音乐美学论纲》，中国社会科学出版社，2002年12月版，第10页。

壁画(距今上限约3000年),另一件作品是我国出土的马家窑彩陶舞蹈纹盆(距今上限约6000年),再一个就是电影艺术的诞生这种现象(现代)。

关于欧洲发现的原始洞穴壁画,这里主要是指法国的拉斯科洞穴壁画与西班牙阿尔塔米拉洞穴壁画。关于前者,王旭晓为我们介绍道:“在这个洞窟的主洞岩壁的正面有一幅十几米长的牛群行走的壁画,其中有长达五米的巨大牡牛,形象雄健骏迈。在走廊、地下室与半圆形的洞穴的岩壁上画满了由马、山羊、公牛、母牛、驯鹿、棕熊等组成的动物群。这些动物多数呈活动状态,有奔走、呼叫、伏首、挣扎等,形态生动,色彩明快。在底层石台上,还可以看到受伤的野牛撞到鸟首人的惊险场面,野牛后屁股处有一长矛,显然是被猎人投矛击中的。它似乎是在狂奔中以锋利的双角将前边拦截的人刺倒在地,这人四肢伸直躺在那里,脚下有一横线应该是他的武器。”①关于后者,王旭晓则为我们介绍说:“这座石窟壁上有摹仿得非常逼真的生动的野牛、野马、野鹿、猛犸象等等,而且多是运动的形象,有垂死挣扎的野牛,有受伤奔跑的野马,有仰角飞奔的鹿群,有向前俯冲的猛犸象。有些动物形象的旁边有似乎是戴着兽头面具跳跃的人形,还有棍棒刀叉等狩猎工具,而这些动物的致命部位如心脏在画上被标出,有的动物身上带有被射中的箭头或者明显的砍痕。”②

显然,对于欧洲发现的原始洞穴壁画,用游戏说与劳动说等来解释是非常牵强的,因此,人们现在倾向于延用法国雷纳克的思路即用巫术说来解释。不过,在用巫术说来解释这些壁画时,还是有一个问题需要事先解决,这就是,原始人是怎么想到要使用巫术的呢?要知道,原始人并不是在任何活动之前都是要进行巫术活动的,而每一次的巫术活动也都不会是有理想的结果的。如果我们认为,由于原始

---

① 王旭晓著:《美学原理》,上海人民出版社,2000年9月版,第181页。
② 同上,第182页。

人在面对凶猛的大型动物时，自己觉得力不从心，甚至内心充满了不安、胆怯与恐惧，因此，原始人为了平息自己的不安与恐惧以及为了提升自己的胆量与信心，在万物有灵论的影响下，在不想让动物的灵或神知道的情况下，在深邃的洞穴中神秘而主动地创作一些壁画，让这些大型动物受到想象性的攻击而死亡，然后，自己再满怀勇气、信心与希望地去捕猎这些大型动物，那么，这有什么不合理与不自然的呢？在今天，我们许多的现代人在进行一些重大的活动之前也还都要进行一些类似巫术的活动，这除了是祈求神灵帮助的表现，难道，不也是人们用以克服焦虑、不安或胆怯及用以提振信心、勇气与希望的表现吗？因此，笔者认为，对于欧洲原始洞穴壁画，我们与其说是起源于稍后进行的巫术活动，还不如说是起源于更早一点的原始人对于情绪与情感作用的认识和需要。

至于我国出土的彩陶舞蹈纹盆，我们首先应该注意到它是一个盆，一个具有实用意义的盆，其次我们才应该注意它上面的条纹与画面。当然，我们可以单独地研究它上面的条纹与画面，但前提是它首先是一个具有实用意义的盆，尽管它的实用意义还有待进一步的确认。

既然彩陶舞蹈纹盆是一个具有实用意义的东西，那么，它就应该让人感到满意，受到赞扬与欢迎。那么，怎样才能做到这一点呢？在它上面做一些条纹和画面应该是人们想到的技艺与方法。《中国美术欣赏》一书为我们介绍道："此盆为细泥红陶，敛口、卷唇、小平底，内外施彩。在陶盆接近盆口的内壁四圈上，描绘了三组相同的舞蹈图像，每一组均由 5 个人组成……舞蹈者并列整齐有序，手牵手踏歌起舞，脑后发辫摆动，腰前舞带飞扬，具有强烈的节奏感和欢乐气氛，而人物脚下的粗线条有可能代表湖岸，其他三条细平行线则有可能象征风平浪静的湖面。尤其称道的是，此盆装饰有别出心裁的艺术构思：三组舞蹈人环绕盆沿围绕成圈，从而营造出一个生动的意境，盛水之后，这水盆仿佛是一池塘，池边的人们在欢舞，水中倒映着他们的姿影。将装饰与功能巧妙地结合，使它体现着设计的意趣。此件陶器是我们目前出土的彩陶中，完整地直接表现史前人类活动的最早艺术作品，堪称这一时期彩陶艺术之杰作。”[①]这段文字很清楚地告诉我们，彩陶舞蹈纹盆看起来是很美的。那么，人们如此美化这个实用品，其目的是什么呢？笔者认为，这个目的就是为了使人们称赞与喜欢这个用品。在今天，人们让实用品或商品具有美丽的外观，这可已经不是什么秘密了。虽说今天的人们都已经注意到并会欣赏物品的外观，但在几千年前人们想到让物品具有美丽的外观并会欣赏物品的外观这不应该被看作是不能的，要知道，几千年前的人类已经是高度地进化了，人类社会的各个方面也已经是高度地发展了。

运用美丽的美学关于艺术的起源的观点，我们甚至还可以解释现代的电影艺术得以诞生的原因，或者说，电影艺术的诞生也可以有力地证明美丽的美学关于艺术起源的观点。

20 世纪 50 年代，匈牙利电影美学家贝拉・巴拉兹曾经说过：“电影是惟一可以让我们知道它的诞生日期的艺术，不像其他各种艺术的诞生日期已经无法稽考。”[②]这个日期就是 1895 年 12 月 28 日，而法国的路易・卢米埃尔兄弟则被称为“电影之父”。

早在 19 世纪初期，人们就开始研究与电影有关的技术了，如照相术、视觉暂留现象等，之后经过比利时物理学家普拉多、法国人玛莱、大名鼎鼎的发明家爱迪生等人的努力，电影技术日趋成熟，到了路易・卢米埃尔兄弟，他们终于把电影作为艺术推上了历史的舞台。1895 年 12 月 28 日，卢米埃尔兄弟与他们的父亲在巴黎卡普辛路 14 号大咖啡馆的地下室内第一次售票公映自己拍摄的《工厂大门》、《火车到站》、《水浇园丁》等短片。让我们回忆一下当时的情景吧，孙宜君在《影视艺术鉴赏学》一书中为我们描述道：“当银幕上出现里昂

---

① 晁方方　高卉民主编：《中国美术欣赏》，辽宁美术出版社，2006 年 6 月版，第 11 页。

② 孙宜君著：《影视艺术鉴赏学》，中国广播电视出版社，2002 年 6 月版，第 283 页。

附近的贝尔古尔广场和热闹非凡的街头情景时，有的观众发出惊奇的喊声；当银幕上火车冒着滚滚黑烟开来时，有的观众受到惊吓捂上眼睛，有的观众本能地站立起来，准备择路而逃地躲避……等放映结束后，地下室灯光重新亮了，观众才恍如梦境中醒来……公映的成功，使整个欧洲都知道巴黎发生了一件新鲜事，甚至连俄国沙皇、英国国王及许多国家元首都想来看卢米埃尔这个'新玩意儿'究竟有什么神秘之处。这次公映……标志着电影已经走出实验阶段，电影时代从此开始。"①

从上面一点简单的电影艺术诞生史来看，我们是看不到一点摹仿、游戏、巫术与情感表现等的影子的，我们只可以看到一点劳动的影子，如果我们对劳动作广义理解的话。但如果我们因此就认为电影起源于劳动，那么很显然，这未免太笼统了些。那么，电影能不能被认为是起源于技术呢？也不能，因为我们知道，人类的许多技术如医疗技术、航天技术等到现在为止已经发展到了一个极高的水平，但现在的人们并没有把医学、航天等看成一种艺术，因此，如果我们认为电影起源于技术，那么这也是不恰当的。实际上，对于电影艺术我们只能认为，正是由于电影创始人也就是卢米埃尔兄弟认识到了情绪与情感的作用及电影能够被专门地用来应构人们的情绪与情感，电影才得以诞生的，反之，如果卢米埃尔兄弟没有认识到情绪与情感的作用与意义，电影也没有应构人的情绪与情感的能力，那么，电影就会永远只是一种记录技术，而不会成为一种艺术。

在电影艺术诞生史中，还有一段小插曲也很能证明我的结论，这就是，在卢米埃尔兄弟之前，爱迪生就已经发明了"电影视镜"，观众可以通过大箱孔上的扩大镜看到比明信片还小的"影戏"，但是爱迪生并没有被人们称作电影发明人。这是为什么呢？原因很简单，这就是爱迪生的"电影视镜"其激发情绪与情感的效果远没有卢米埃尔

---

① 孙宜君著：《影视艺术鉴赏学》，中国广播电视出版社，2002年6月版，第284页。

兄弟的电影的效果大而强烈。正是由于卢米埃尔兄弟的电影能够给予人们在情绪与情感方面以最大的激发效果，才使得人们因此而认为卢米埃尔兄弟是电影艺术真正的创始人与“电影之父”。

当然，现在我们并没有什么确凿的证据能证明卢米埃尔兄弟明白无误地说过情绪与情感作用的话，但他们的实践已经说明，他们已经认识到了情绪与情感的作用，因为他们(包括爱迪生)已经会利用电影艺术来获取商业价值了。另外，由电影艺术的诞生来想象与推测人类艺术的起源并不一定是可靠的，但反过来，任何关于人类艺术起源的观点都应该能够很好地解释电影艺术的诞生，这不应该被认为是过分的。美丽的美学可以十分合理与自然地解释电影艺术的诞生，而其他一些艺术起源观点却显然是无能为力的。

3. **补充说明**

类似的，尽管美丽的美学提供了一种新的艺术起源的观点(可简称为“认识起源说”或“认识说”)，并且还自认为这种观点是很合理的，但对于人类的艺术到底是起源于哪一个人、哪一个时刻、哪一个地点、哪一次活动、哪一种艺术，是起源于摹仿，还是起源于表现，亦或是起源于反映等问题，美丽的美学暂时也无法回答。这可能是笔者研究不够，但也需要美学考古学及其他一些相关学科如神经生理学的进一步研究与发现。另外，虽然美丽的美学认为，人类的艺术起源于人类对情绪与情感作用的认识与需要，但这并不能被认为是唯心主义的。为什么？这主要是因为：一、人类的认识能力是人脑的机能，人若没有脑就没有认识能力；二、人类的认识能力是从动物慢慢进化而来的，是随着人脑与身体内的神经联系逐渐丰富与复杂而产生的；三、人的各种认识成果也不是从天上掉下来的，而是人从无数次的生产劳动、生活实践等活动中逐渐获得的。由于这些原因，因此，认为美丽的美学关于艺术起源的观点是唯心主义的，这是没有道理的。美丽的美学关于人类艺术起源的观点，在唯物主义与辩证法的天空下是没有任何矛盾的。

第十一章

美丽之后

恩格斯曾经说过："只要自然科学在思维着，它的发展形式就是假说。"[①]现在人们都知道了假说对于科学研究的重要意义，这就是："作为一种重要的思维形式——假说，是科学认识发展过程中不可缺少的重要环节，它在建立科学理论的过程中起着桥梁作用。假说经实践检验转化为理论，理论又会随着实践的发展为新的假说所代替，新的假说经检验、证明又转化为新的理论。自然科学正是沿着假说到理论、新的假说到新的理论的辩证途径不断向前发展的，这是科学理论内在的发展规律。"[②]"在现代自然科学中，几乎任何一种科学理论都经过了假说这个阶段……可以说，假说是人类通向客观真理的必由之路。"[③]

在前面几章，笔者经过详细的分析与总结，得出了美丽的美学的基本原理，并在此基础上，我们还得出了一些推论。尽管这些原理与推论目前都还只是假说，但由于运用这些原理与推论，我们能够很好

---

① 恩格斯著：《自然辩证法》，中共中央马克思 恩格斯 列宁 斯大林著作编译局译，人民出版社，1971年8月版，第218页。

② 江苏省高教局《自然辩证法概论》编写组：《自然辩证法概论》，江苏人民出版社，1982年7月版，第232页。

③ 同上。

地解释与解决美学中的许多难题，这使得笔者对美丽的美学充满了信心，由此，美丽的美学对美学的未来也充满了信心。沿着历史的长河逆流而上，我们可以找到美与艺术的起源，反之，沿着历史的长河顺流而下，我们应该可以预测美学的未来与发展趋势。这些预测，一方面可以作为检验美丽的美学的一个依据，另一方面，我希望这些预测能够对以后的美学研究起到一点抛砖引玉的作用。

第一节　美学的资格与地位

如果我们要对美学的未来进行预测，我们还是先来看美学这门学科本身的资格与地位问题吧。

尽管鲍姆嘉通于1750年就主张成立Aesthetics——美学这门学科，然而时至今日，美学并未能从哲学中真正独立出来，美学至今仍被认为是哲学的一个分支。不过，这种状况有可能会从美丽的美学开始发生根本的变化，因为，美丽的美学除了可以让美学具有一门科学所应该具备的基本属性之外，美丽的美学还可以让美学变成一门感性的与经验的科学。这也就是说，美学经过两千多年的发育与成长，她已经长大了，丰满了，成熟了，美学应该出嫁了。那么美学应该嫁给谁呢？应该嫁给科学。美学应该是科学的合法的妻子，美学和科学的联姻将是科学史中最美丽的科学婚姻之一。

在历史上，人们研究美学有两种基本的方法或途径，第一种是所谓的自上而下的方法，即是由哲学到美学的方法，另一种就是所谓自下而上的方法，即是从人的心理、生理、审美体验等来研究什么是美等问题的方法。这两种研究方法都产生了影响巨大的理论与观点，都对美学作出了重大的贡献。然而，这两种研究方法也都是有问题的：

第一种研究方法实际上是把美学当成哲学的推论、扩展、补充或说明，美与美学成了哲学的解说符号与工具，这样就使得美学始终受到哲学的限制与束缚，美学与哲学一荣俱荣、一损俱损，因此，这种研究方法使人有理由怀疑，这种研究方法对于美学是否纯洁、是否真诚，就像人们在谈恋爱时，如果他或她是为了其他某种目的，那么，人们是有理由怀疑他或她的纯洁性与真诚性一样。对于这种不纯洁、不真诚的研究方法，我们还能指望什么呢？

至于第二种研究方法，美丽的美学认为，由于人们事先不知道什么是美、什么是美感与什么是艺术等，因此，这第二种研究方法也不可能取得什么重大突破，即不可能让美学真正成为一门科学，尽管这种研究方法采用了一些所谓的科学的研究方法或手段。

还有没有第三种研究方法呢？有的。这第三种研究方法就是以人类的实践、以以往的研究、以事实为根据，对美学中的几个基本问题逐一进行仔细的考察与推敲，力求使美学符合科学的要求。这种研究方法部分曾为美国当代美学家托马斯·门罗所提倡，但影响甚微。不过美丽的美学采用了这种研究方法却取得了一些进展，得出了美丽的美学之美、美感与艺术的定义，即美有两种不可互相替代的种类——名词美与形容词美，名词美是指一种事物，形容词美是指事物的一种性质，如果某种事物通过其结构及人体内的情-物联系应构出人的愉快情绪与对某种事物的积极的情感，那么，这个事物或者结构对这个人来说就是美与美的，在这个过程中，人对愉快情绪与积极情感的体验就是美感，而艺术的定义是，艺术是人有意识创作出来的一种结构，这种结构是专门用来应构人的某种情绪与对某种事物的某种情感的。

遵循美学研究的这第三种方法，美丽的美学得出了自己的美、美感与艺术的定义，而这些定义极具科学的基本性质。令人惊奇的是，这些定义还有一个共同的性质，这就是感性或经验性，即这些定义是能够让人看得见、摸得着的，是能够用尺、表、温度计、电流计等来进行测量的，这也就是说，美丽的美学可以让美学的性质发生根本的、质的变化，美丽的美学可以让美学从一门思辨科学变成一门经验科学，从而让美学真正从哲学中独立出来。

现在我总算明白了一个道理，这就是，由于美、美感与艺术等都是感性的、是可经验的，因此，用理式、理念、绝对精神、存在、神、道等这些不可感、不可经验的概念来定义美、美感与艺术是根本行不通的，对于美、美感与艺术这些感性的、可经验的概念，我们只能用其他一些可感的、可经验的概念来定义它们。Aesthetics 的本意是感性学，很显然，美丽的美学是非常符合 Aesthetics 的本意的。

美学嫁给科学之后将会生育一大批活泼、健康的孩子。首先，我们能想象到的是，在科学的与美丽的美学之后将会出现科学的艺术学，而在科学的艺术学之后则又会出现多种具体的科学艺术学，如科学的文学学（文艺学）、科学的诗歌学与戏剧学、科学的绘画学（请注意，达·芬奇早就说过这样的话："绘画的确是一门科学"[1]）、科学的雕塑学、科学的建筑艺术学、科学的音乐学、科学的舞蹈学、科学的电影学等。这些科学的艺术学将从科学的角度、运用科学的研究手段与方法，如实验与数学的方法来研究艺术的结构与结构元素，及它们的作用与功能，研究它们对人的影响、作用及其规律等。总之，由美学与科学结合起来的家庭将会是一个统一、和谐、幸福、美满、兴旺、发达、前途光明、充满希望的大家庭。当然，美丽的美学并不认为艺术就是科学，美丽的美学只是认为，虽然艺术不是科学，但艺术的创作却可以也必须按照科学的规律（这里的科学规律即人对事物的应构规律及人的情绪与情感的形成与变化发展规律等）来进行，这就如同人类的其他活动，如政治、经济、管理、教育、体育、生产劳动等，虽然它们本身都不是科学，但它们却都需要按照科学来进行一样。

---

① 列奥纳多·达·芬奇著：《达·芬奇论绘画》，戴勉编译，广西师范大学出版社，2003 年 3 月版，第 5 页。

在历史上，人们曾就艺术的某一个方面进行过深入的研究与探讨，如结构主义就曾着重探讨艺术品的结构与构成法则，社会批评美学、精神分析与分析心理学派曾深入探讨过艺术品的意义，格式塔心理学与其他一些心理学曾深入探讨过人对艺术品的应构过程，而接受美学曾对艺术的接受者进行过深入的研究等，所有这些研究与探讨，为人们建立科学的艺术学打下了良好的基础。由于事物的结构、人体内的情-物联系、人对事物应构过程、人的情绪与情感等是极其复杂的（请注意：就复杂性而言，这几者极其惊人地吻合与一致），因此，科学的艺术学至今还没有能够建立起来是有客观原因的，但是，随着科学（含自然科学与人文科学或社会科学）与技术的发展，科学的艺术学是完全可以建立起来的。

由于世界上美的事物是无限的，需要美化的事物也是无限的，因此，我们甚至可以建立一系列的美学的子学科来探讨相应方面的美与美化的问题，这样的子学科如过去所称呼的那样，有文艺美学、服装美学、环境美学、生态美学、生活美学等，但是，美学又应该是惟一的，因为美学应该是一门科学，至少美学应该想并且要努力成为一门科学。

当美学不再属于哲学而成为一门科学的时候，这会不会对美和艺术的创作与欣赏产生消极影响呢？尼采曾在《快乐的知识》书中说过这样的话：“假定人们衡量音乐的价值，是根据从它那儿算出了多少数字，多少可以用公式来套，那么，对音乐进行如是‘科学’的评价是何等荒谬啊！那样做究竟对音乐领悟、理解和认识了什么呢？什么也没有！……”[①]尼采在这本书中还说过这样的话：“事实上，人们借助科学既可促进这个目的，又可促进另一目的！科学的力量一方面剥夺了人的欢乐，使人变得更冷酷、更呆板、更克欲，也许，科学正

① 弗里德里希·尼采著：《快乐的知识》，黄明嘉译，中央编译出版社，2009年5月版，第292页。

因为这力量今天才广为人知,人们发现它是个伟大的痛苦制造者;但另一方面,人们也发现科学的反作用力,这力量是无可估量的,它必将照亮欢乐的新世界!"[①]而郝伯特·里德则说过这样的话:"一件艺术品常常令人惊讶不已,当人们尚未意识到其存在时,它早已开始发生效用了。"[②]实际上,科学对艺术的作用还是有目共睹的,例如,科学技术对电影艺术、电视艺术的贡献应该是功不可没的,另外,科学的分析与人们对美和艺术的欣赏是两类完全不同的活动,是互相独立的,人们在欣赏美和艺术的时候,人们也往往来不及对欣赏对象进行科学分析就已经情不自禁了,因此,科学对于美学、对于美和艺术的创作与欣赏不应该只是有害而无益的。

当然,美学从哲学中独立出来之后,我们仍可以从哲学的高度和角度来研究美学,甚至我们还可以建立一门新的学科叫"美学哲学"(非哲学美学)来研究美学——研究美学的本质、地位、作用、发展历程与规律等,就像对于数学、物理学、生物学、科学等存在相应的哲学一样。当然,话又说回来,尽管可能存在着"美学哲学"这门学科,但作为一门具体的科学,美学本身也仍然有自己独立的研究任务、研究对象与研究内容。

当美学从哲学中真正独立之后,在世界各国的大百科全书中,有关美学的题条将不会再出现在哲学卷中,即在世界各国的大百科全书中,将会出现单独的美学分卷。我们应该为古今中外的一切美学家们单独地树碑立传,不管他们是仅仅提出了一个概念、一个命题,还是提出了一套理论等,他们是有这个资格的,是当之无愧的。

让我们尽情地为美学能够获得独立与解放而欢呼吧,让我们尽情地畅饮美学与科学联姻的美酒吧!

---

① 弗里德里希·尼采著:《快乐的知识》,黄明嘉译,中央编译出版社,2009年5月版,第17页。

② 郝伯特·里德著:《艺术的真谛》,王柯平译,辽宁人民出版社,1987年8月版,第43页。

第二节　美学今后的研究方法

下面让我们来看美学今后的可能的研究方法。

既然美丽的美学已经得出了美、美感与艺术的定义，并且如前所述，运用美丽的美学关于美、美感与艺术的定义我们可以解释和解决美学中几乎所有的基本现象与问题，那么，这是不是意味着美学在刚刚能成为一门科学之后又会立即终结了呢？不是。仔细考察一下这些定义我们不难发现，这些定义都是宏观而不是微观的，都是定性而不是定量的，而在实际中，人们对于美和艺术的欣赏与创作等活动都既是宏观的也是微观的，既是定性的又是可以定量的，当然，定量考量美和艺术的欣赏与创作过程在目前还是比较困难的。因此，美丽的美学给出了美、美感与艺术的定义，这并不意味着美学在刚刚能成为一门科学之后又立即终结了，实际情况恰恰相反，美丽的美学给出了美、美感与艺术的定义，这正指明了美学今后可能的研究方向与研究方法。下面让我对美学今后的研究方法进行一下展望，展望分三个方面：

1. **宏观方法与微观方法的综合**

让我们先来看一个具体的例子，例如，我们都知道，艺术家和艺术品都是有思想的，艺术家的思想对艺术品的创作与形成是无比重要的，然而，艺术家的思想是怎样形成的呢？又是怎么影响艺术家对艺术品的创作的呢？在过去，我们会从艺术家的出生背景、政治背景、经济背景、宗教背景、社会背景、时代背景、教育背景等来进行探究，显然，这些探究属于宏观探究，是重要的，也是很必要的，然而，只有这些宏观的探究就够了吗？如果有人再追问我们一句：艺术家的出生背景、政治背景、经济背景、宗教背景、社会背景、时代背景、教育背景等是怎么影响艺术家的创作的，那么，我们该如何回答呢？难道这不逼迫我们需要对创作者进行微观研究吗？如果我们还只是在宏观的表面上进行所谓的研究，这是不是显得有点像隔靴搔痒与掩耳盗铃呢？另一方面，如果我们能深入到艺术家的大脑和神经系统等微观方面去对艺术家进行研究，这难道不是也很有趣与很有价值吗？

过去人们进行美学研究采用的都是宏观方法，但这是有局限性的，美学研究也应该要采用微观的方法来进行，即美学研究应该要能深入到事物结构的内部、深入到人体的神经细胞内甚至是分子与原子的水平上来进行。现在我们已经知道，在其他许多科学中也存在宏观方法与微观方法的区别，如在物理学中，关于气体的压强、温度、体积等之间存在着宏观的关系与规律，对于这些关系和规律，人们是先采用宏观的方法研究的，但后来人们又从微观角度即分子运动角度进行了探讨，对宏观关系与规律进行了统计解释与说明；再如生物学，原来也只限于宏观的研究，但现在人们也已经进入到了分子生物学的领域，对诸如遗传、变异等现象进行微观解释。由于美与艺术的问题涉及人的生理结构与功能，因此，美学也会进入微观领域并采用微观的研究方法，这一定是美学发展的必由之路，这只是一个时间问题，如果我们还是只采用宏观的研究方法，这就是故步自封、不思进取了。当然，美学研究可能在今后相当长的时间里更多的还是采用宏观方法，但这并不意味着有关美、美感和艺术的任何问题都只能采用宏观的研究方法而不能采用微观的研究方法。总之，今后的美学其研究方法将是宏观与微观的结合，微观方法的应用一定会导致美学研究取得新的重大的发现与突破。

2. 实验方法

陈衡在其所编著的《科学研究的方法论》一书中告诉我们：科学实验和观测“是发现科学真理的基础，又是检验科学真理的惟一标准”①，而“所谓实验，就是在尽可能地排除外界的许多影响、突出主要

---

① 陈衡编著：《科学研究的方法论》，科学出版社，1982年5月版，第152页。

因素，并且在能够细腻地观察到各种现象之间相互关系的条件下，使某一事物（或过程）发生或重演。”[①]，“正是由于科学实验方法的发展，所以才开始产生了对自然界有比较精细和深刻认识的近代自然科学”[②]。

在历史上，人们曾用实验的方法对美学中的有关问题进行研究，但都以失败告终了，这正如托马斯·门罗所说的：“至少早在 1876 年，当古斯塔夫·费希纳的著作问世时，人们就曾谈论过科学美学，认为美学应该通过观察和归纳法‘自下而上’地进行判断，而不要通过形而上学的演绎法‘自上而下’地进行研究。此后，人们进行了频繁的努力，通过有控制的实验（一般都包括对结果进行数字处理）对审美爱好进行研究。但是，正如那些持反对意见的批评家不厌其烦地指出的那样：这些研究所作出的某些最终论断不仅模糊不清，而且十分琐碎，其整个研究过程从未接触艺术价值的中心问题；同时，也没有任何迹象表明这种研究曾经接触到审美经验的最重要的成分。”[③]

是什么原因导致实验方法在美学中的失败呢？现在看来其原因很是简单，这就是，人们还不知道什么是美，什么是美感，什么是艺术等，在这样的情况下进行实验就只能是盲目的，失败也就是必然的事情了。但是，现在的情况有所不同了，美丽的美学已经全面、系统而科学地给出了美、美感与艺术的定义，在这些概念中，结构、应构、情绪与情感是其中的关键词，由于这些关键词都可以用现代科技手段加以观测与控制，因此用实验的方法对这些概念及其相关的问题进行研究就有了可能性。如对于结构的研究，人们可以借助于计算机来进行分析与处理；对于情绪与情感，人们也已经知道它们都“不是

---

① 陈衡编著：《科学研究的方法论》，科学出版社，1982 年 5 月版，第 153 页。

② 同上。

③ 托马斯·门罗著：《走向科学的美学》，石天曙 滕守尧译，中国文联出版公司，1985 年 1 月版，第 4 页。

从天上掉下来的，也不是从地上冒出来的”[1]，它们都是人脑的机能与表现，都有许多客观的生理表现，都是可以进行客观观察与测量的；至于应构，科学的发展也将使我们能够对其进行观测与控制。总之，美丽的美学认为，实验方法将会重返美学的舞台，并为美学研究作出它能作出的贡献。

3. 数学方法

“在科学研究中，运用数学方法是必然的、重要的。因为，客观存在的一切事物都是质和量的统一体，事物的质变和量变是紧密联系、相互制约的。所以，对任何事物进行研究，都必须注意作量的考察和分析，以便更准确地认识事物的质。而数学是研究事物的量、量的关系和变化的科学，因此，要研究事物量的规定性，就必然要运用数学方法。”[2]“数学方法的应用往往是一门科学从描述性科学发展成为‘精确科学’的杠杆和桥梁。在力学、物理学中自伽利略、牛顿成功地应用数学方法以后，力学、物理学便迅速地发展成为精确科学。在现代生物学的研究中，无论是分子生物学、细胞生物学，还是生态学，由于大量地采用了新的数学方法，正日益发展成为精确科学。”[3]“数学方法也是科学抽象的有力工具，运用它分析处理关于研究对象的感性材料，可以概括抽取出研究对象的本质规律。”[4]“借助于数学的定量分析和理论计算，有时能作出科学的新发现和预见。”[5]这些文字清楚地告诉我们，数学方法对于科学研究是多么的重要与必要。

---

① 郭德俊 田宝编著：《情绪——心灵的色彩》，北京师范大学出版社，2002年1月版，第2页。

② 江苏省高教局《自然辩证法概论》编写组：《自然辩证法概论》，江苏人民出版社，1982年7月版，第180页。

③ 同上，第183页。

④ 同上。

⑤ 同上。

当然，在美学中我们也已经发现有人在运用数学方法来研究有关的问题了，如美国德克萨斯州大学奥斯丁分校的朗洛伊斯教授曾对人脸的美进行过统计学研究："她充分利用电脑图像合成技术，随机选择了该大学96位男生和96位女生的照片，将这些照片各分成三组，每组32张。把这些男女学生的照片输入电脑后，用一种特殊的电脑程序将这些照片在五个算术级数上合成，即分别用2张、4张、8张、16张和32张照片合成一张人像。她想知道的是，合成前后以及不同的算术级数的图像之间在美的程度上有何不同。更进一步，她邀请300人对这些合成的图像美的程度进行评级打分。经过统计，结果令人惊奇：算术级数越高的合成图像，便越具有吸引力，也就越美……这个试验表明，人们视觉上普遍认为的人脸的美，实际上是一种常规状态或常模，它集合了人的诸多特征而具有某种普遍性。"[①]另外，人们也早就用统计方法来鉴别文学作品的真伪或风格了等。

但是，尽管如此，美丽的美学对于数学的要求绝不仅仅是统计，美丽的美学要求数学能够对有关的概念进行定量的描述与规定，并进而能够得出量与量之间的关系式或方程。在美丽的美学看来，人的美感与人从艺术欣赏中所获得的情绪与情感都是由事物的结构通过人体内的情-物联系应构出来的，用数学术语来说，人的情绪与情感包括美感是事物结构的函数，现在的问题是，我们该如何来定量地描述与规定这些概念、如何能得出这些概念之间的关系或方程呢？而首先的问题是我们有没有这种可能性呢？应该是有的，首先对于结构，我们就可以应用数学方程来进行描述，如对于一个圆，我们就可以用 $x^2+y^2=R^2$ 来表示；而对于情绪与情感的研究，现在人们也正在取得突破，这正如门罗为我们所描述的："实验心理学在把科学方法运用于对复杂多变的现象的研究时，很快就获得了成功，而这些

---

① 周宪著：《美学是什么》，北京大学出版社，2002年1月版，第7-8页。

复杂多变的现象曾被人们认为是科学无法接近的。这种鼓舞人心的成功使人们更加确信：即使像艺术和感情生活这样一些最微妙的现象，也不可能永远处于神秘状态。”①而中国科学院院士陈宜张在其主编的《大脑黑匣揭秘》一书中告诉我们：“1995年夏天，在东京召开的第四届世界神经科学大会上，国际脑研究组织（IBRO）提出：‘21世纪—脑的世纪’。”②“20世纪末，分子生物学和计算机科学的飞速发展，揭开了脑科学研究新时代的序幕。科学家预言，人类在21世纪将取得脑科学研究的突破性进展。”③另外，毕达哥拉斯早就认为美在于数的和谐，雨果也说过这样的话：“没有数目，就没有科学，没有数目，就没有诗。合唱词、史诗、戏剧、人心的激情的跳动、爱情的爆发、想象的光辉、热烈的感情、所有的云彩和伴随它们的电光，都要受‘数目’这个神秘的字的支配，正像几何学与数学一样。”④而现在的数字技术或计算机技术也已经能够把文字、把声音、把图像等数字化了，因此，笔者相信，美学的定量研究或数学研究完全是有可能的。在不久的将来，人们对结构、情绪与情感等都能够进行定量地描述与规定，并进而能够得出它们的关系式或方程，而且，这个方程有可能与牛顿的万有引力方程、麦克斯韦的电磁学方程、爱因斯坦的质能方程、量子力学中薛定谔的波动方程等相媲美。

当人们研究美学开始采用微观的研究方法，采用实验的研究方法，采用数学的研究方法时，美学的学科性质也就会发生根本的变化。在过去，由于人们对美与艺术看到的只是它们的社会性的一面，而没有看到它们的自然属性如结构性等，因此，人们就把美学看成是

---

① 托马斯·门罗著：《走向科学的美学》，石天曙 滕守尧译，中国文联出版公司，1985年1月版，第73页。

② 陈宜张主编：《大脑黑匣揭秘》，北京少年儿童出版社 北京教育出版社，2002年9月版，引言第7页。

③ 同上，引言第12页。

④ 维克多·雨果著：《雨果论文学》，柳鸣九译，上海译文出版社2011年4月版，第125页。

一门纯粹的社会科学。这是不正确的,美丽的美学将会纠正这种错误的看法,从而确定美学这门学科的真正的性质。由于美(名词)与艺术都是一种结构,而结构是任何事物都具有的一种自然属性,加上今后的美学可以采用实验的方法与数学的方法从微观的角度,对结构、应构、情绪与情感等进行研究,因此,今后的美学就不会只是一种社会科学了,而会是一门集社会科学与自然科学于一体的综合性学科(这样的学科在现在是很多的,如现在的一门新兴学科——环境科学就是其中的一种)。

按照笔者的理想,美学作为一门具体的科学理应是充满实验数据与数学公式的,很显然,笔者在这两方面是毫无作为的,然而,这也是有客观原因的。让我们想象一下,事物的结构、人对事物的应构过程、人的情绪与情感等如果我们要对它们进行实验研究、进行定量描述在目前是多么的困难。也许就像什么是美等问题在等待了数千年之久才好像有了解决的迹象一样,人们对事物的结构、对人对事物的应构过程、对人由事物的结构应构出来的情绪与情感等进行定量化的描述,进而得出有关的数学方程也需要等上数千年的时间。不过笔者坚信,就像太阳明天会正常升起来一样(尽管天空可能会布满阴云甚至会下雨),美学的明天也仍然是美的!